한글 핵심 기능을 탐색하고 이 책을 활용해 보세요!

중요도	키워드	한글 수업 과제 해결하기	페이지
★★★	한글, 영문, 한자 입력	01 우리 친구해요, 한글과의 첫 만남	6
★★★	글자 형태 변형	02 글자 변형을 마음대로, 글맵시 사용하기	12
★★★	글꼴, 줄 간격	03 글자와 문장에 멋 내기	18
★★★	이미지 크기 조정	04 이미지를 불러와 마음대로 갖고 놀기	24
★★	개체 삽입, 캡션	05 손 그림 부럽지 않은 그리기마당 이용하기	32
★★★	글상자, 문자 입력	06 글상자 기능으로 잘라 쓰는 야구 카드 만들기	38
★★★	표, 선과 면 조정	07 표 기능으로 신학기 시간표 만들기	44
★★	차트 제작	08 그래프로 입체 차트 만들기	50
★★	패턴 이미지	09 쪽, 테두리 배경으로 패턴 편지지 만들기	56
★★	도형 복제 편집	10 도형 편집하여 크리스마스 쿠폰집 만들기	62
★★★	표 편집, 계산식	11 표 편집과 계산식으로 자동으로 금액 계산하기	68
★★	이미지 보정	12 한글 포토샵, 한포토로 이미지 편집하기	74
★★	그리기 도구, 개체 묶기	13 그리기 도구로 슈퍼맨 로고 그리기	80
★★	구분선, 개체 보호	14 선 스타일을 이용한 생활 계획표 만들기	86
★★★	글머리표, 문단 번호	15 글머리표와 문단 번호로 모양 복사하여 스타일 맞추기	94
★★	다단 기능	16 다단 기능으로 학급 소식지 만들기	100
★★	수식 편집기	17 수식 편집기로 수학 문제 입력하기	106
★★★	맞춤법 검사, 단어 검색	18 맞춤법 검사하여 단어 교체와 바른 문장 만들기	112
★	머리말, 꼬리말	19 반복적으로 들어가는 직인과 머리말, 꼬리말 넣기	118
★★	바탕쪽 기능	20 바탕쪽을 이용한 새해 카드 만들기	126
★★	동영상 삽입, 하이퍼링크	21 동영상이 있는 문서 만들기	132
★★★	제목, 내용 스타일	22 스타일을 이용한 메뉴판 만들기	138
★	스크린 샷	23 스크린 샷으로 원하는 이미지 사용하여 편집하기	146
★★	책갈피, 페이지 이동	24 책갈피 기능으로 빠르게 문서 이동하기	154

체계적인 구성을 미리보고, 쉽고 빠르게 공부하세요!

과제 정의
한글 2020에서 꼭 알아야 할 기능을 선별하여 과제를 제시합니다. 쉽고 빠르게 과제를 공부해 보세요.

학습 목표
과목별 필수 기능을 공부할 수 있도록 학습 방향의 길잡이 역할인 학습 목표를 먼저 확인하세요.

HOW!
예제를 미리보고 어떻게 만들었는지 확인할 수 있어요. 무조건 따라하기 전에 어떤 기능을 사용하였는지 생각해 보세요.

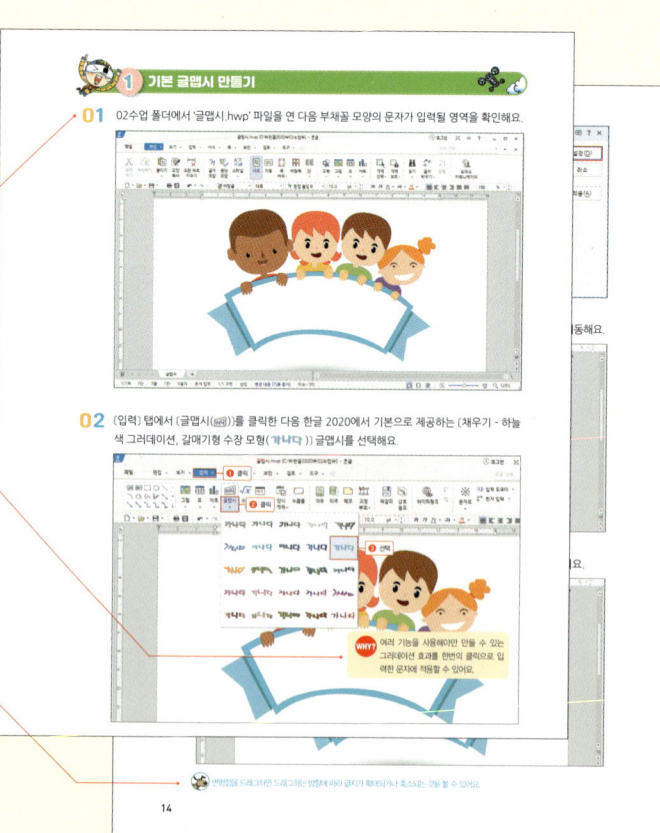

따라하기
학습 내용을 직접 따라할 수 있도록 예제로 구성하였어요. 따라하기 번호와 표시한 설정대로 따라해 보세요.

WHY?
한글 2020 활용 폭을 넓히기 위해 예제에서 사용한 기능을 왜 사용했는지 설명합니다.

팁
따라하는 과정에 관한 기본 팁을 제공해요. 예제 관련 부연 설명, 설정 정보 등을 친절하게 설명합니다.

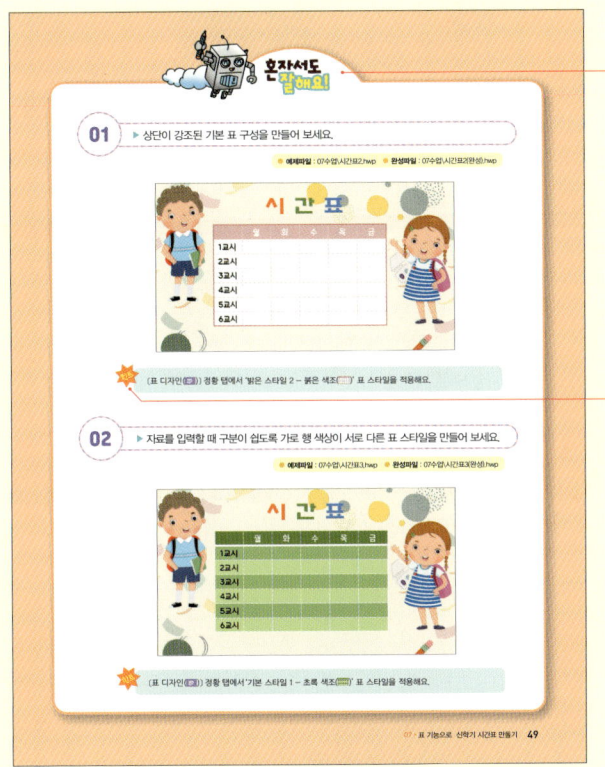

혼자서도 잘해요
학습을 마무리할 때마다 혼자 해 보는 코너를 통해 자신의 실력을 체크해 보세요.

힌트
혼자서 예제를 만들 때 과정이 막힐 경우에는 힌트를 참조하세요.

학습 과정표
한글 2020의 핵심 기능을 탐색하고, 이 책에서 소개하는 중요 기능과 24차시 학습 과정을 알아보세요.

수업 평가표
혼자서도 잘해요! 코너까지 학습하였다면 스스로 결과를 체크하고, 배운 기능으로 다양한 결과물을 얻을 수 있을지 확인해 보세요.

목차

예제 및 완성 파일 사용하기
이 책에서 사용된 예제 파일과 완성 파일은 빅식스 홈페이지(www.bigsix.kr)에서 다운로드할 수 있습니다.

01 우리 친구해요, 한글과의 첫 만남 — 6
1. 한글 2020 화면 구성 알아보기 — 7
2. 저장된 파일 열기 — 8
3. 한글과 영문 입력하기 — 9
4. 한자를 넣고 파일 저장하기 — 10

02 글자 변형을 마음대로, 글맵시 사용하기 — 12
1. 기본 글맵시 만들기 — 13
2. 글맵시 모양에 맞게 글자 변형하기 — 15
3. 글자에 그러데이션 지정하기 — 16

03 글자와 문장에 멋 내기 — 18
1. 글자에 모양내기 — 19
2. 문장에 줄 간격 지정하기 — 20
3. 문자표 사용하기 — 21
4. 문장 들여쓰기 — 22

04 이미지를 불러와 마음대로 갖고 놀기 — 24
1. 이미지에 글자 입력하기 — 25
2. 이미지 위에 이미지 위치하기 — 28
3. 그림 효과 적용하기 — 30

05 손 그림 부럽지 않은 그리기마당 이용하기 — 32
1. 개체 목록에서 개체 선택하기 — 33
2. 개체 회전하기 — 34
3. 개체 항목에 캡션 넣기 — 35

06 글상자 기능으로 잘라 쓰는 야구 카드 만들기 — 38
1. 글상자 만들기 — 39
2. 글상자에 점선과 면 색 지정하기 — 40
3. 글상자 크기 지정하고 복제하기 — 41
4. 글상자에 이미지 삽입하기 — 41

07 표 기능으로 신학기 시간표 만들기 — 44
1. 기본 표 작성하기 — 45
2. 셀에 면 색 지정하기 — 46
3. 표 외곽선과 안쪽 선 지정하기 — 47

08 그래프로 입체 차트 만들기 — 50
1. 차트에 데이터 입력하기 — 51
2. 입체 차트로 변경하기 — 52
3. 차트 제목 편집하기 — 53

09 쪽, 테두리 배경으로 패턴 편지지 만들기 — 56
1. 배경 이미지 채우기 — 57
2. 문서 테두리 만들기 — 58
3. 테두리 안에 이미지 삽입하기 — 60

10 도형 편집하여 크리스마스 쿠폰집 만들기 — 62
1. 타원 도형 만들기 — 63
2. 도형 복제하기 — 64
3. 도형에 글자 넣기 — 65
4. 도형 형태 편집하기 — 66

11 표 편집과 계산식으로 자동으로 금액 계산하기 — 68
1. 주문표 편집하기 — 69
2. 표 스타일 적용하기 — 71
3. 블록 곱으로 합계 계산하기 — 71
4. 블록 합계로 최종 주문 금액 계산하기 — 72

12 한글 포토샵, 사진 편집기로 이미지 편집하기 — 74
1. 이미지 여백 테두리 만들기 — 75
2. 이미지 자르기 — 76
3. 이미지 보정하기 — 77

13 그리기 도구로 슈퍼맨 로고 그리기 · 80
1. 다각형 그리기 · 81
2. 다각형 면과 선 지정하기 · 82
3. 다각형 복사하여 수정하기 · 83
4. 글상자로 글자 입력하고 개체 묶기 · 84

14 선 스타일을 이용한 생활 계획표 만들기 · 86
1. 생활 계획표 배경 넣기 · 87
2. 계획표 구분선 그리기 · 88
3. 계획표에 맞는 개체를 삽입하기 · 90

15 글머리표와 문단 번호로 모양 복사하여 스타일 맞추기 · 94
1. 그림 글머리표 넣기 · 95
2. 문단 번호 넣기 · 96
3. 글머리표가 적용된 문장을 모양 복사하기 · 97
4. 문단 번호가 적용된 문장을 모양 복사하기 · 98

16 다단 기능으로 학급 소식지 만들기 · 100
1. 선 없는 글상자 만들기 · 101
2. 투명한 글상자에 텍스트 붙여 넣기 · 102
3. 다단 설정하기 · 103
4. 글상자에 그림 삽입하기 · 104

17 수식 편집기로 수학 문제 입력하기 · 106
1. 수식 편집기로 수식 넣기 · 107
2. 수식 편집기로 분수 넣기 · 109
3. 수식 편집기에서 한글 입력하기 · 110

18 맞춤법 검사하여 단어 교체와 바른 문장 만들기 · 112
1. 맞춤법 검사하여 교정하기 · 113
2. 특정 단어 검색하여 바꾸기 · 115

19 반복적으로 들어가는 직인과 머리말, 꼬리말 넣기 · 118
1. 배경이 투명한 직인 넣기 · 119
2. 발행 번호 머리말 넣기 · 122
3. 내용 작성 날짜 꼬리말 넣기 · 123

20 바탕쪽을 이용한 새해 카드 만들기 · 126
1. 바탕쪽에 이미지 설정하기 · 127
2. 바탕쪽에 표 만들기 · 128
3. 바탕쪽 확인하기 · 130

21 동영상이 있는 문서 만들기 · 132
1. 문서에 동영상 삽입하기 · 133
2. 글자에 동영상 웹사이트 연결하기 · 134

22 스타일을 이용한 메뉴판 만들기 · 138
1. 메뉴 제목 스타일 설정하기 · 139
2. 메뉴 내용 스타일 설정하기 · 140
3. 스타일 적용하기 · 140
4. 메뉴 제목 스타일 추가하기 · 141
5. 메뉴 내용 스타일 추가하기 · 142
6. 스타일 적용하기 · 143

23 스크린 샷으로 원하는 이미지 사용하여 편집하기 · 146
1. 캡처 이미지를 삽입할 표 만들기 · 147
2. 구글 맵에서 에펠탑 검색하기 · 148
3. 스크린 샷으로 에펠탑 캡처하기 · 150
4. 구글 맵에서 개선문 캡처하여 넣기 · 151

24 책갈피 기능으로 빠르게 문서 이동하기 · 154
1. 책갈피 등록하기 · 155
2. 이미지를 하이퍼링크에 등록하기 · 156
3. 책갈피 기능 확인하기 · 158

01 수업 우리 친구해요, 한글과의 첫 만남

한글 2020의 모양새를 살펴보고, 문서 파일을 연 다음 한글을 입력해 봅니다. 추가로 영문과 한자를 입력하고 문서를 저장해 보세요.

 학습목표
- 한글 2020의 화면 구성을 알아보세요.
- 한글과 영문을 입력하고, 한자로 변환해 보세요.
- 문서를 불러오고 저장해 보세요.

 ● 예제파일 : 01수업\친구.hwp   ● 완성파일 : 01수업\친구(완성).hwp

우리는 다정한 親舊! We go together!

[한자로 바꾸기] 기능으로 원하는 글자를 한자로 변경했어요. HOW!

[한/영]을 이용하여 영문을 입력하고, 대, 소문자는 [Caps Lock]을 사용했어요. HOW!

[불러오기]와 [저장하기] 기능으로 문서를 불러오고 저장했어요. HOW!

1 한글 2020 화면 구성 알아보기

01 한글을 실행하기 위해 [시작(⊞)]을 클릭한 다음 '한글 2020'을 선택해요. [문서 시작 도우미] 대화상자가 표시되면 '새 문서'를 선택해요.

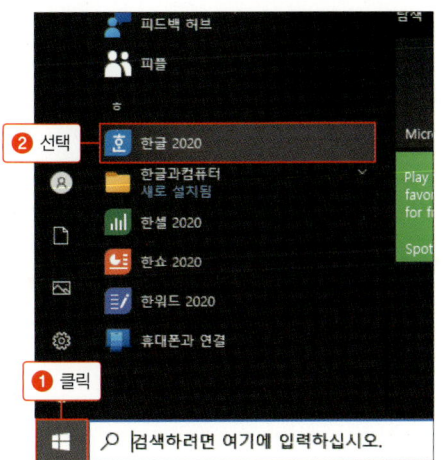 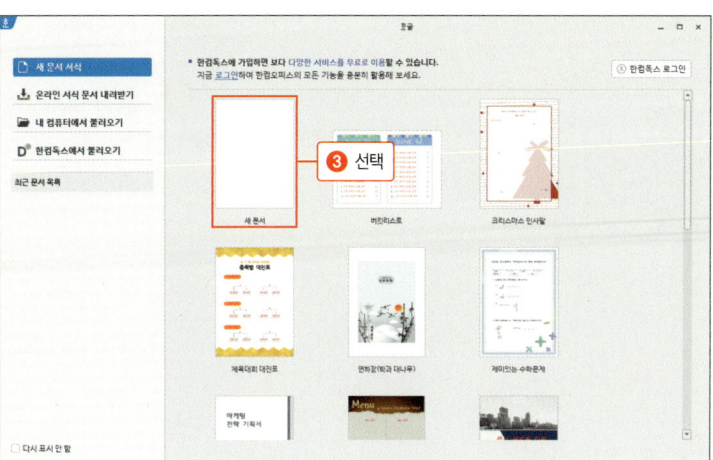

02 한글 2020 프로그램이 실행되면서 화면이 표시돼요.

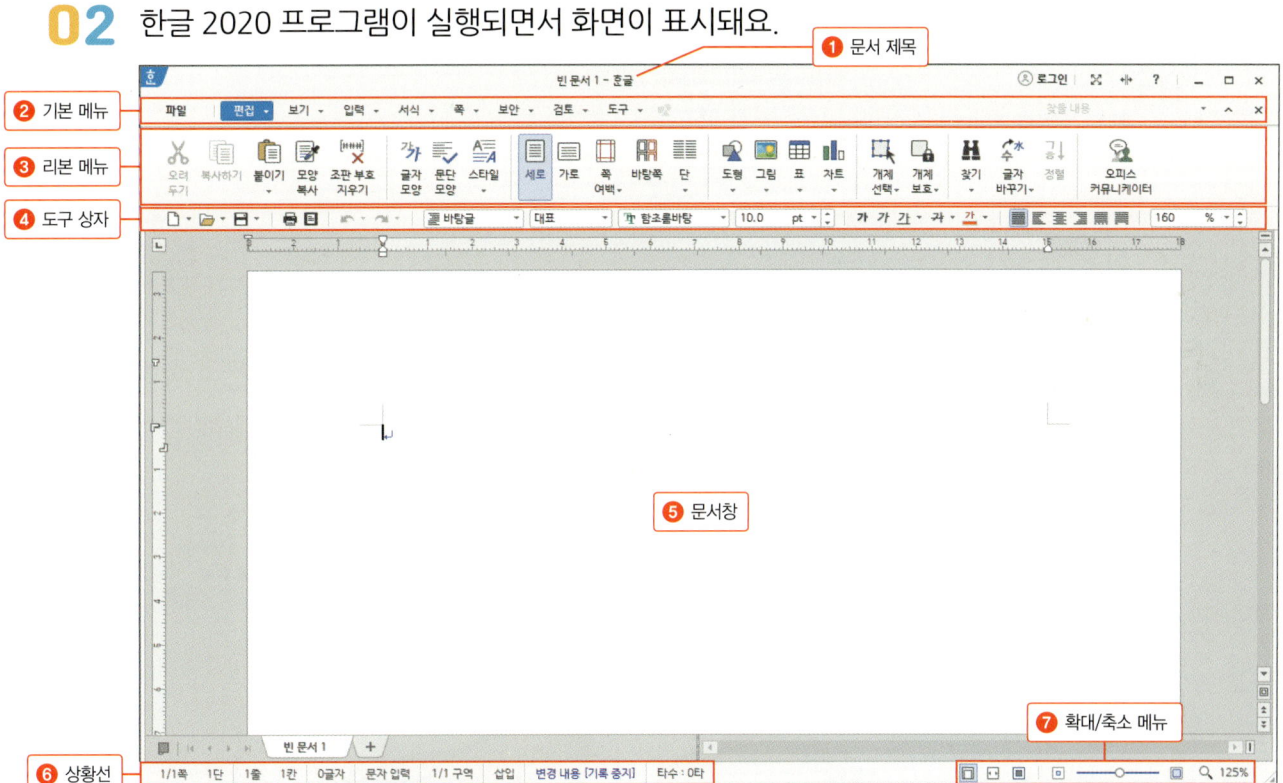

① **문서 제목과 파일 위치** : 파일명과 파일 경로를 표시해요.
② **기본 메뉴** : 비슷한 한글 기능을 묶어서 나눠 놓은 메뉴예요.
③ **리본 메뉴** : 각 메뉴 탭의 주요 명령을 큰 아이콘으로 표시하는 리본형 도구 상자예요.
④ **도구 상자** : 리본 메뉴 아래에 표시되는 서식에 관련된 도구 상자예요.
⑤ **문서 창** : 글자와 그림, 표 등 실제 작업하는 곳이에요.
⑥ **상황선** : 커서 위치의 문서 정보를 표시해요.
⑦ **확대/축소 메뉴** : 전체 화면으로 보여 주거나 쪽 윤곽, 폭 맞춤, 확대/축소하여 문서 창을 표시해요.

2 저장된 파일 열기

01 파일을 열기 위해 [파일] 탭에서 '불러오기'를 선택해요.

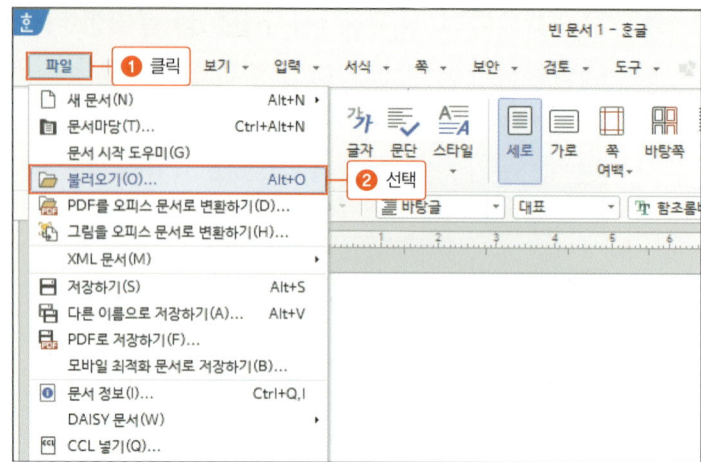

02 [불러오기] 대화상자가 표시되면 01수업 폴더에서 '친구.hwp' 파일을 선택한 다음 [열기]를 클릭해요.

 홈페이지(www.bigsix.kr)에서 다운로드한 자료를 불러와요.

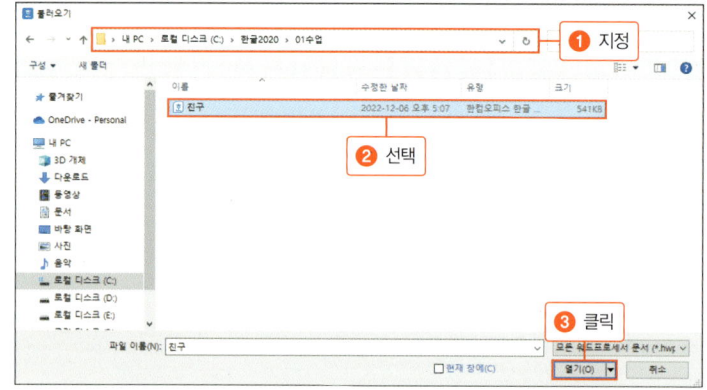

03 문서 파일이 열리고 화면에서 깜빡이는 커서가 왼쪽 상단에 위치한 것을 확인할 수 있어요.

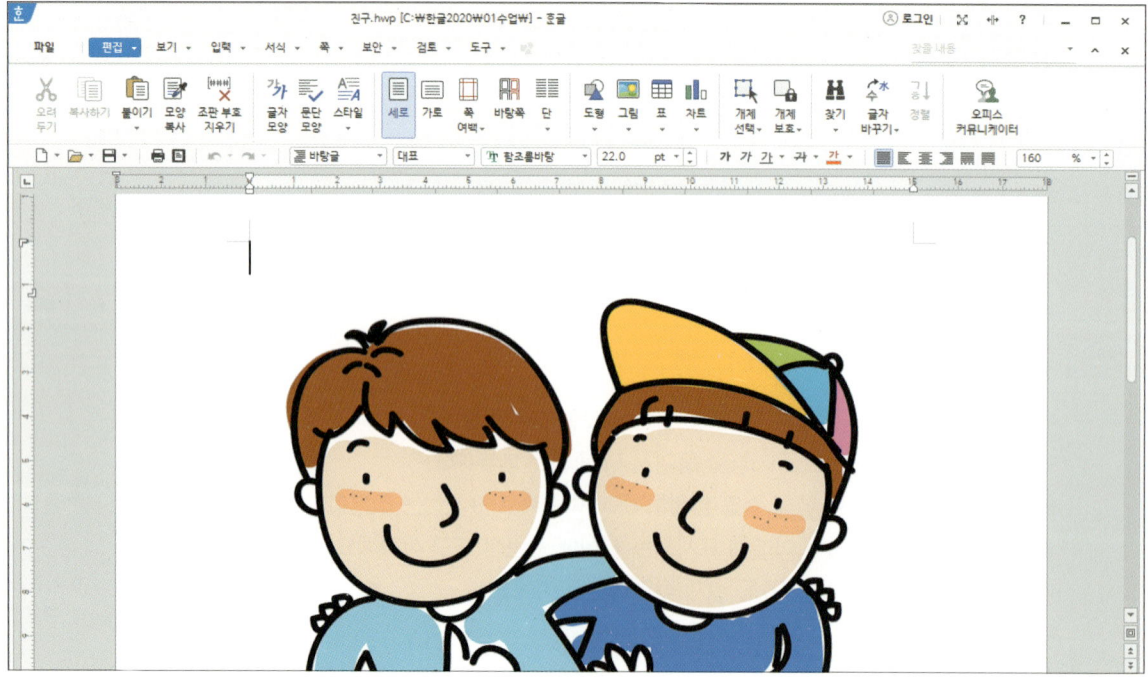

3 한글과 영문 입력하기

01 문서의 왼쪽 상단에 커서가 위치한 것을 확인하였으면 '우리는 다정한 친구!' 글자를 입력해요.

02 연속해서 영문을 입력하기 위해 한/영 을 누른 다음 'We go together!' 글자를 입력해요.

 CapsLock 을 눌러 키보드에 불이 켜지면 대문자, 다시 눌러 불이 꺼지면 소문자로 입력돼요.

4 한자를 넣고 파일 저장하기

01 '친구' 글자를 드래그하여 블록으로 지정한 다음 F9 를 눌러요. 〔한자로 바꾸기〕 대화상자가 표시되면 알맞은 한자를 선택하고〔바꾸기〕를 클릭해요.

WHY? 입력한 문자에 마우스로 드래그하여 블록이 지정되면 블록으로 지정된 부분만 수정할 수 있어요.

02 한글이 한자로 바뀐 것을 확인할 수 있어요. 완성된 문서를 저장하기 위해〔파일〕 탭에서 '저장하기'를 선택해요.

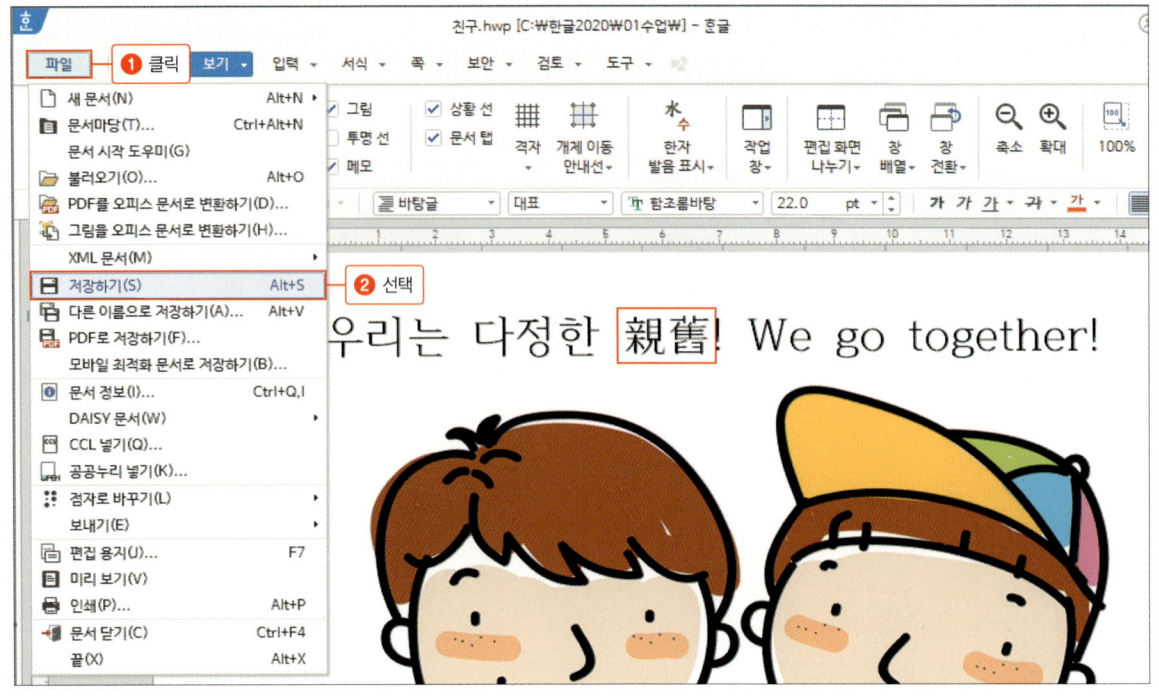

 블록을 해제하려면 마우스 커서를 임의의 위치에 클릭해요.

01 ▶ 한글을 입력하고, 대소문자를 구분해서 영문을 입력해 보세요.

● 예제파일 : 01수업\어린왕자.hwp   ● 완성파일 : 01수업\어린왕자(완성).hwp

① 커서가 깜빡이는 위치에서 Spacebar 를 네 번 눌러 띄어쓰기를 해요.
② CapsLock 을 이용해서 영문 대소문자를 구분해요.

02 ▶ 글자를 입력하고 '필수' 글자를 한자로 변경해 보세요.

● 예제파일 : 01수업\마스크.hwp   ● 완성파일 : 01수업\마스크(완성).hwp

① 블록을 지정해 한자로 변환해요.
② F9 로 알맞은 한자를 선택해요.

02 수업 글자 변형을 마음대로, 글맵시 사용하기

글맵시를 이용하면 글자나 문장을 원하는 형태로 변형한 다음 원하는 위치로 이동할 수 있어요. 이번 수업에서는 한글 2020에서 제공하는 글맵시 사용 방법에 대해 배워 보세요.

 학습목표
- 리본 형태에 맞게 글자를 변형해 보세요.
- 그러데이션을 설정하여 글자에 적용해 보세요.

● 예제파일 : 02수업\글맵시.hwp   ● 완성파일 : 02수업\글맵시(완성).hwp

기본으로 제공하는 하늘색 그러데이션의 글맵시를 적용했어요. **HOW!**

그러데이션 색상을 직접 지정한 다음 육각형 글맵시로 글자를 변형했어요. **HOW!**

1 기본 글맵시 만들기

01 02수업 폴더에서 '글맵시.hwp' 파일을 연 다음 부채꼴 모양의 문자가 입력될 영역을 확인해요.

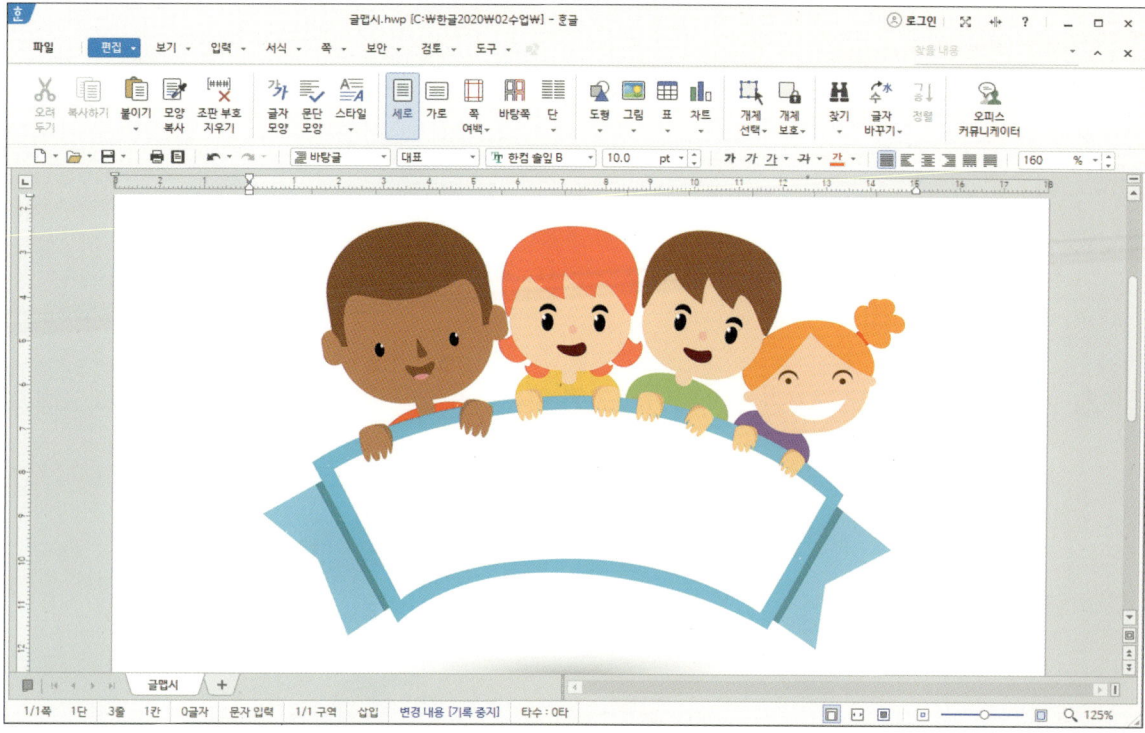

02 [입력] 탭에서 [글맵시(가나다)]를 클릭한 다음 한글 2020에서 기본으로 제공하는 [채우기 - 하늘색 그러데이션, 갈매기형 수장 모형(가나다)] 글맵시를 선택해요.

WHY? 여러 기능을 사용해야만 만들 수 있는 그러데이션 효과를 한번의 클릭으로 입력한 문자에 적용할 수 있어요.

03 〔글맵시 만들기〕 대화상자가 표시되면 내용에 '환경보호 캠페인'을 입력한 다음 〔설정〕을 클릭해요.

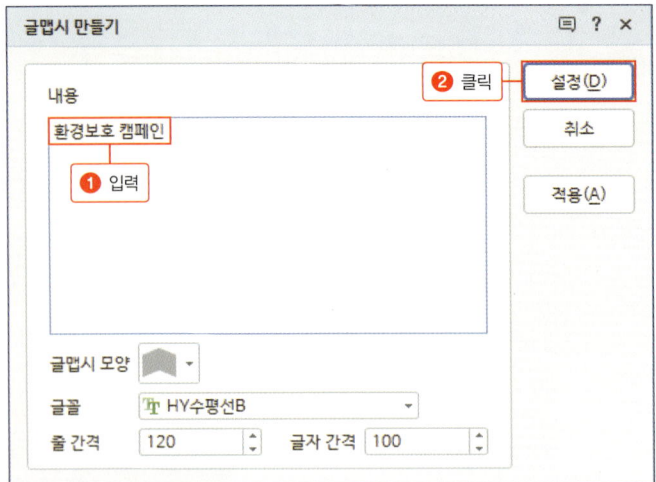

04 '환경보호 캠페인' 글자가 표시되면 글자를 클릭한 다음 리본 형태의 영역으로 드래그해 이동해요.

05 '환경보호 캠페인' 글자 주변에 표시된 변형점을 드래그하여 영역에 알맞게 크기를 키워요.

변형점을 드래그하면 드래그하는 방향에 따라 글자가 확대되거나 축소되는 것을 볼 수 있어요.

2 글맵시 모양에 맞게 글자 변형하기

01 글맵시 옵션을 이용해 하단에 글자를 만들기 위해 〔입력〕 탭에서 〔글맵시()〕를 클릭해요.

02 〔글맵시 만들기〕 대화상자가 표시되면 내용에 '한글초등학교'를 입력한 다음 글맵시 모양과 글꼴을 지정하고 〔설정〕을 클릭해요.

• 글맵시 모양 : 육각형(⬢)
• 글꼴 : HY헤드라인M

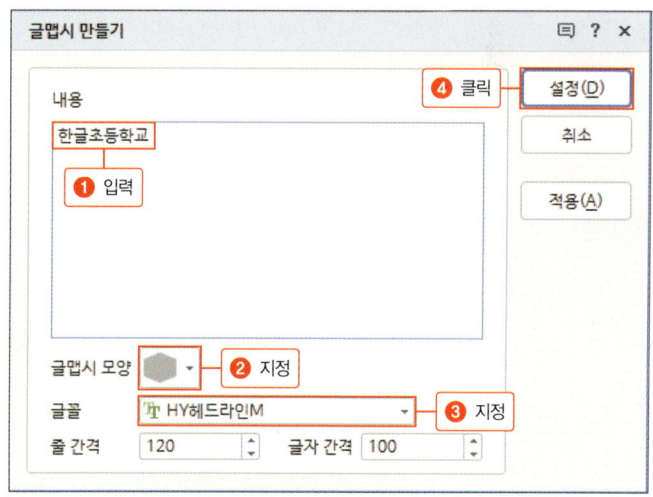

03 '한글초등학교' 글자가 표시되면 하단으로 드래그한 다음 변형점을 드래그하여 크기를 알맞게 조정해요. 세밀하게 수정하기 위해 '한글초등학교' 글자를 더블클릭해요.

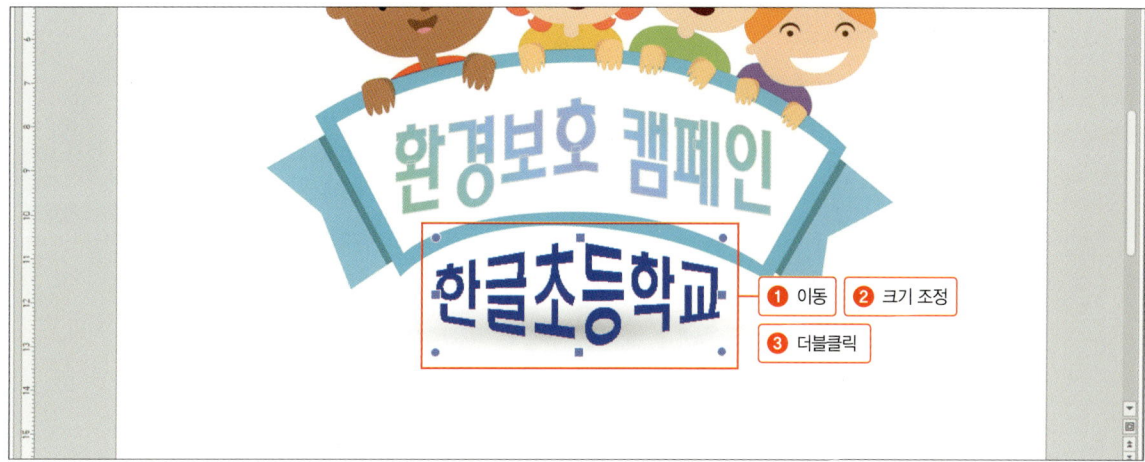

3 글자에 그러데이션 지정하기

01 〔개체 속성〕 대화상자가 표시되면 〔채우기〕 탭에서 '그러데이션'을 선택한 다음 시작 색과 끝 색을 지정해요. 유형을 선택하고 〔설정〕을 클릭해요.

- **시작 색** : 초록(RGB: 40,155,110)
- **끝 색** : 파랑(RGB: 0,0,255)
- **유형** : 세로

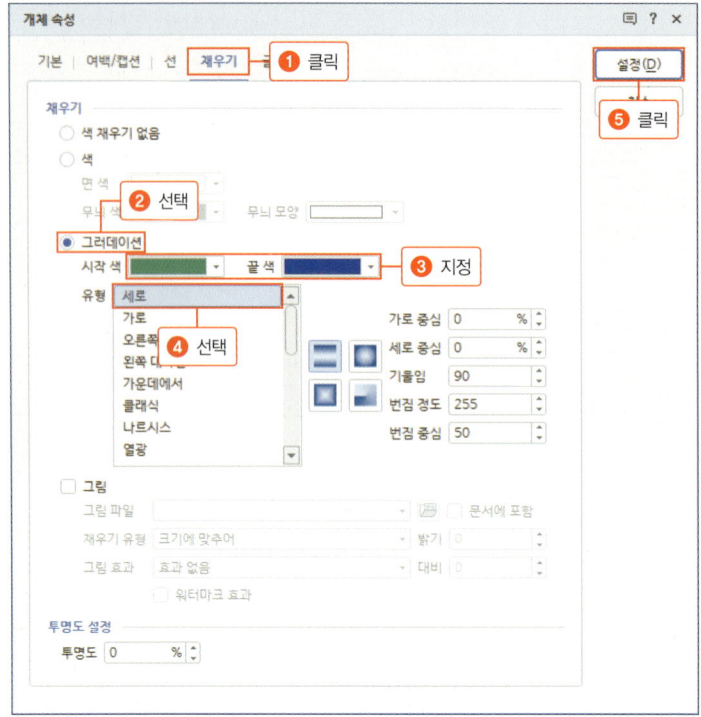

WHY? 그러데이션은 색상 띠라고도 하며, 그러데이션을 이용하면 다양한 색상 때문에 눈에 띄는 문자 효과를 줄 수 있어요.

02 '한글초등학교' 글자에 색상이 점점 변하는 그러데이션이 적용된 것을 확인할 수 있어요.

01 ▶ 원형의 테두리가 있는 그림 안쪽에 글맵시를 이용하여 원형의 문장을 입력해 보세요.

● **예제파일** : 02수업\풋살.hwp   ● **완성파일** : 02수업\풋살(완성).hwp

 글맵시 모양을 '두줄 원형', 글꼴을 '양재튼튼체B'를 적용해요.

02 ▶ 한글 2020에서 기본으로 제공하는 연분홍색 그러데이션이 적용된 글맵시를 적용해 보세요.

● **예제파일** : 02수업\벚꽃.hwp   ● **완성파일** : 02수업\벚꽃(완성).hwp

 글맵시의 채우기를 '채우기 - 연분홍색 그러데이션, 연회색 그림자, 물결 4 모양'으로 선택해요.

03 수업 글자와 문장에 멋 내기

글자를 돋보이게 하는 방법으로 글자 크기와 색상, 그래픽 효과는 기본이에요. 이번 수업에서는 글자와 문장에 모양을 내는 방법에 대해 배워 보세요.

 학습목표
- 글자의 글꼴을 변경해 보세요.
- 글자에 색상과 그래픽 효과를 적용해 보세요.
- 문장 줄 간격과 들여쓰기를 해 보세요.

● 예제파일 : 03수업\펜션.hwp   ● 완성파일 : 03수업\펜션(완성).hwp

제목 글자의 크기와 색, 그림자 효과를 넣어 눈에 띄도록 모양을 냈어요. **HOW!**

[문자표]를 이용하여 별 문자를 넣어 강조되어 보이도록 했어요. **HOW!**

문장 줄 간격을 늘렸어요. **HOW!**

들여쓰기로 한 번에 문장을 오른쪽으로 이동시켰어요. **HOW!**

1 글자에 모양내기

01 03수업 폴더에서 '펜션.hwp' 파일을 연 다음 '무지개 반려견 캠핑장'을 드래그하여 블록으로 지정해요.

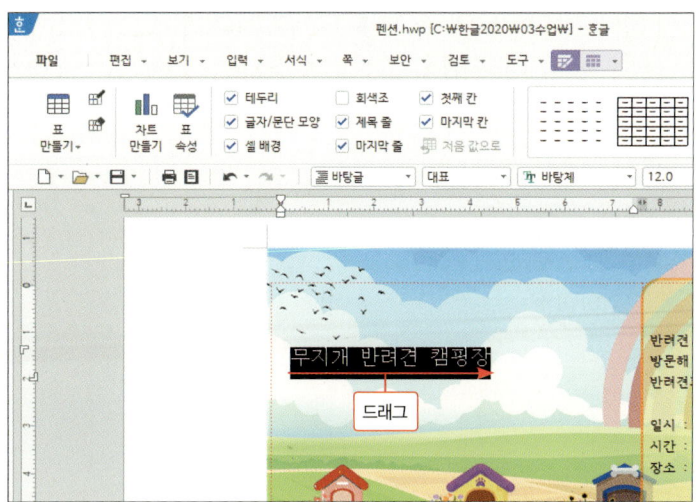

02 [서식] 도구 상자에서 글꼴과 글자 크기를 지정한 다음 글자 색을 지정해요.
- **글꼴** : HY동녘B **글자 크기** : 18pt **글자 색** : 주황(RGB: 255,132,58)

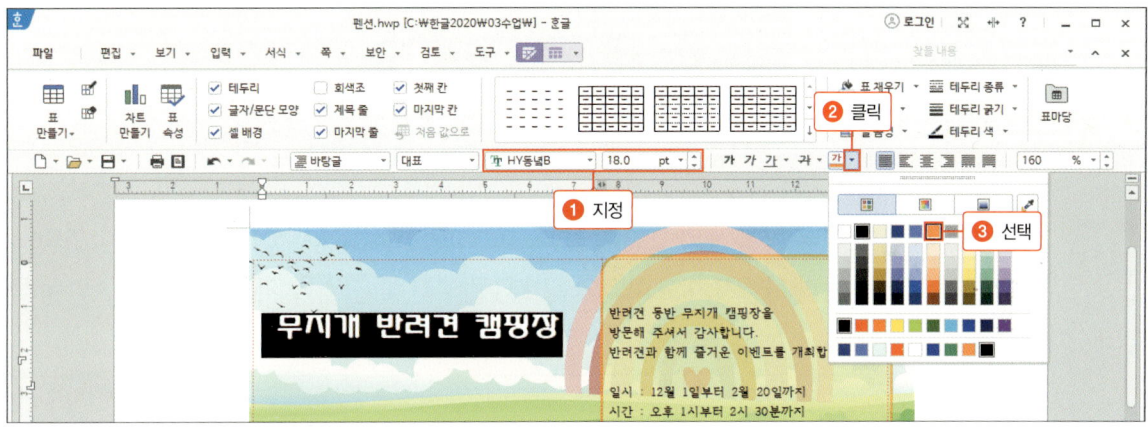

03 [서식] 탭에서 [글자 모양(가)]을 클릭한 다음 [글자 모양] 대화상자가 표시되면 [기본] 탭에서 [그림자(가)]를 클릭하고 [설정]을 클릭해요.

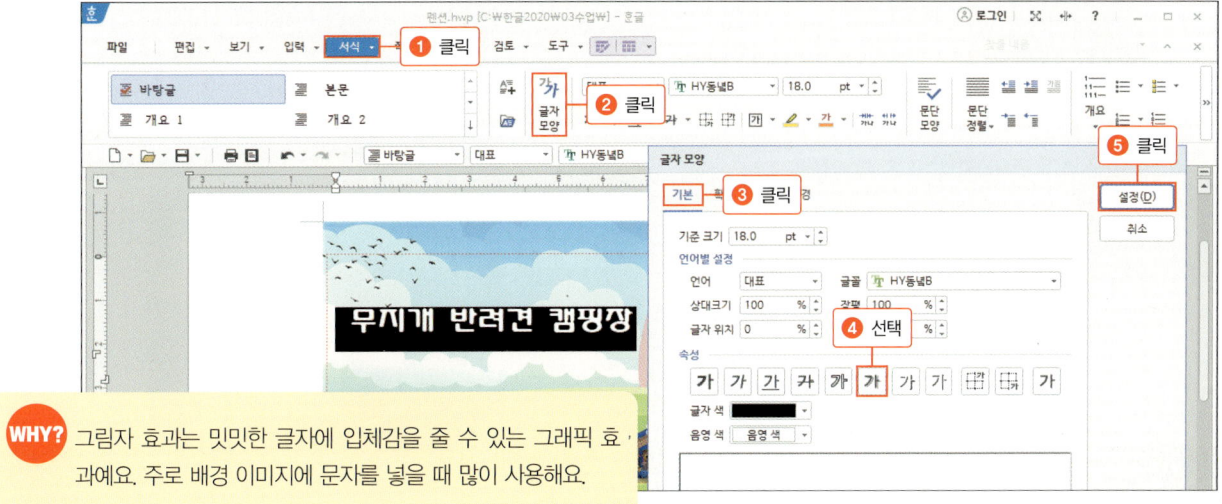

WHY? 그림자 효과는 밋밋한 글자에 입체감을 줄 수 있는 그래픽 효과예요. 주로 배경 이미지에 문자를 넣을 때 많이 사용해요.

2 문장에 줄 간격 지정하기

01 오른쪽 문장 전체를 드래그하여 블록으로 지정해요. 〔서식〕 도구 상자에서 글꼴과 글자 크기, 글자 색을 지정하면 문장 전체 글자의 글꼴과 글자 크기, 글자 색이 변경돼요.

- **글꼴** : 휴먼모음T   **글자 크기** : 10pt   **글자 색** : 초록(RGB: 40,155,110)

02 오른쪽 문장의 윗쪽 부분을 드래그하여 블록으로 지정한 다음 〔서식〕 탭에서 〔문단 모양(≡)〕을 클릭해요. 〔문단 모양〕 대화상자가 표시되면 〔기본〕 탭에서 줄 간격을 지정한 다음 〔설정〕을 클릭해요.

- **줄 간격** : 180%

3 문자표 사용하기

01 '일시' 글자 앞에 커서를 위치한 다음 〔입력〕 탭에서 〔문자표(※)〕를 클릭하고 〔문자표〕를 선택해요.

02 〔문자표〕 대화상자가 표시되면 〔사용자 문자표〕 탭에서 문자 영역의 '기호1'과 문자 선택의 '별' 문자를 선택한 다음 〔넣기〕를 클릭해요.

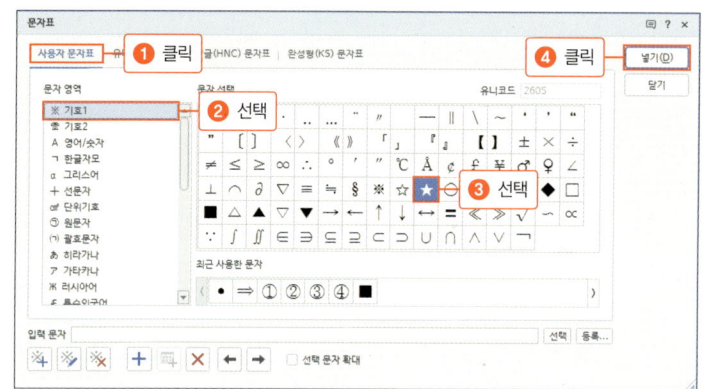

03 별 문자가 삽입되면 드래그하여 블록으로 지정한 다음 〔서식〕 도구 상자에서 글자 색을 지정해요. 같은 방법으로 '시간'과 '장소' 글자 앞에 별 문자를 삽입하고 글자 색을 지정해요.

• **글자 색** : 주황(RGB: 255,132,58)

 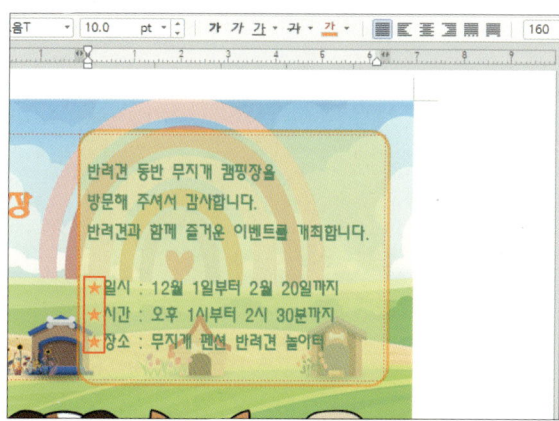

4 문장 들여쓰기

01 오른쪽 문장의 아래쪽 부분을 드래그하여 블록으로 지정한 다음 [서식] 탭에서 [문단 모양(≡)]을 클릭해요. [문단 모양] 대화상자가 표시되면 [기본] 탭에서 들여쓰기를 지정한 다음 [설정]을 클릭해요.   • 들여쓰기 : 10pt

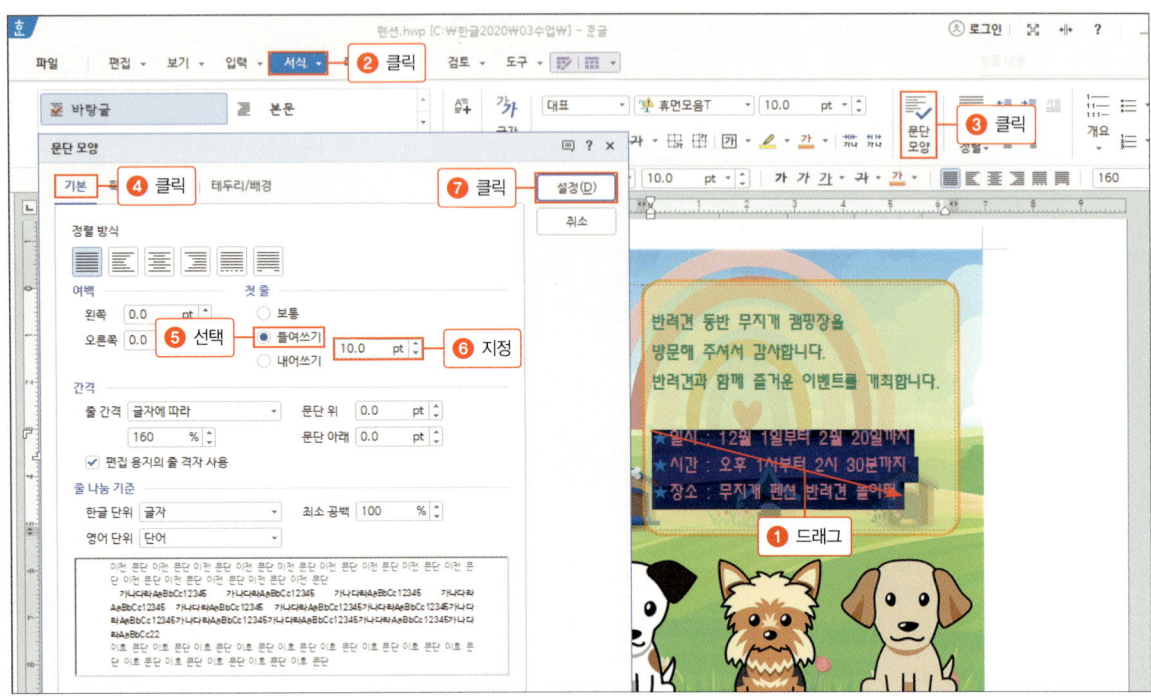

02 문장 3줄이 오른쪽으로 이동해서 위쪽의 문장과 구분된 것을 볼 수 있어요.

01 ▶ 문단 정렬과 줄 간격을 조정해서 시가 있는 문서를 완성해 보세요.

● 예제파일 : 03수업\시.hwp   ● 완성파일 : 03수업\시(완성).hwp

 글꼴은 'MD솔체', 줄 간격은 '130%', 문단 정렬은 '가운데 정렬'로 지정해요.

02 ▶ 들여쓰기로 문장을 구분하고 특정 문장을 형광펜으로 강조해 보세요.

● 예제파일 : 03수업\환경.hwp   ● 완성파일 : 03수업\환경(완성).hwp

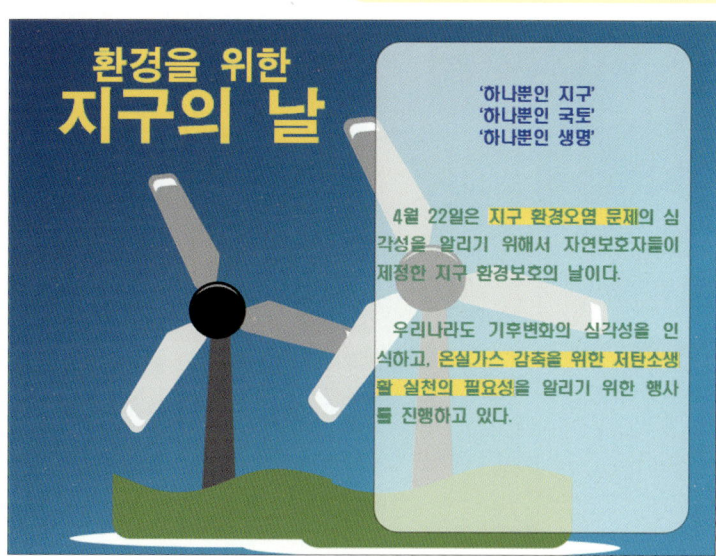

 글꼴은 'HY헤드라인M', 들여쓰기는 '10pt', 강조는 [서식] 탭의 '형광펜'(✏)으로 지정해요.

04 수업 이미지를 불러와 마음대로 갖고 놀기

문서를 작성할 때 이미지 사용은 필수죠? 문서에 이미지를 불러와서 원하는 위치에 추가하고, 글자를 입력하면 멋진 문서를 완성할 수 있어요. 이번 수업에서는 한글 2020에서 이미지를 마음대로 사용할 수 있는 방법을 알아볼게요.

학습목표
- 이미지를 불러오는 방법을 알아보세요.
- 이미지 크기를 조정하고, 글자를 알맞게 위치시켜 보세요.
- 이미지 위에 이미지를 위치시켜 보세요.

● 예제파일 : 04수업\리본.png, 버스.png, 액자.png, 사진1.jpg~사진3.jpg   ● 완성파일 : 04수업\공룡(완성).hwp

쥬라기 공룡의 세계 탐방기

이미지 위에 글자를 입력한 다음 크기를 조정하여 문서 제목을 완성해요. **HOW!**

반사되는 이미지를 표현하는 그래픽 효과를 적용하여 여백을 채웠어요. **HOW!**

액자 이미지와 공룡 이미지의 크기를 조정하여 겹치게 만들어요. **HOW!**

1 이미지에 글자 입력하기

01 새 문서를 실행한 다음 〔입력〕 탭에서 〔그림()〕을 클릭해요.

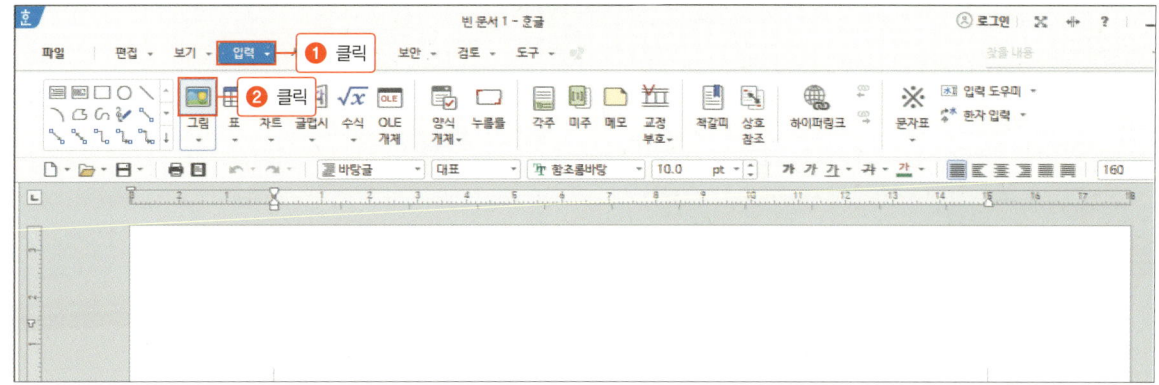

02 〔그림 넣기〕 대화상자가 표시되면 04수업 폴더를 지정한 다음 '리본.png' 파일을 선택하고 〔열기〕를 클릭해요.

WHY? 〔마우스로 크기 지정〕의 체크 표시를 해제한 다음 그림을 삽입하면 문서 너비에 맞게 크기가 자동으로 지정돼요.

03 문서에 리본 이미지가 삽입되면 글자를 입력하기 위해 리본 이미지를 더블클릭해요.

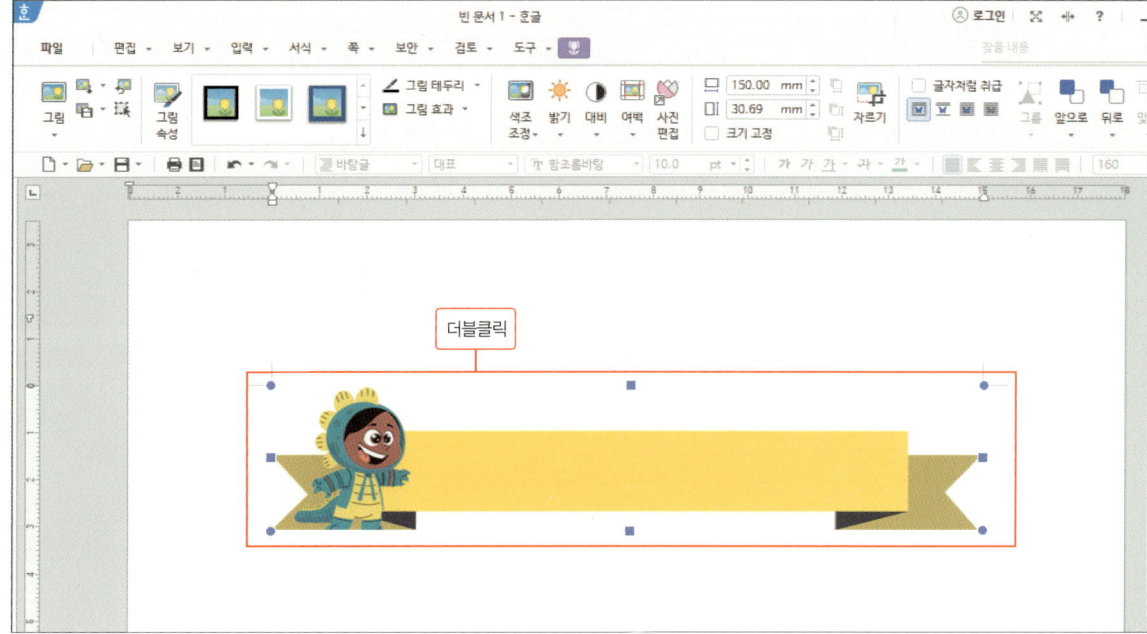

04 · 이미지를 불러와 마음대로 갖고 놀기 **25**

04 〔개체 속성〕대화상자가 표시되면 〔기본〕탭에서 〔글 뒤로(▤)〕를 선택한 다음 〔설정〕을 클릭해요.

WHY? 〔글자처럼 취급〕의 체크 표시를 해제한 다음 〔글 뒤로〕를 선택하면 고정된 이미지 위에 문자를 입력할 수 있어요.

05 문서의 왼쪽 상단에 커서를 위치한 다음 Enter 를 연속으로 눌러 커서를 아래로 이동시켜요. 그런 다음 Spacebar 를 연속으로 눌러 리본 이미지에 커서를 위치시켜요.

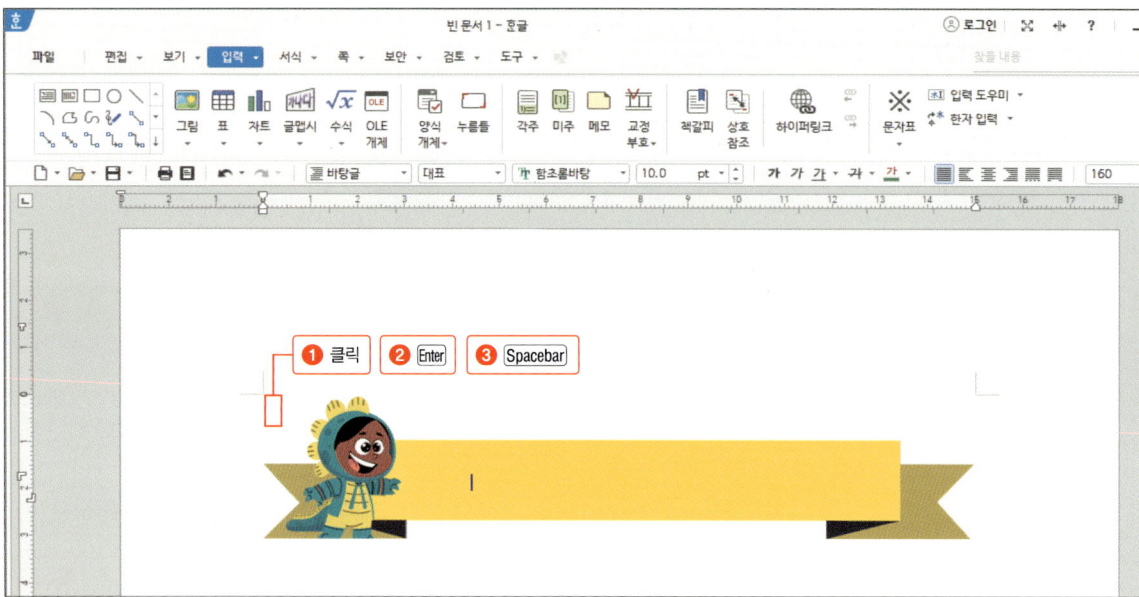

06 리본 이미지에 '쥬라기 공룡의 세계 탐방기'라고 글자를 입력해요.

07 입력한 문장을 드래그하여 블록으로 지정한 다음 [서식] 도구 상자에서 글꼴과 글자 크기를 지정해요.

• **글꼴** : HY견고딕   • **글자 크기** : 20pt

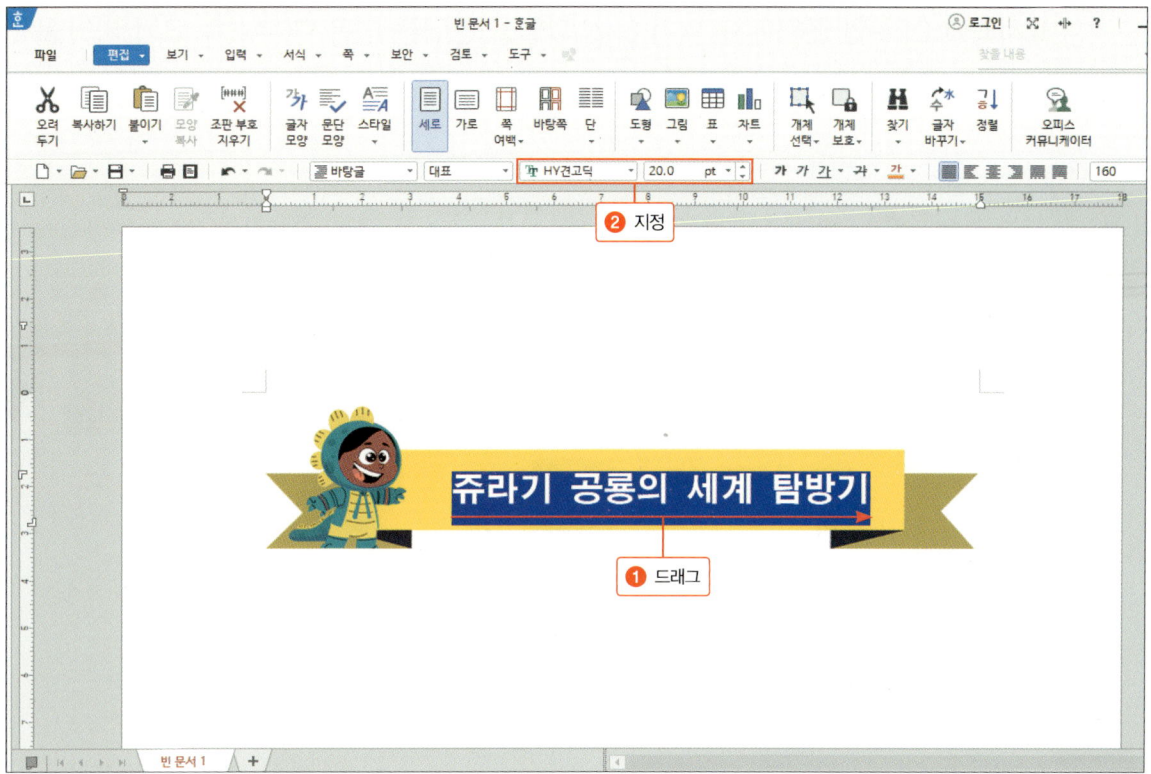

08 리본 이미지를 선택한 다음 화살표 키를 이용하여 글자에 맞게 리본 이미지 위치를 조정해요.

WHY? Backspace 나 Spacebar 를 이용해 글자 위치를 이동할 수도 있어요.

2 이미지 위에 이미지 위치하기

01 액자 이미지를 불러오기 위해 [입력] 탭에서 [그림(🖼)]을 클릭해요. [그림 넣기] 대화상자가 표시되면 04수업 폴더에서 '액자.png' 파일을 선택한 다음 '마우스로 크기 지정'을 선택하고 [열기]를 클릭해요.

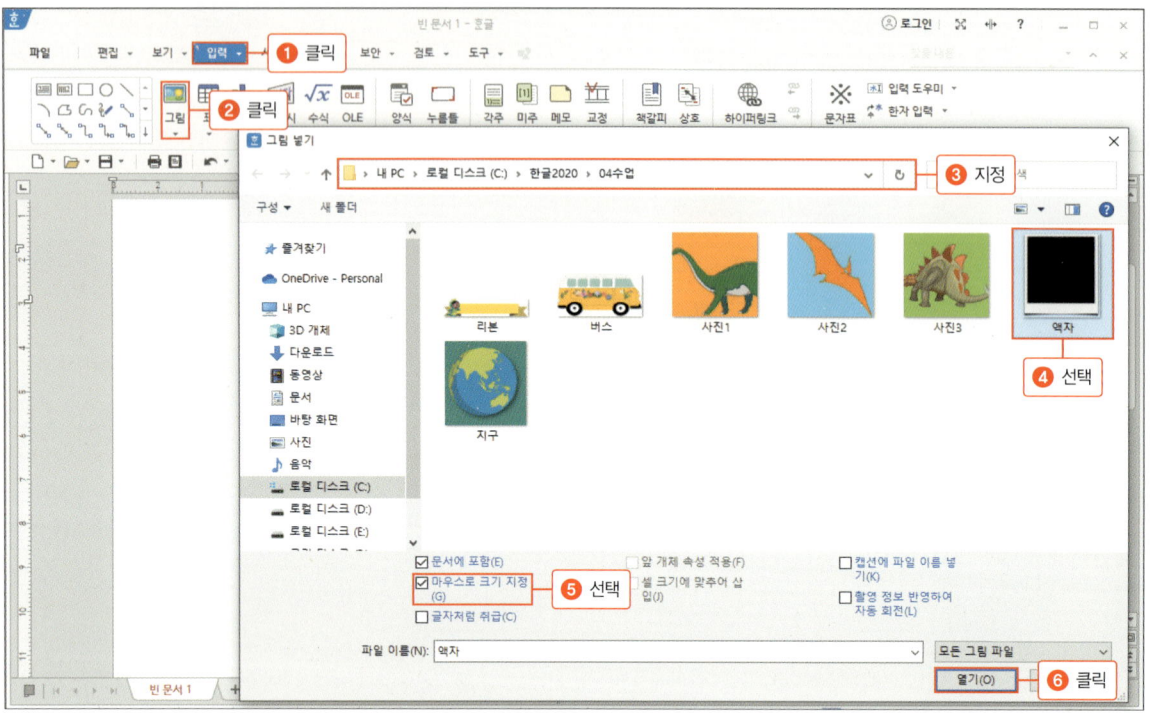

02 드래그하여 이미지를 삽입한 다음 더블클릭해요. [개체 속성] 대화상자가 표시되면 [기본] 탭에서 [글 뒤로(▆)]를 선택하고 [설정]을 클릭해요.

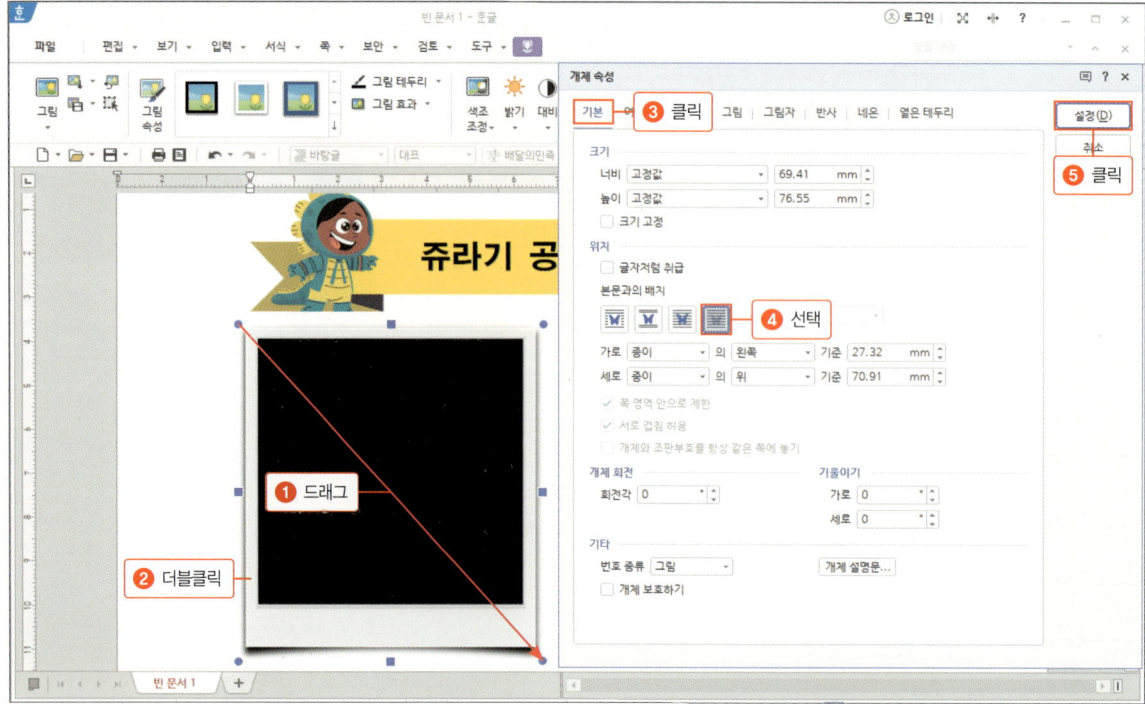

03 같은 방법으로 04수업 폴더에서 '사진1.jpg' 파일을 선택한 다음 액자의 검은색 부분에 드래그 해요.

04 같은 방법으로 04수업 폴더에서 '액자.png' 파일을 선택한 다음 오른쪽에 드래그하여 액자를 위치시켜요.

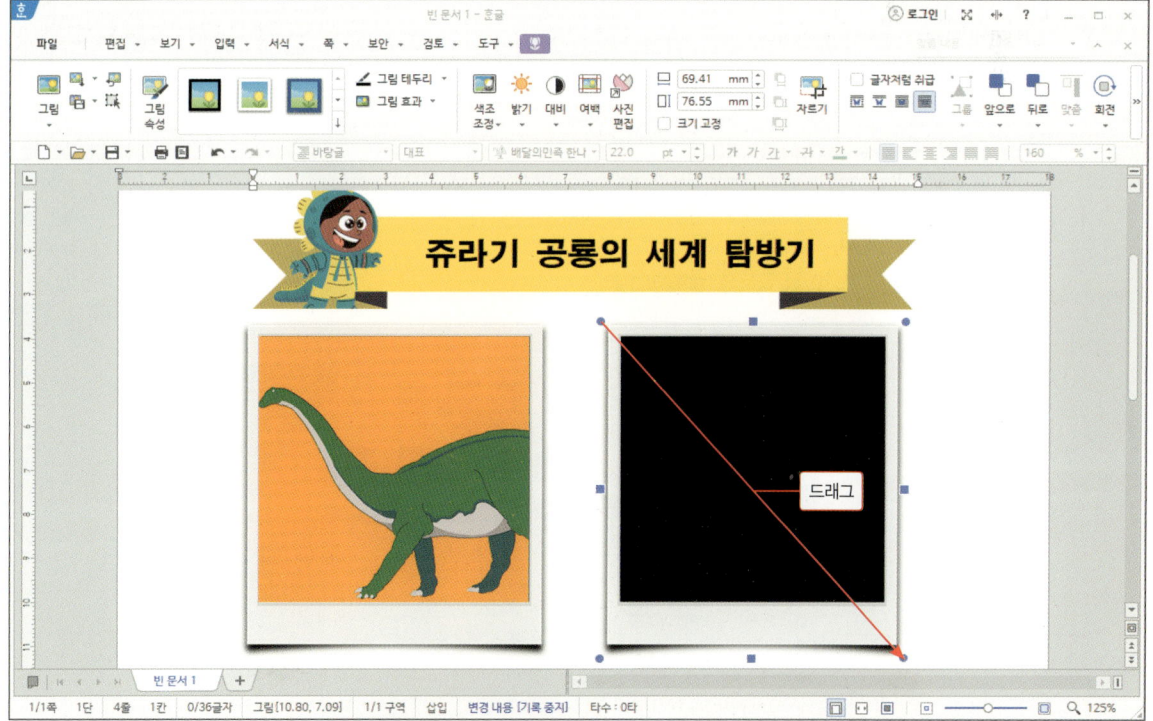

05 같은 방법으로 다음과 같이 이미지를 삽입하고 위치를 지정해요.

3 그림 효과 적용하기

01 여백에 그림 효과를 적용하기 위해 왼쪽 액자를 선택한 다음 [그림( )] 정황 탭에서 [그림 효과]를 클릭하고 '반사' - '1/3 크기, 근접'을 선택해요. 액자의 반사 이미지가 표현돼요.

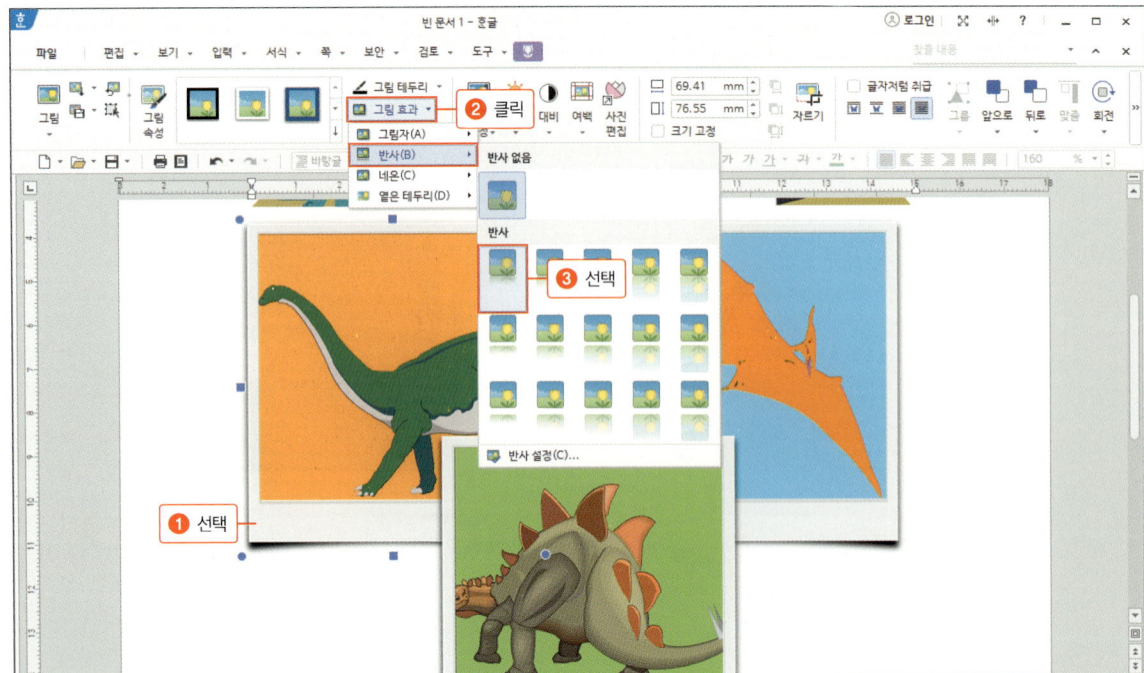

01 ▶ 그림 효과를 이용해서 이미지에 그림자를 넣고, 이미지 아래에 반사되는 효과를 적용해 보세요.

● 예제파일 : 04수업\버스.hwp   ● 완성파일 : 04수업\버스(완성).hwp

❶ 〔그림 효과〕→그림자→아래쪽 기능을 적용해요.
❷ 〔그림 효과〕→반사→3/4 크기, 근접 기능을 적용해요.

02 ▶ 지구 이미지를 원본 이미지에 넣어 포스터를 완성해 보세요.

● 예제파일 : 04수업\접종.hwp, 지구.png   ● 완성파일 : 04수업\접종(완성).hwp

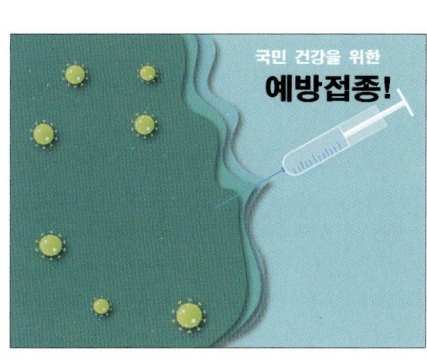
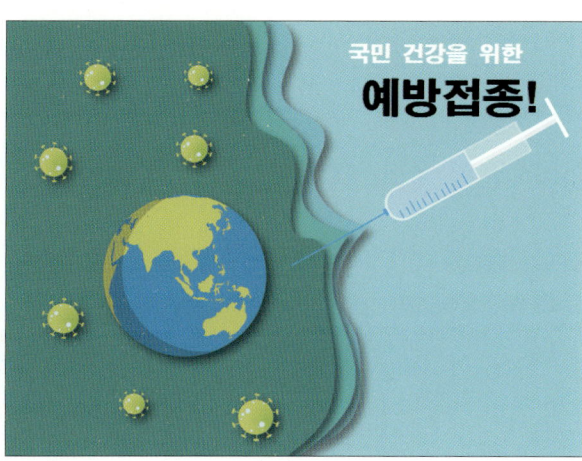

❶ 이미지에 본문과의 배치에서 〔글 뒤로〕를 적용해요.
❷ 이미지를 불러올 때 드래그하는 방식으로 넣을 위치에 삽입해요.

05 수업
손 그림 부럽지 않은 그리기마당 이용하기

그리기마당을 이용하면 포토샵을 사용하지 않아도 원하는 개체를 검색하고 불러와서 크기를 조정하거나 회전시킬 수 있어요. 또한 같은 주제의 개체를 이용하여 이미지 구성도 가능해요. 이번 수업에서는 그리기마당을 이용하여 이미지 구성 방법을 배워 보세요.

- 그리기마당에서 개체를 삽입해 보세요.
- 개체의 크기를 조정하고 회전해 보세요.
- 개체에 캡션을 넣어 보세요.

● 예제파일 : 05수업\미화준비.hwp   ● 완성파일 : 05수업\미화준비(완성).hwp

개체를 삽입한 다음 개체 속성에서 회전 기능으로 알맞게 위치시켰어요. **HOW!**

그리기마당의 [한컴 애셋]에서 주제에 맞는 개체를 검색하여 선택했어요. **HOW!**

캡션 기능을 이용하여 미화 준비물의 이름을 그림 하단에 넣었어요. **HOW!**

1 개체를 검색하고 내려받기

01 05수업 폴더의 '미화준비.hwp' 파일을 연 다음 '학급 미화 준비물'을 입력하고 글자 크기와 글자 색을 지정해요. 개체를 삽입하기 위해 [입력] 탭에서 [그림]을 클릭한 다음 '그리기마당'을 선택해요.

• 글자 크기 : 20pt • 글자 색 : 하양(RGB: 255,255,255)

02 [그리기마당] 대화상자가 표시되면 [내려받은 그리기마당] 탭에서 [클립아트 다운로드]를 클릭해요.

03 [한컴 애셋] 대화상자가 표시되면 [그리기 조각] 탭에서 '고무장갑'을 입력한 다음 Enter를 눌러 검색해요. 고무장갑이 검색되어 표시되면 [내려받기( )]를 클릭한 다음 내려받기가 완료되면 [한글] 대화상자에서 [확인]을 클릭해요. [닫기( )]를 클릭해요.

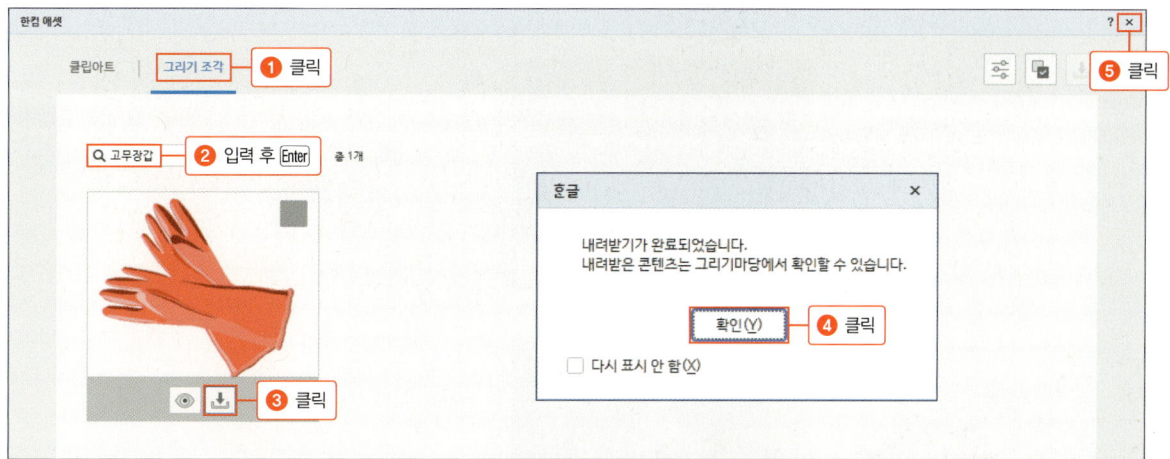

04 〔그리기마당〕 대화상자가 다시 표시되면 내려받은 '고무장갑'을 선택한 다음 〔넣기〕를 클릭해요.

05 고무장갑 개체가 위치할 부분을 드래그하여 삽입해요. 같은 방법으로 개체 목록에서 빗자루, 쓰레받기, 양동이를 순서대로 삽입하여 칠판에 위치시켜요.

 변형점을 드래그하여 고무장갑 크기를 조정할 수 있어요.

2 개체 회전하기

01 같은 방법으로 대걸레를 삽입한 다음 더블클릭해요. 〔개체 속성〕 대화상자가 표시되면 〔기본〕 탭에서 회전각을 '90°'로 지정하고 〔설정〕을 클릭해요.

02 대걸레가 회전되었다면 변형점을 드래그하여 대걸레의 크기와 위치를 조정해요.

3 개체 항목에 캡션 넣기

01 청소 도구 아래에 이름을 적어 보세요. 먼저 고무장갑을 선택한 다음 마우스 오른쪽 버튼을 클릭하여 '캡션 넣기'를 선택해요.

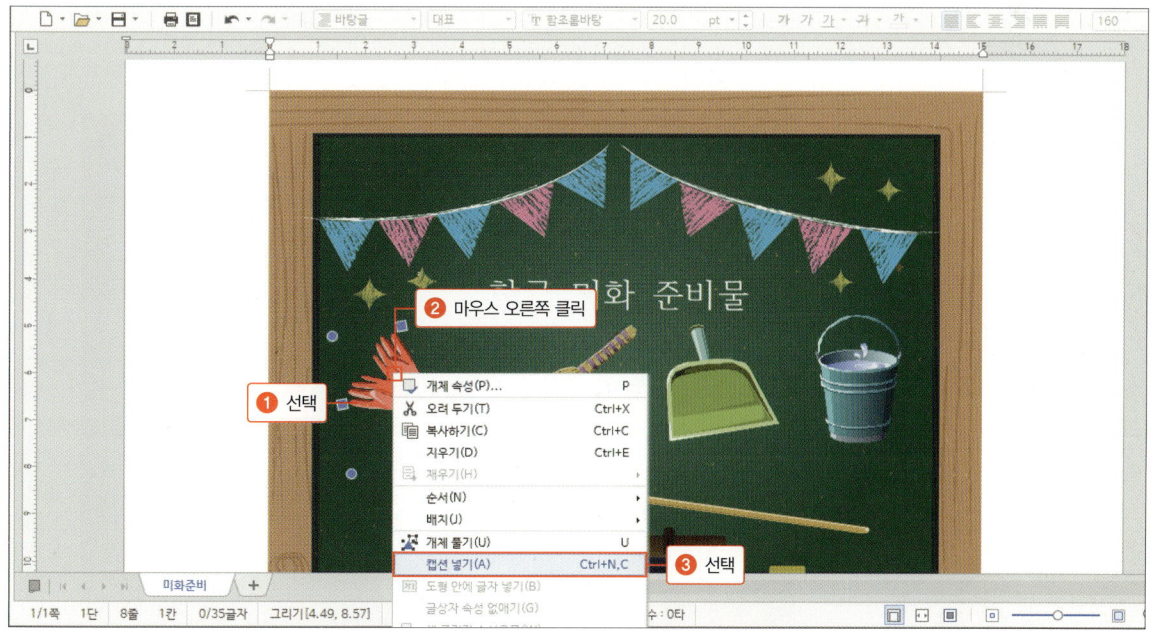

캡션은 이미지의 이해를 돕기 위한 제목이나 짧은 설명문을 말해요.

02 기본 캡션 문자가 표시되면 드래그하여 블록으로 지정해요. 글꼴과 글자 색을 지정한 다음 '고무장갑'을 입력해요.   • 글꼴 : 휴먼옛체   • 글자 색 : 하양(RGB: 255,255,255)

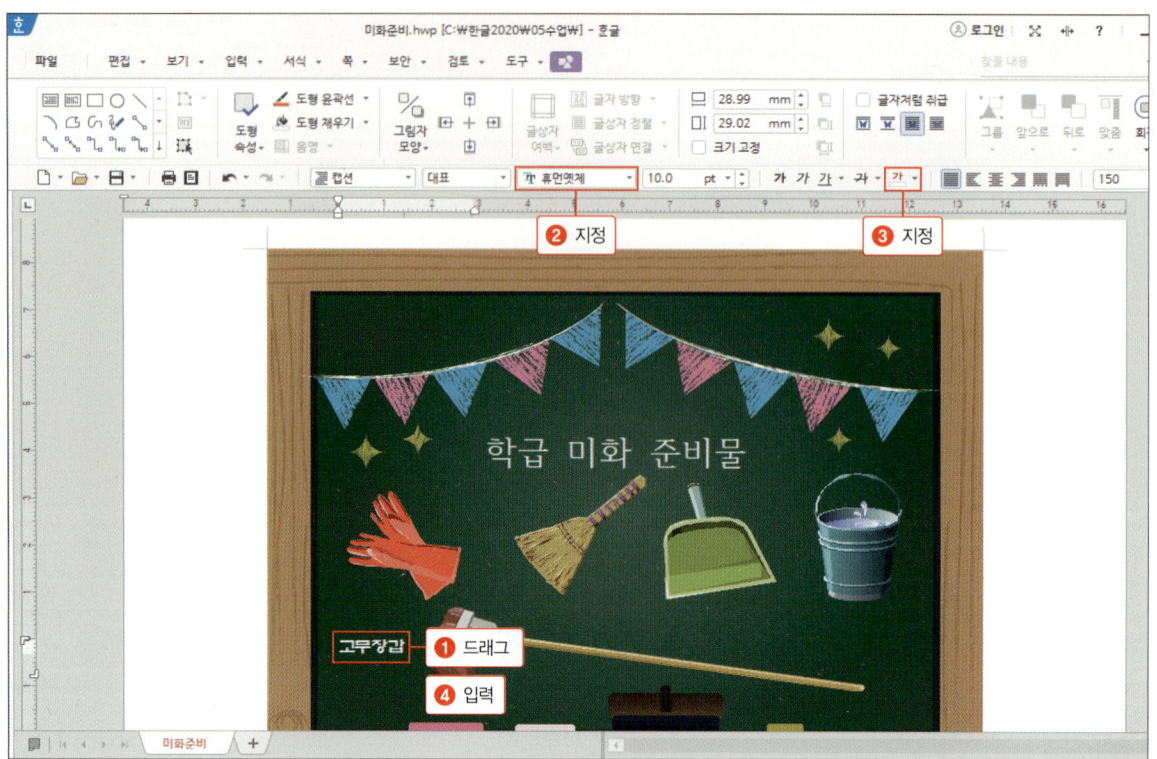

03 나머지 청소 도구의 이름도 캡션 넣기 기능으로 작성해요.

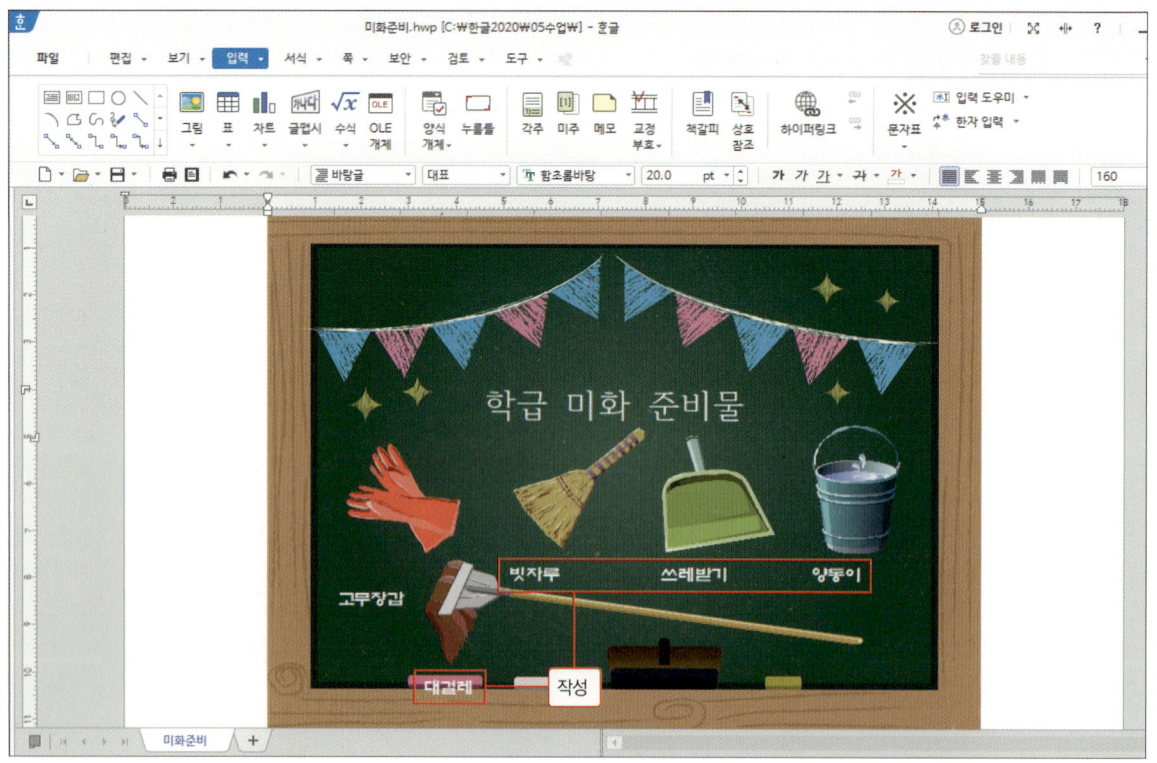

캡션 이름이 그리기 개체와 겹칠 경우 위치를 조정해요.

01 ▶ 그리기 마당을 이용해서 이미지를 구성해 보세요.

● **예제파일** : 05수업\댕댕이.hwp   ● **완성파일** : 05수업\댕댕이(완성).hwp

① [그리기마당] → '나비'로 검색하여 개체를 선택해요.
② 회전각으로 개체를 회전해요.

02 ▶ 그리기 마당을 이용해서 이미지를 구성해 보세요.

● **예제파일** : 05수업\만족도.hwp   ● **완성파일** : 05수업\만족도(완성).hwp

① [그리기마당] → '목표', '주식'으로 검색하여 개체를 선택해요.
② 변형점을 이용해서 개체 크기를 조정해요.

06 수업 글상자 기능으로 잘라 쓰는 야구 카드 만들기

글상자는 글과 그림을 독립적으로 만들어 원하는 위치에 이동시킬 수 있어요. 글상자의 외곽선과 면 색상도 지정할 수 있죠. 이번 수업에서는 가위로 오려 사용하는 보물 야구 카드를 만들어 보세요.

학습목표
- 글상자를 만들고 면 색과 선 스타일을 지정해 보세요.
- 글상자를 복제해서 이미지를 삽입해 보세요.

● **예제파일** : 06수업\야구카드.hwp, 야구카드1.jpg~야구카드3.jpg   ● **완성파일** : 06수업\야구카드(완성).hwp

글상자를 만든 다음 외곽선에 오릴 수 있도록 점선을 넣고, 면 색을 지정했어요. **HOW!**

만든 글상자를 복제한 다음 야구 인물 이미지를 드래그하는 방식으로 삽입하고 이름을 넣어 완성했어요. **HOW!**

글상자 만들기

01 06수업 폴더에서 '야구카드.hwp' 파일을 연 다음 글상자를 만들기 위해 〔입력〕 탭에서 〔가로 글상자(▭)〕를 클릭해요.

02 첫 번째 글상자를 만들기 위해 문서에 드래그하여 글상자를 만들어요.

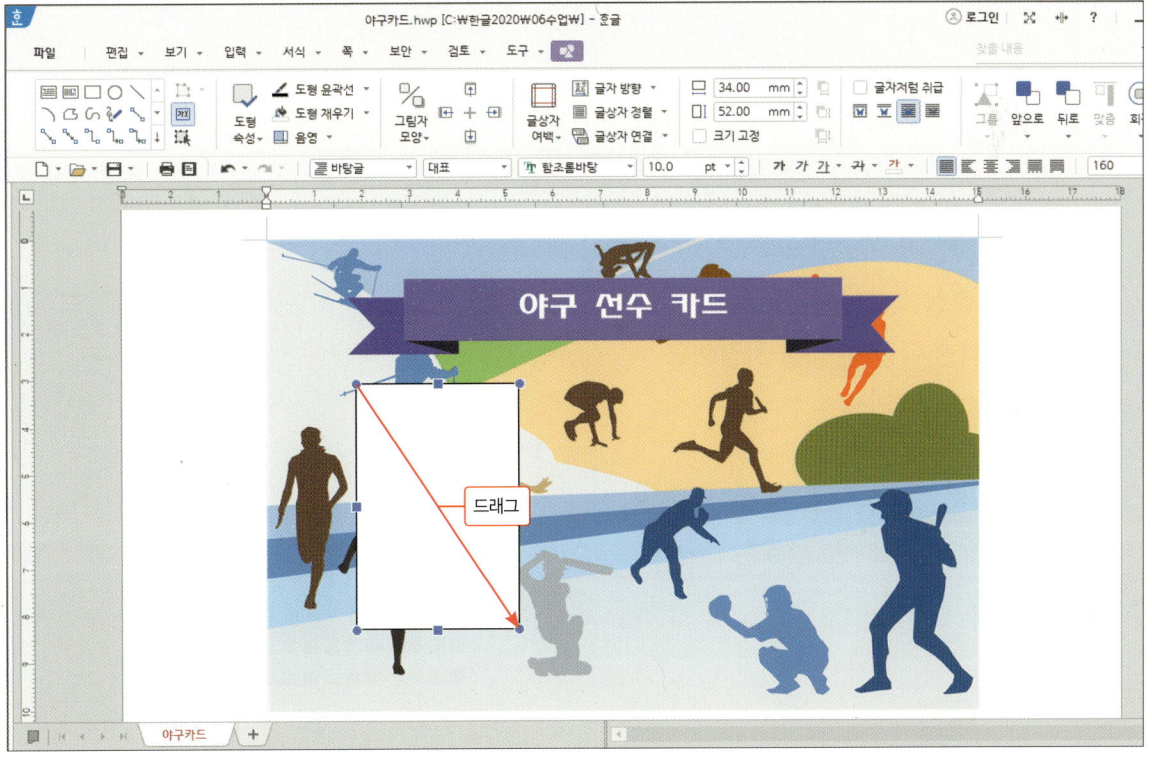

WHY? 문서 형식이 아닌 특정 영역에 글이나 그림을 넣을 때 글상자를 사용해요. 글상자 안에 글이나 그림을 넣은 다음 이동시키기도 편리해서 많이 사용해요.

2 글상자에 점선과 면 색 지정하기

01 글상자에 속성을 지정하기 위해 글상자를 더블클릭해요.

02 〔개체 속성〕대화상자가 표시되면 〔선〕탭에서 선 종류와 굵기를 지정해요.
- **종류** : 점선(----)
- **굵기** : 1mm

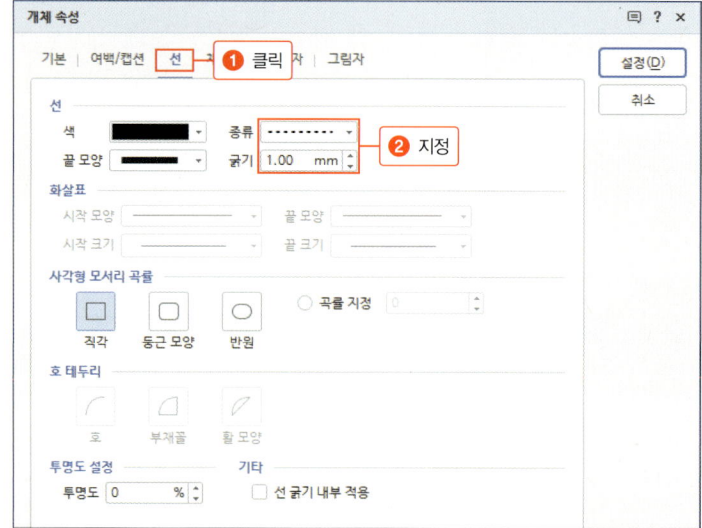

03 〔개체 속성〕대화상자의 〔채우기〕탭을 클릭한 다음 면 색을 지정해요.
- **면 색** : 노랑(RGB: 255,215,0)

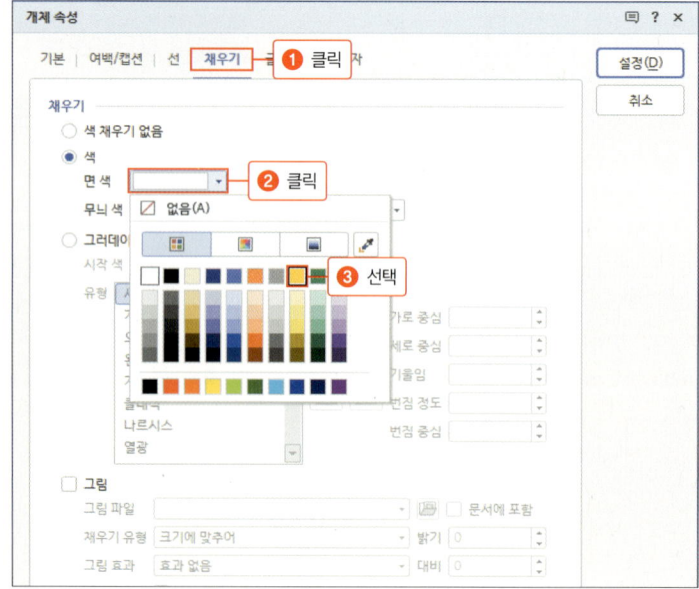

3 글상자 크기 지정하고 복제하기

01 〔개체 속성〕 대화상자의 〔기본〕 탭을 클릭한 다음 너비와 높이를 지정하고 〔설정〕을 클릭해요.
- 너비 : 34mm
- 높이 : 52mm

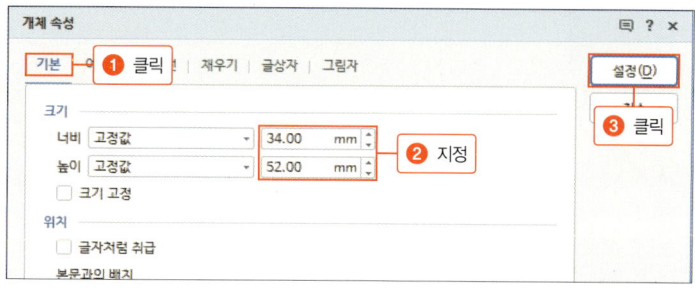

02 글상자를 선택한 다음 Ctrl+C를 눌러 글상자를 복사하고 Ctrl+V를 눌러 붙여 넣은 다음 오른쪽으로 이동시켜요. 한 번 더 복사/붙여 넣기한 다음 배치해서 글상자 3개를 완성해요.

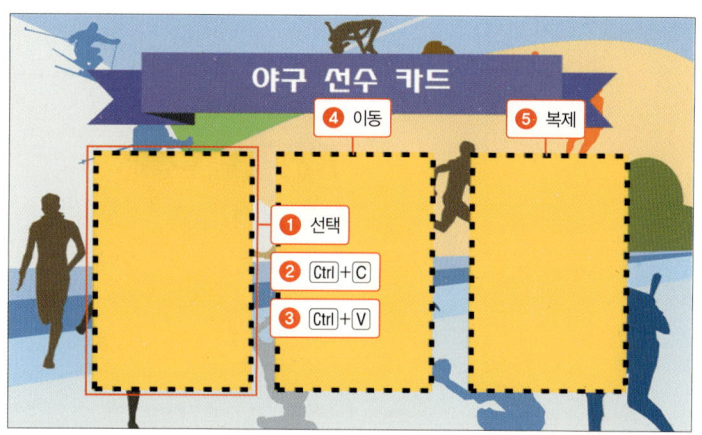

4 글상자에 이미지 삽입하기

01 글상자 안에 커서를 위치 시킨 다음 〔입력〕 탭에서 〔그림()〕을 클릭해요. 〔그림 넣기〕 대화상자가 표시되면 06수업 폴더에서 '야구카드1.jpg' 파일을 선택한 다음 '글자처럼 취급'을 선택하고 〔열기〕를 클릭해요.

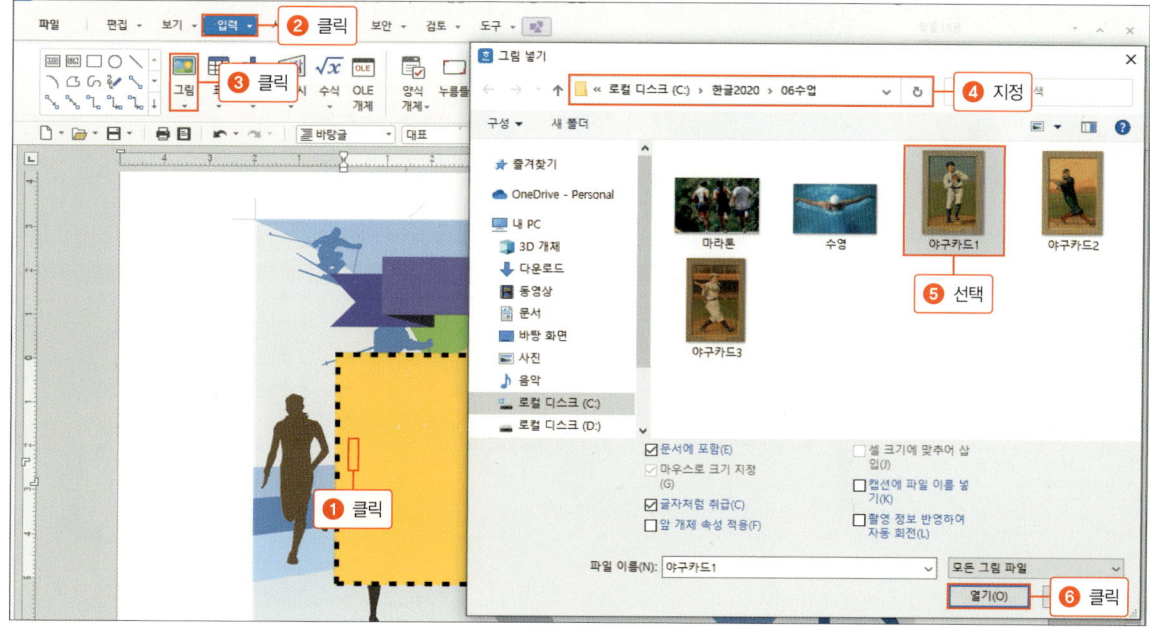

02 커서를 그림 하단에 위치한 다음 카드 이름을 입력해요. (서식) 도구 상자에서 글꼴과 글자 색을 지정하고 (가운데 정렬(≡))을 선택해요.

- 글꼴 : 한컴 소망 B
- 글자 색 : 하양(RGB: 255,255,255)

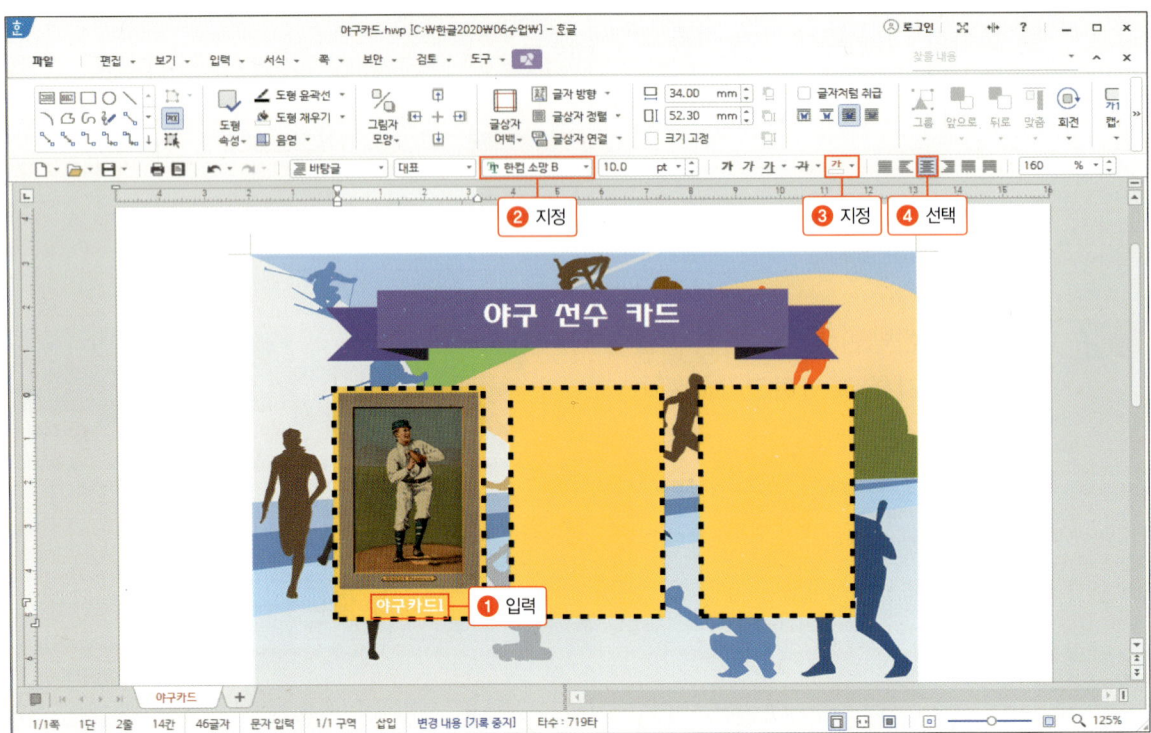

03 같은 방법으로 두 번째 글상자에 '야구카드2.jpg' 파일, 세 번째 글상자에 '야구카드3.jpg' 파일을 드래그하여 삽입한 다음 카드 이름을 입력하여 완성해요.

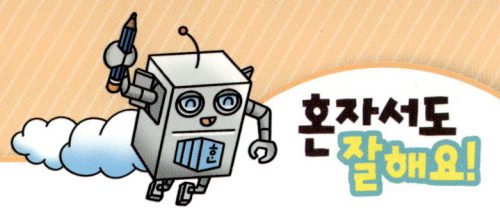

01 ▶ 오려 사용할 수 있는 쿠폰을 만들어 보세요.

● 예제파일 : 06수업\쿠폰.hwp   ● 완성파일 : 06수업\쿠폰(완성).hwp

1. 가로 글상자와 세로 글상자를 이용하여 글자의 방향을 조정해요.
2. 쿠폰의 면 색과 선 종류를 변경해요.
3. 글꼴: 배달의민족 주아, 글자 크기 : 28pt, 20pt

02 ▶ 글상자에 여백과 그림자를 지정하여 스포츠 소개를 만들어 보세요.

● 예제파일 : 06수업\올림픽종목.hwp, 마라톤.jpg, 수영.jpg   ● 완성파일 : 06수업\올림픽종목(완성).hwp

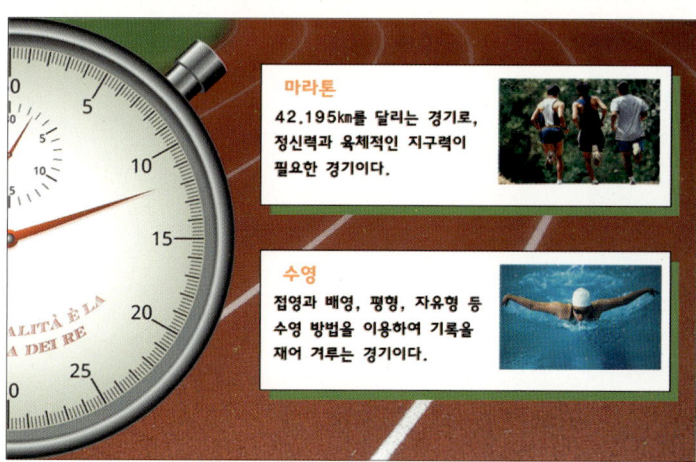

1. 〔글상자〕 탭에서 여백 기능을 이용하여 글상자 왼쪽과 오른쪽, 위쪽 등 글 간격을 조정해요.
2. 〔그림자〕 탭에서 설정하여 글상자에 그림자를 적용해요.
3. 글꼴: 한컴 윤고딕 250, 글자 크기 : 12pt, 10pt, 글자 색 : 주황(RGB: 255,132,58), 검정(RGB: 0,0,0)

07 수업 표 기능으로 신학기 시간표 만들기

표를 사용하면 깔끔하게 많은 자료를 잘 정리할 수 있어요. 표는 셀로 구성되어 있어서 자료가 잘 구분되도록 표의 면 색과 선의 두께 등을 마음대로 조정 가능해요. 이번 수업에서는 표 기능을 이용해 시간표를 만들어 보세요.

- 기본 표를 만들어 보세요.
- 표에 면 색을 넣고 선 스타일을 지정해 보세요.

● **예제파일** : 07수업\시간표.hwp   ● **완성파일** : 07수업\시간표(완성).hwp

표 만들기 기능으로 줄과 칸 개수를 정해 기본 표 형태를 만들었어요.

셀을 블록으로 지정해서 구분되는 면 색을 지정했어요.

안쪽 표를 구성하는 선과 외곽 선이 구분되도록 선의 두께와 선 종류를 다르게 지정했어요.

1 기본 표 작성하기

01 07수업 폴더에서 '시간표.hwp' 파일을 연 다음 [입력] 탭에서 [표(⊞)]를 클릭해요. [표 만들기] 대화상자가 표시되면 줄 개수와 칸 개수를 지정하고 '마우스 끌기로 만들기'에 체크 표시한 다음 [만들기]를 클릭해요.   • 줄 개수 : 7   • 칸 개수 : 6

02 시간표가 들어갈 영역을 드래그하면 기본 표가 만들어져요.

WHY? 기본 표는 항상 실선으로 만들어지며, 블록을 지정하여 면 색이나 선 종류를 설정하여 예쁘게 만들 수 있어요.

07 · 표 기능으로 신학기 시간표 만들기 **45**

2 셀에 면 색 지정하기

01 첫 번째 줄을 드래그하여 블록으로 지정한 다음 마우스 오른쪽 버튼을 눌러 '셀 테두리/배경' - '각 셀마다 적용'을 선택해요.

02 〔셀 테두리/배경〕 대화상자가 표시되면 〔배경〕 탭에서 '색'을 선택한 다음 면 색을 지정하고 〔설정〕을 클릭해요.

• 면 색 : 주황(RGB: 255,132,58)

03 왼쪽 세로줄의 두 번째 셀부터 일곱 번째 셀까지 드래그하여 블록으로 지정한 다음 마우스 오른쪽 버튼을 눌러 '셀 테두리/배경' - '각 셀마다 적용'을 선택해요.

〔셀 테두리/배경〕 대화상자가 표시되면 〔배경〕 탭에서 '색'을 선택한 다음 면 색을 지정하고 〔설정〕을 클릭해요.   • 면 색 : 초록(RGB: 40,155,110)

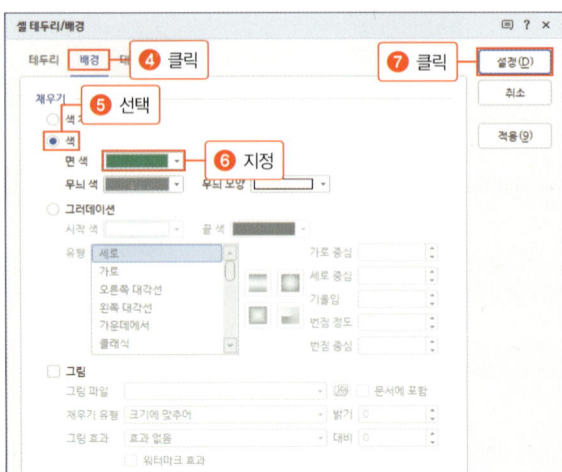

04 같은 방법으로 두 번째 줄의 2번 셀부터 일곱 번째 줄의 6번 셀까지 드래그하여 블록으로 지정한 다음 면 색을 지정해요.

- 면 색 : 하양(RGB: 255,255,255)

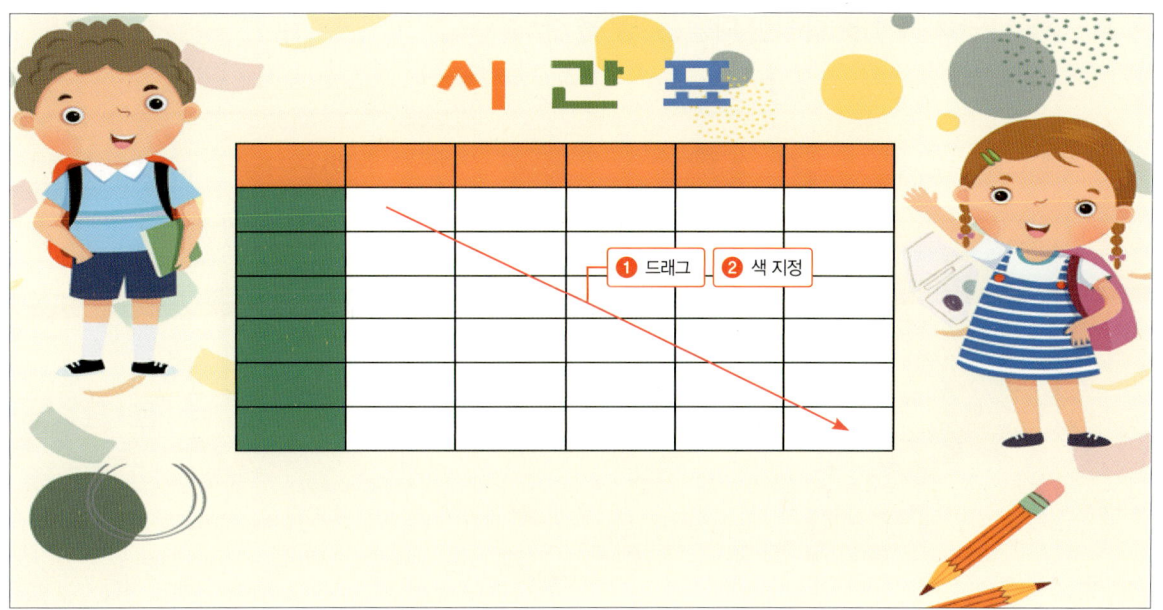

셀은 '작은 세포 또는 조각'을 의미해요. 표에서 셀이란 '표를 구성하는 한 칸'으로 이해하면 돼요.

3 표 외곽선과 안쪽 선 지정하기

01 표 전체를 드래그하여 블록으로 지정한 다음 마우스 오른쪽 버튼을 눌러 '셀 테두리/배경' - '각 셀마다 적용'을 선택해요.
〔셀 테두리/배경〕 대화상자가 표시되면 〔테두리〕 탭에서 선의 종류와 굵기, 색을 지정한 다음 〔바깥쪽()〕을 클릭하고 〔설정〕을 클릭해요.

- 선 종류 : 얇고 굵은 이중선()   • 굵기 : 0.7mm   • 색 : 노랑(RGB: 255,215,0)

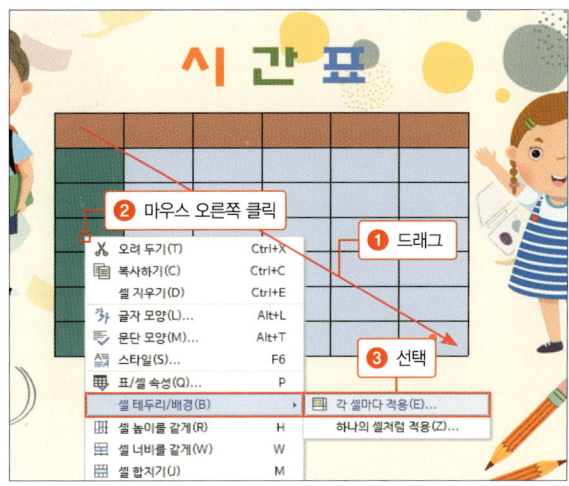
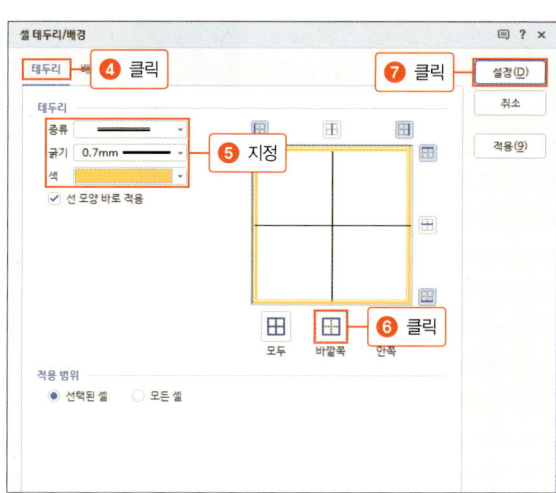

02 두 번째 줄의 2번 셀부터 일곱 번째 줄의 6번 셀까지 드래그하여 블록으로 지정한 다음 마우스 오른쪽 버튼을 눌러 '셀 테두리/배경' - '각 셀마다 적용'을 선택해요.

〔셀 테두리/배경〕 대화상자가 표시되면 〔테두리〕 탭을 클릭한 다음 선의 종류와 굵기, 색을 지정하고 〔안쪽(⊞)〕을 클릭한 다음 〔설정〕을 클릭해요.

- 선 종류 : 원형 점선(……) • 굵기 : 0.4mm • 색 : 노랑(RGB: 255,215,0)

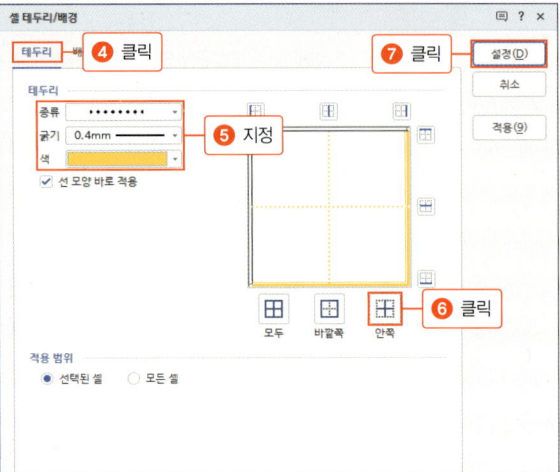

03 그림과 같이 바깥쪽 테두리는 두꺼운 이중선, 안쪽은 원형 점선으로 구성된 시간표가 완성되었어요.

01 ▶ 상단이 강조된 기본 표 구성을 만들어 보세요.

● 예제파일 : 07수업\시간표2.hwp   ● 완성파일 : 07수업\시간표2(완성).hwp

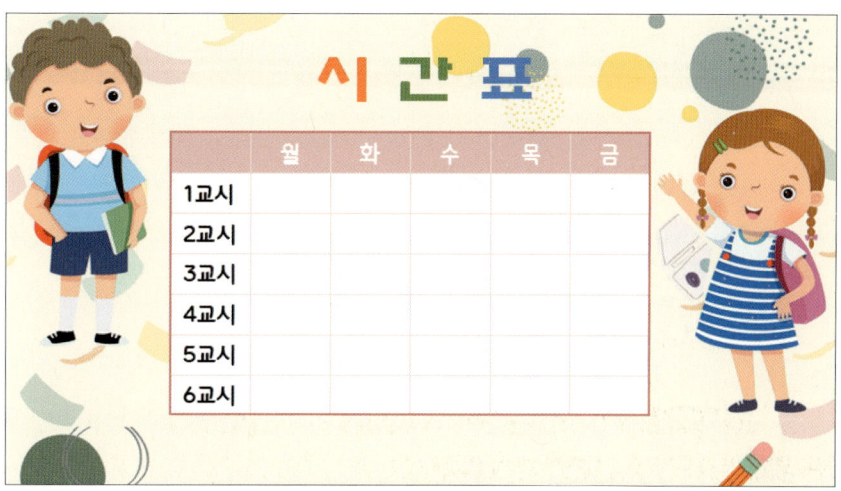

 〔표 디자인( )〕 정황 탭에서 '밝은 스타일 2 – 붉은 색조( )' 표 스타일을 적용해요.

02 ▶ 자료를 입력할 때 구분이 쉽도록 가로 행 색상이 서로 다른 표 스타일을 만들어 보세요.

● 예제파일 : 07수업\시간표3.hwp   ● 완성파일 : 07수업\시간표3(완성).hwp

 〔표 디자인( )〕 정황 탭에서 '기본 스타일 1 – 초록 색조( )' 표 스타일을 적용해요.

08 수업
그래프로 입체 차트 만들기

대조할 수 있는 자료만 있다면 한글 2020에서는 차트를 자동으로 만들 수 있어요. 가로나 세로형, 원형의 차트 제작도 가능하고, 입체 효과부터 다양한 그래픽 효과 적용도 가능하죠. 이번 수업에서는 자료를 이용하여 차트를 만들고 형태와 크기를 조정하는 방법을 배워 보세요.

- 표에 내용을 작성해 보세요.
- 기본 차트를 만들고 크기를 조정해 보세요.
- 차트에 입체 효과와 배경 색상을 적용하고, 제목을 편집해 보세요.

● 예제파일 : 08수업\취미.hwp   ● 완성파일 : 08수업\취미(완성).hwp

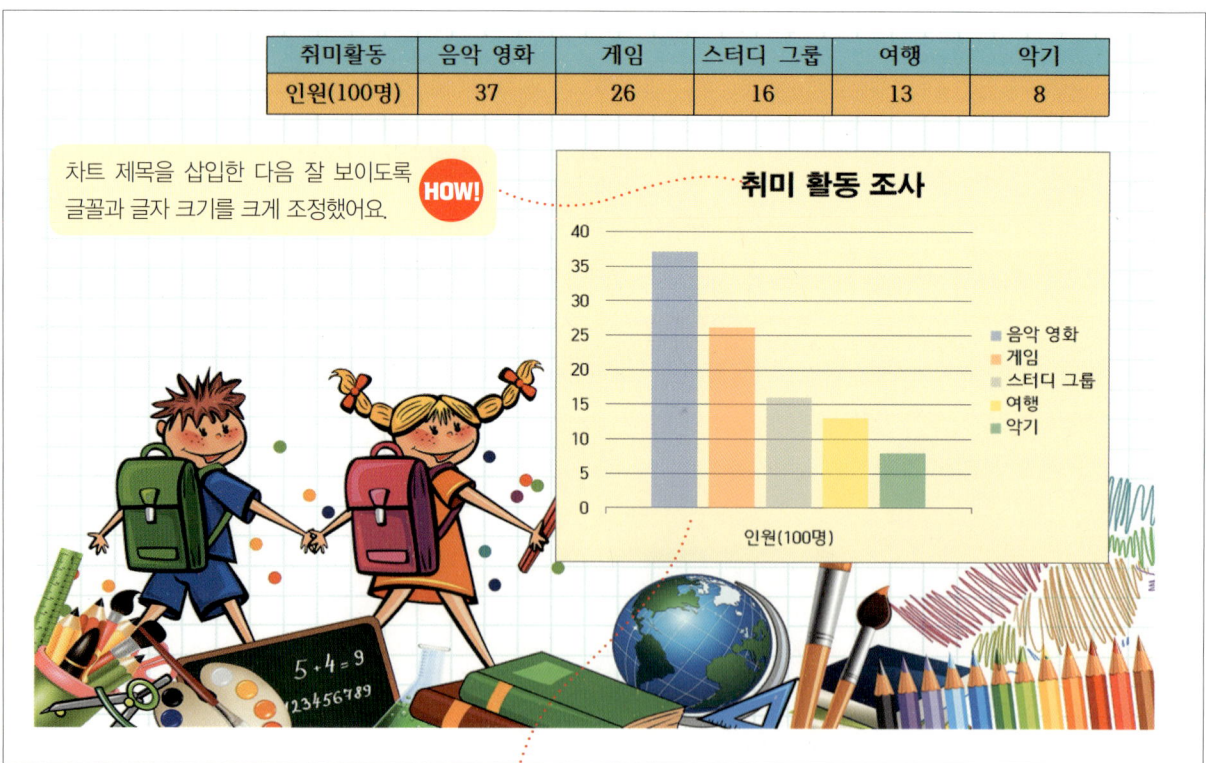

취미활동	음악 영화	게임	스터디 그룹	여행	악기
인원(100명)	37	26	16	13	8

차트 제목을 삽입한 다음 잘 보이도록 글꼴과 글자 크기를 크게 조정했어요. HOW!

자료로 만들어진 기본 차트에 입체 효과를 적용하기 위해 [스타일8]을 선택했어요. HOW!

1 차트에 데이터 입력하기

01 08수업 폴더에서 '취미.hwp' 파일을 연 다음 그림과 같이 표 안에 내용을 작성해요.
- 음악 영화 : 37, 게임 : 26, 스터디 그룹 : 16, 여행 : 13, 악기 : 8

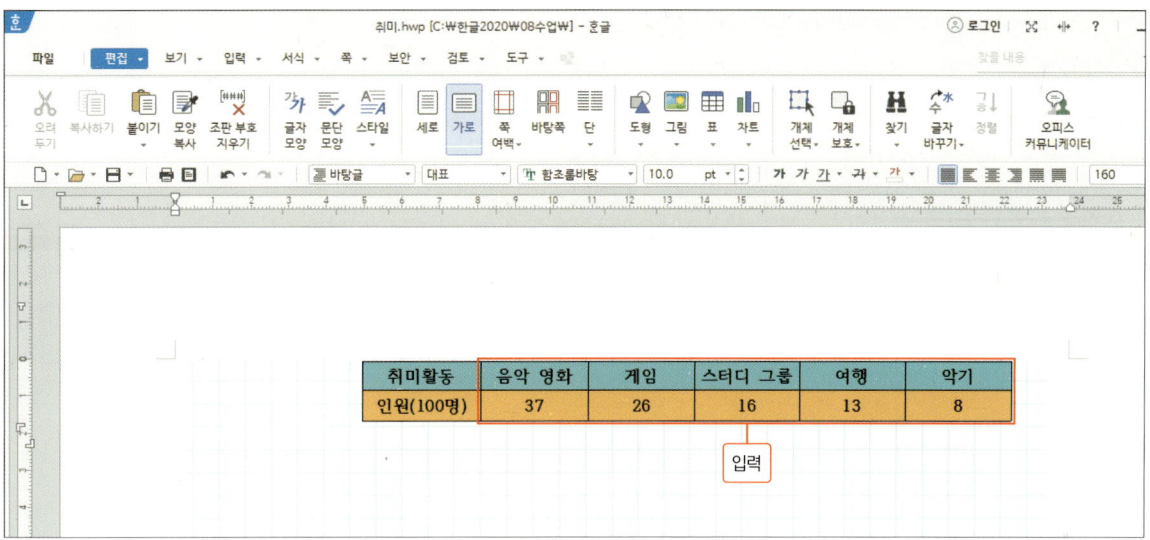

02 표 전체를 드래그하여 블록으로 지정한 다음 〔입력〕 탭에서 〔차트( )〕를 클릭하고 '묶은 세로 막대형( )'을 선택해요.

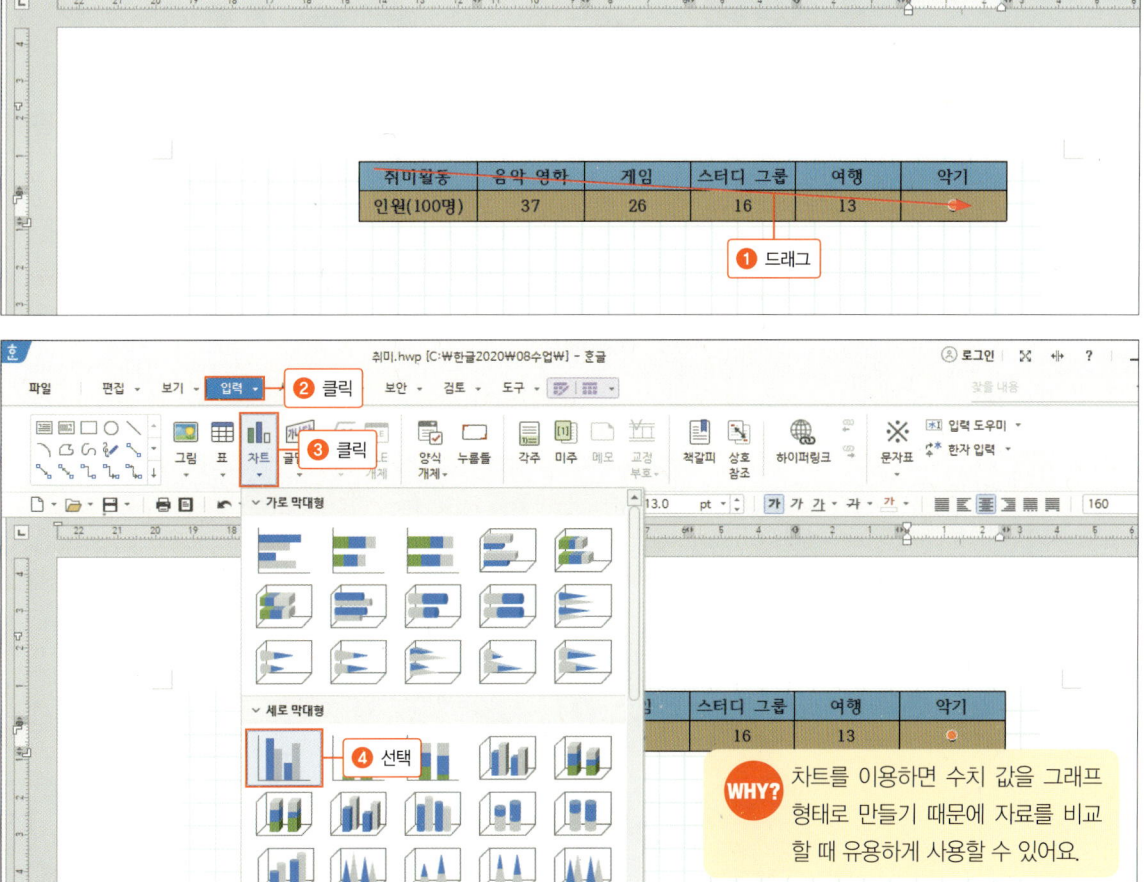

WHY? 차트를 이용하면 수치 값을 그래프 형태로 만들기 때문에 자료를 비교할 때 유용하게 사용할 수 있어요.

2 입체 차트로 변경하기

01 입력한 자료를 기준으로 기본 차트가 만들어지고 〔차트 데이터 편집〕 대화상자가 표시돼요. 〔차트 데이터 편집〕 대화상자의 〔닫기〕를 클릭한 다음 차트를 드래그하여 원하는 위치로 이동하고 변형점을 드래그하여 크기를 조정해요.

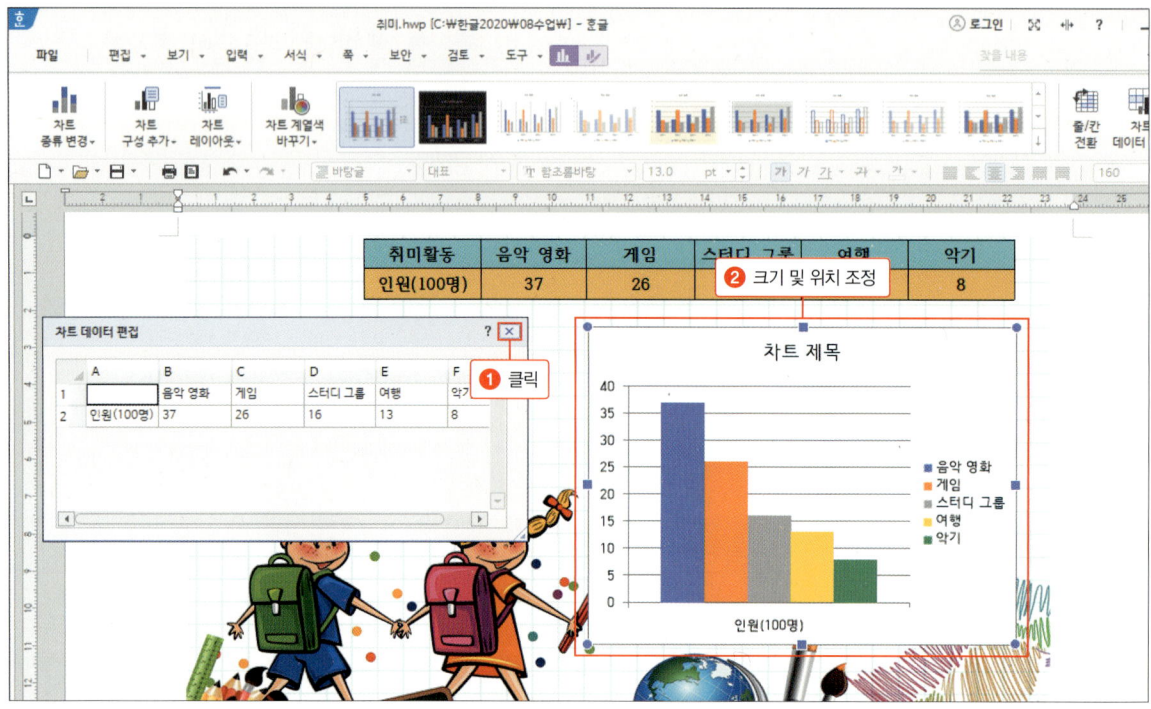

02 차트에 효과를 적용하기 위해 〔차트 디자인( )〕 정황 탭에서 〔스타일8( )〕을 클릭해요. 기본 차트 모양이 변경되었어요.

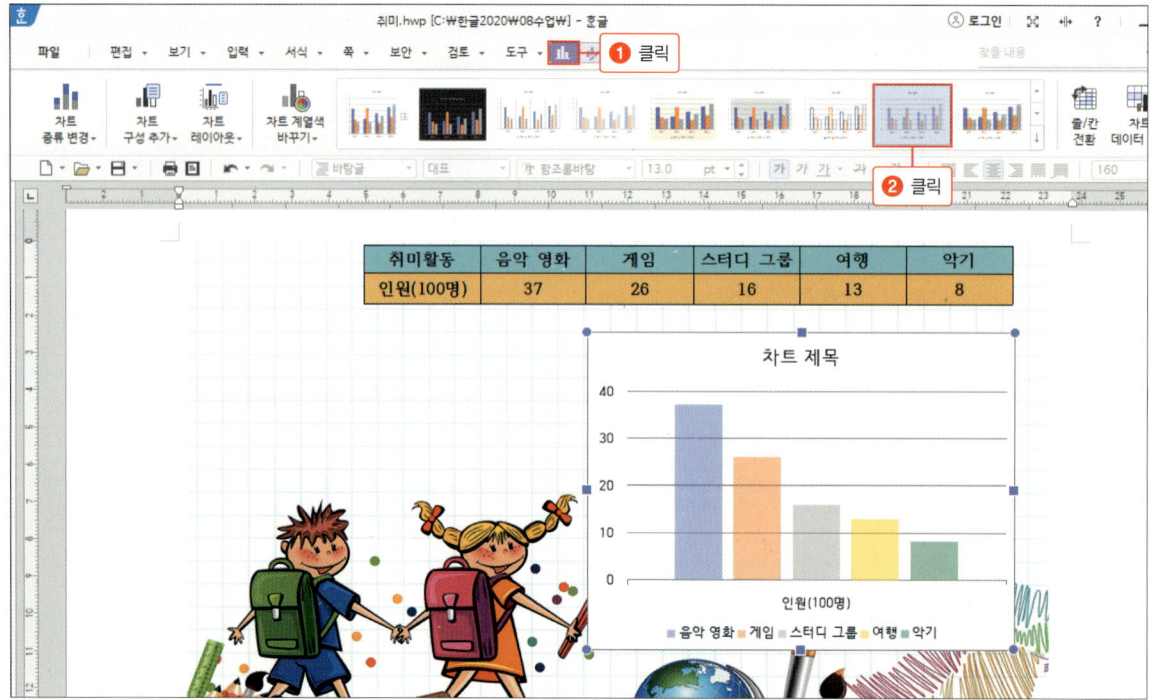

52

03 마우스 오른쪽 버튼을 눌러 '차트 영역 속성'을 선택해요.

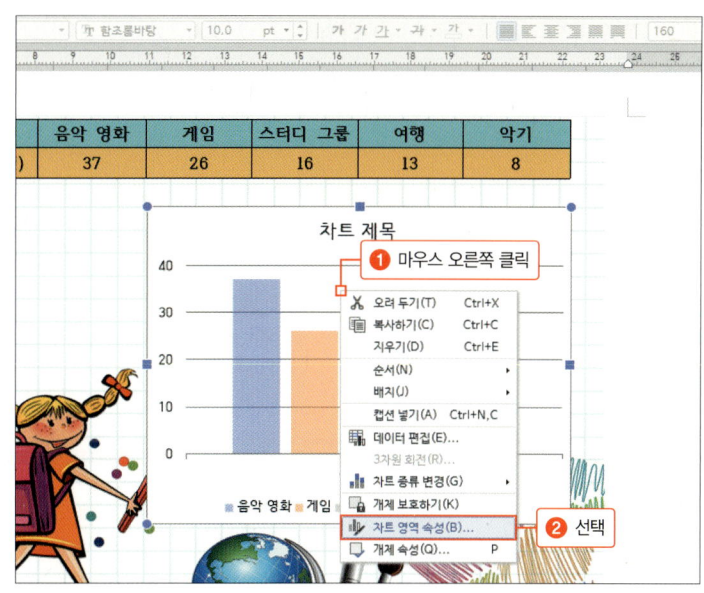

04 〔개체 속성〕작업창이 표시되면 〔단색〕을 선택한 다음 '색'을 지정하고 〔닫기〕를 클릭해요.
- 색 : 노랑(RGB: 255,215,0) 80% 밝게

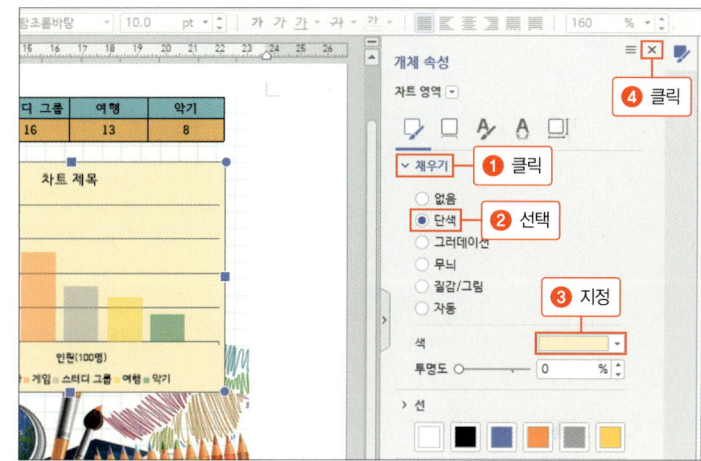

3 차트 제목 편집하기

01 차트 제목을 선택한 다음 마우스 오른쪽 버튼을 눌러 '제목 편집'을 선택해요.

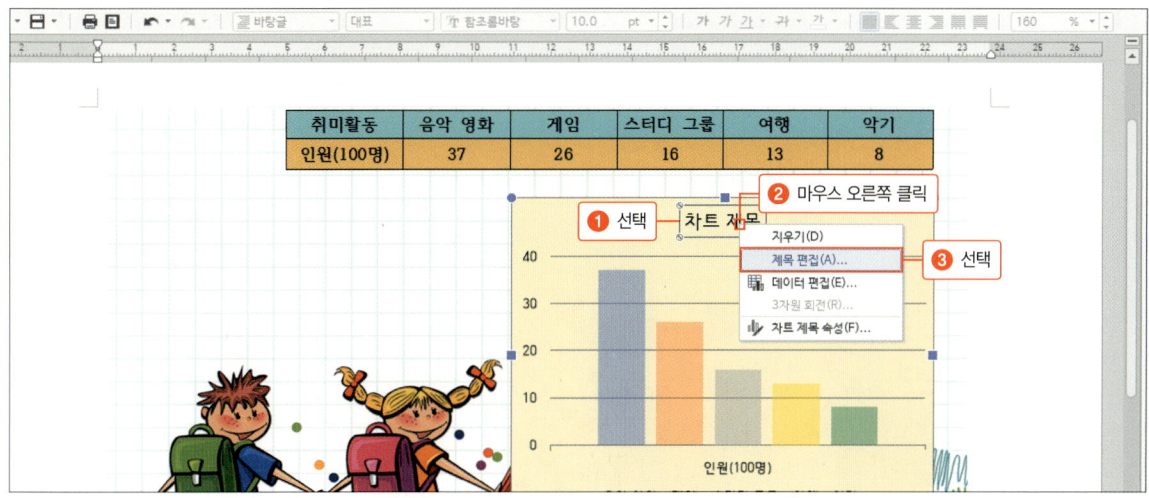

08 · 그래프로 입체 차트 만들기 53

02 〔차트 글자 모양〕 대화상자가 표시되면 글자 내용을 입력한 다음 글꼴과 크기를 지정하고 〔설정〕을 클릭해요.

- **내용** : 취미 활동 조사
- **글꼴** : HY견고딕
- **크기** : 16pt

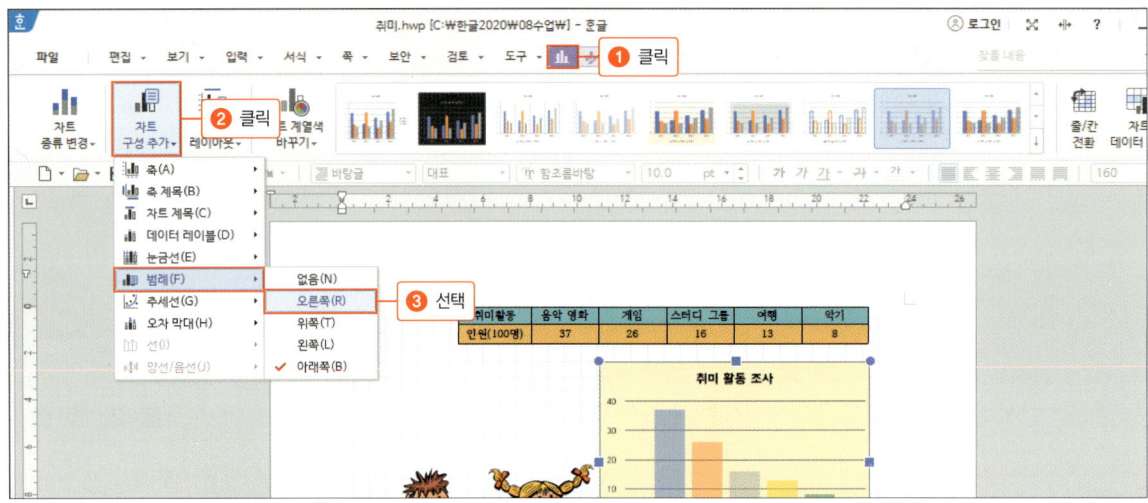

03 〔차트 디자인( )〕 정황 탭에서 〔차트 구성 추가〕를 클릭한 다음 '범례' - '오른쪽'을 선택해요.

04 그림과 같이 작성된 표의 데이터에 맞게 차트가 완성되었어요.

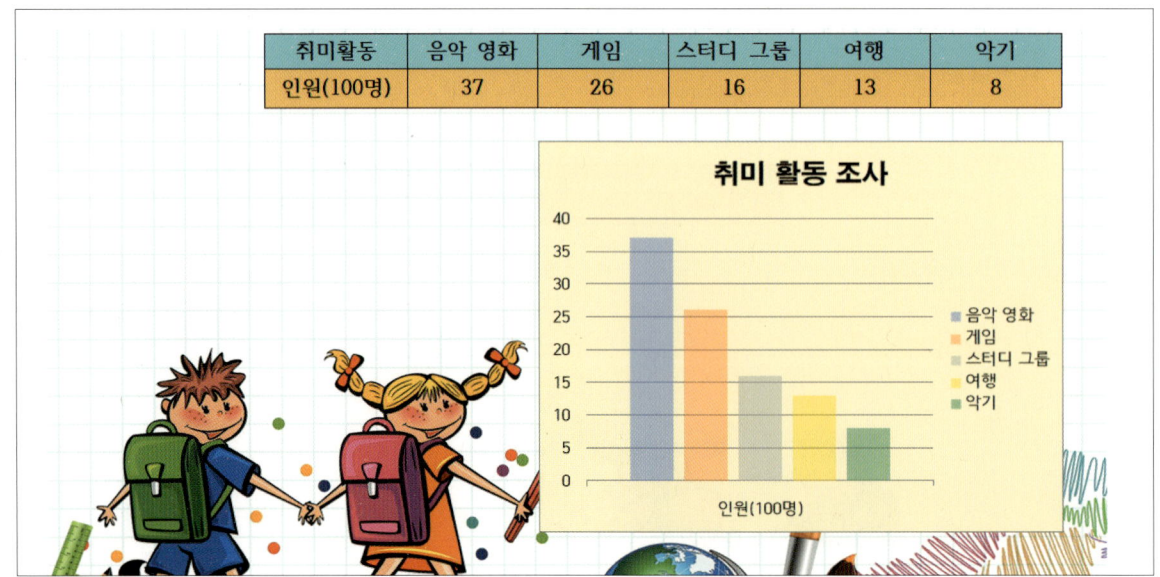

01 ▶ 자료를 이용해 원형 차트를 만들어 보세요.

● **예제파일** : 08수업\간식빵.hwp   ● **완성파일** : 08수업\간식빵(완성).hwp

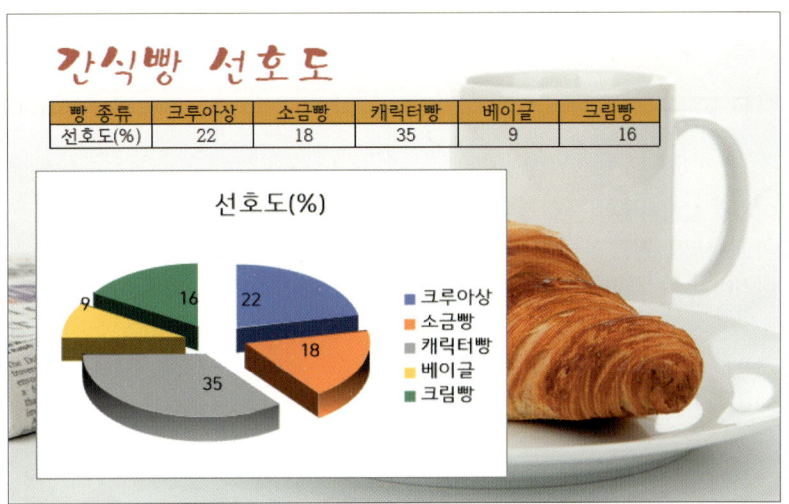

① 〔원형〕 → '3차원 쪼개진 원형'으로 차트를 만들어요.
② 〔차트 디자인( )〕 탭에서 〔줄/칸 전환〕을 클릭해요.

02 ▶ 입체 형태의 가로 막대형 차트를 만들어 보세요.

● **예제파일** : 08수업\학습진도.hwp   ● **완성파일** : 08수업\학습진도(완성).hwp

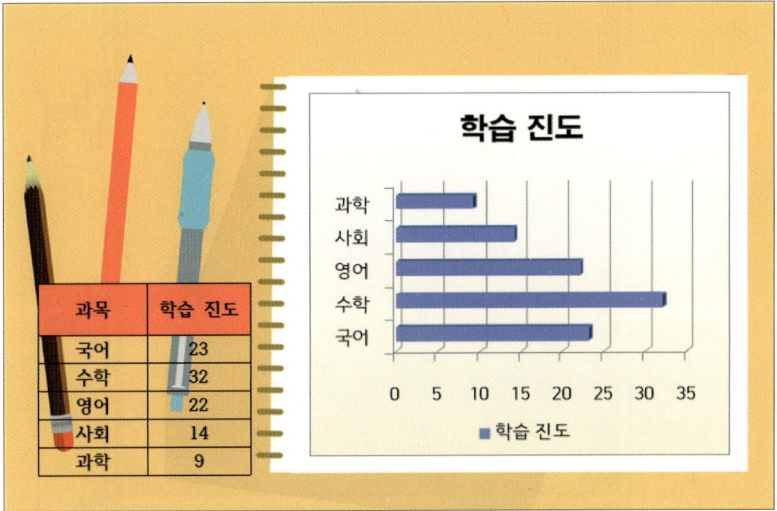

① 〔가로 막대형〕 → '3차원 묶은 가로 막대형'으로 차트를 만들어요.
② 스타일4를 지정해요.   ③ 차트 제목 - 글꼴: HY견고딕, 크기 : 16pt

09 수업 쪽, 테두리 배경으로 패턴 편지지 만들기

이미지를 반복해서 문서를 채우는 쪽/테두리 배경 기능을 사용하여 패턴이 있는 편지지를 만들어 보세요. 글자를 쓰는 영역에는 편지지 이미지나 표를 이용하여 줄을 만들 수도 있어요.

- 이미지를 삽입하여 배경을 채워 보세요.
- 문서 테두리를 만들고 색과 종류를 지정해 보세요.
- 그리기마당에서 이미지를 내려받아 테두리 안에 넣어 보세요.

● 예제파일 : 09수업\강아지.png   ● 완성파일 : 09수업\강아지편지지(완성).hwp

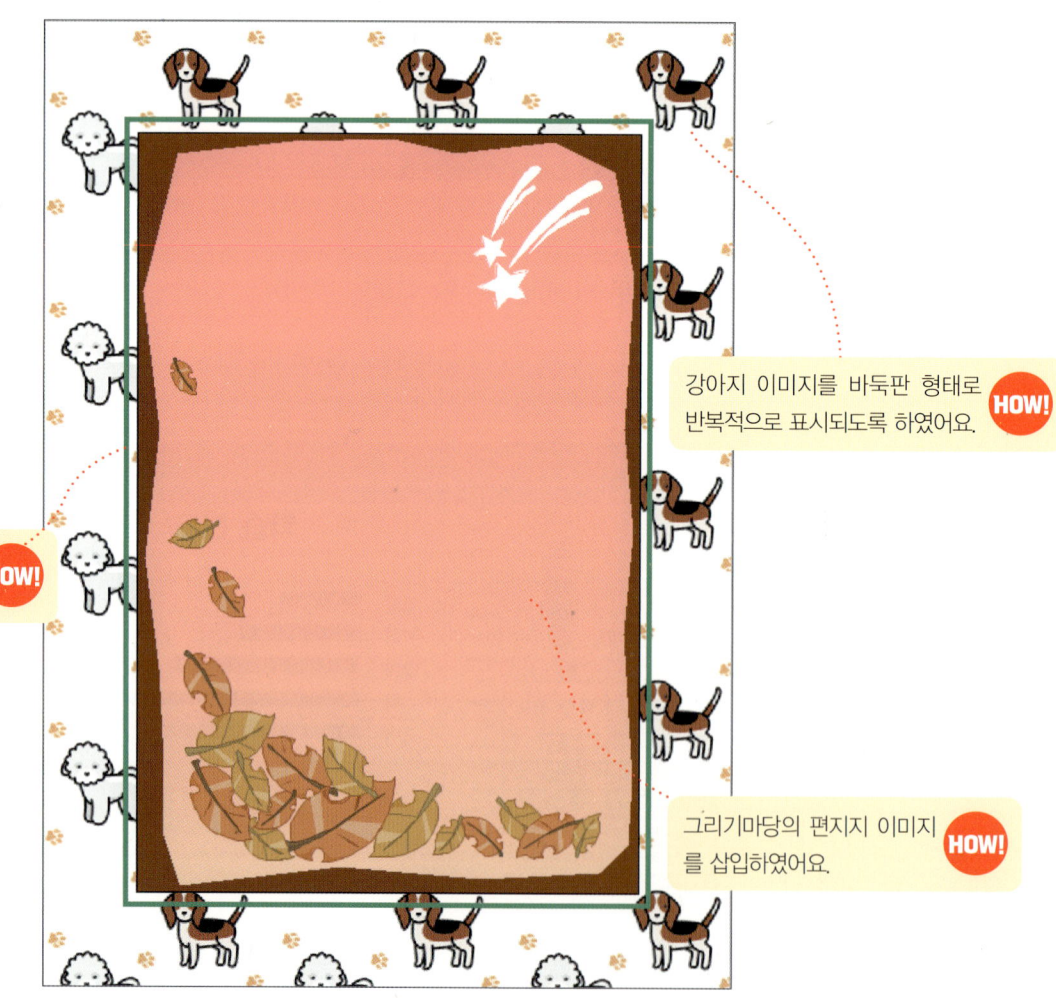

테두리를 만들어 글 쓰는 영역을 표시하였어요. **HOW!**

그리기마당의 편지지 이미지를 삽입하였어요. **HOW!**

강아지 이미지를 바둑판 형태로 반복적으로 표시되도록 하였어요. **HOW!**

1 배경 이미지 채우기

01 새 문서를 실행한 다음 [쪽] 탭에서 [쪽 테두리/배경(🖼)]을 클릭해요.

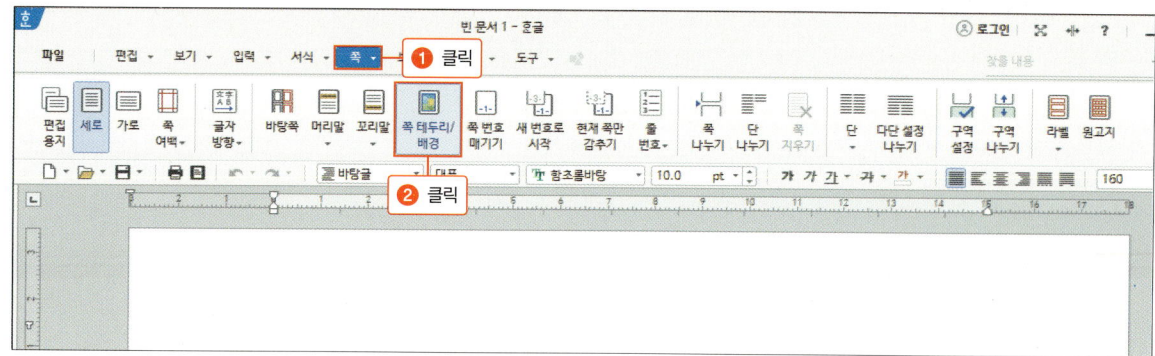

02 [쪽 테두리/배경] 대화상자가 표시되면 [배경] 탭에서 '그림'을 선택해요.

WHY? [그림]을 체크 표시하면 자동으로 [그림 넣기] 대화상자가 표시돼요. [그림 넣기] 대화상자가 표시되지 않으면 [그림 넣기(🖼)]를 클릭해요.

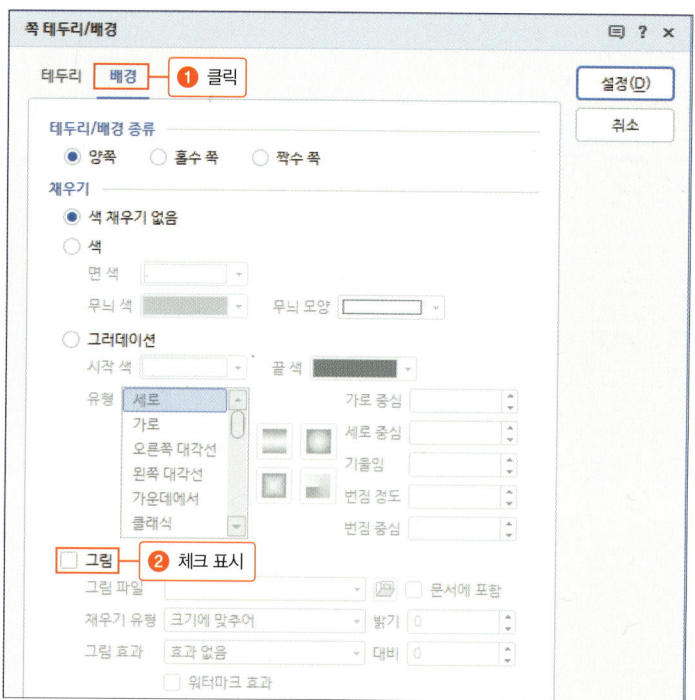

03 자동으로 [그림 넣기] 대화상자가 표시되면 09수업 폴더에서 '강아지.png' 파일을 선택한 다음 [열기]를 클릭해요.

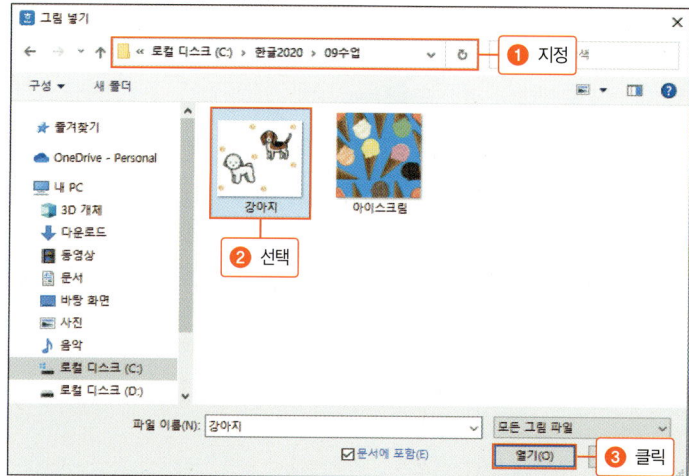

04 다시 〔쪽 테두리/배경〕 대화상자가 표시되면 채우기 유형을 '바둑판식으로-모두'로 지정한 다음 〔설정〕을 클릭해요.

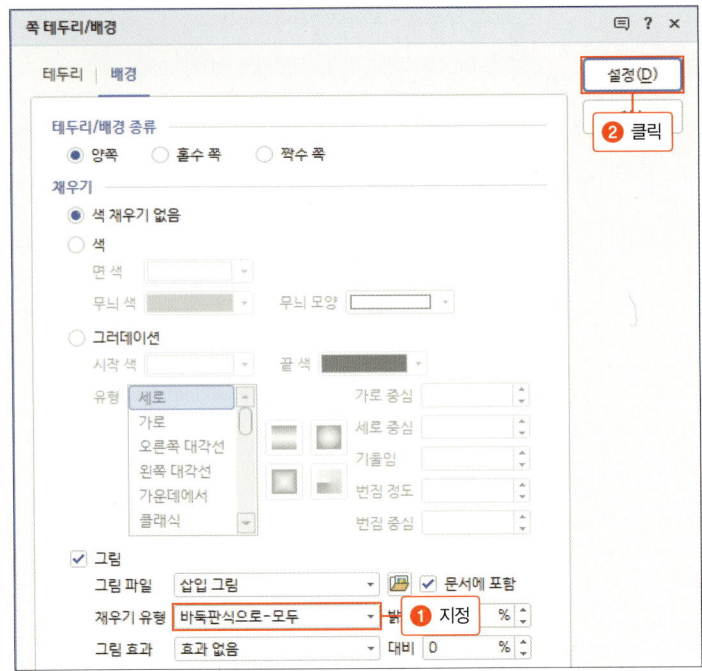

05 그림과 같이 문서에 이미지가 바둑판처럼 반복적으로 표현된 것을 확인할 수 있어요.

2 문서 테두리 만들기

01 〔쪽〕 탭에서 〔쪽 테두리/배경()〕을 클릭해요.

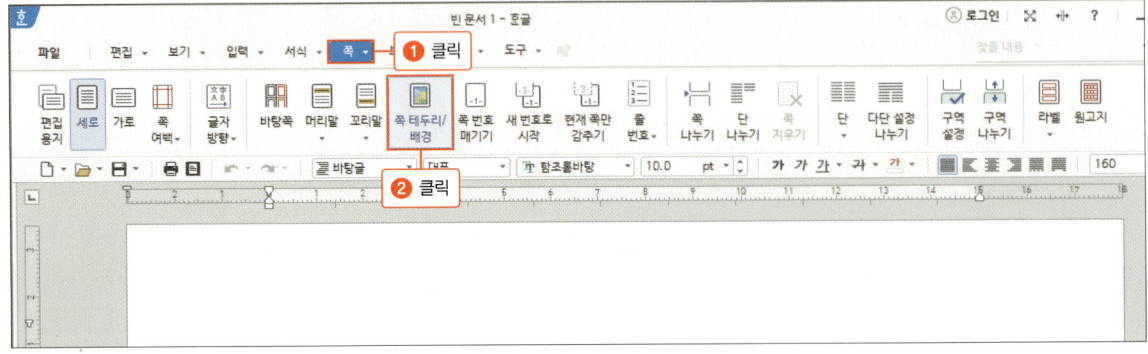

02 〔쪽 테두리/배경〕대화상자가 표시되면 〔테두리〕탭에서 테두리 종류와 굵기, 색을 지정한 다음 〔모두(□)〕를 선택하고 〔설정〕을 클릭해요.

- 테두리 종류 : 실선
- 굵기 : 1.5mm
- 색 : 초록(RGB: 40,155,110)

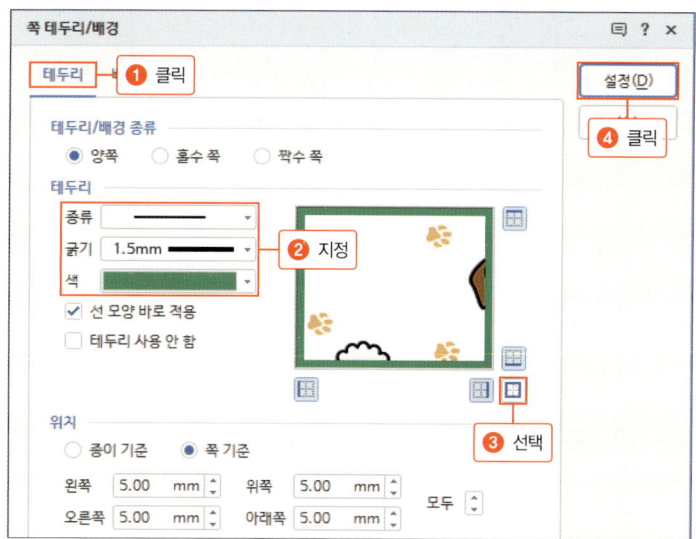

03 그림과 같이 문서에 초록색 테두리가 만들어진 것을 확인할 수 있어요.

3 테두리 안에 이미지 삽입하기

01 〔입력〕탭에서 〔그림〕을 클릭한 다음 '그리기마당'을 선택해요. 〔그리기마당〕대화상자가 표시되면 〔내려받은 그리기마당〕탭에서 〔클립아트 다운로드〕를 클릭해요.

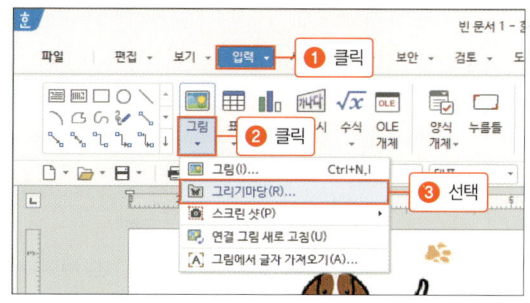

02 〔한컴 애셋〕 대화상자가 표시되면 〔그리기 조각〕 탭에서 '가을편지1'을 입력한 다음 Enter를 눌러 검색해요. 가을편지1이 검색되어 표시되면 〔내려받기( )〕를 클릭한 다음 내려받기가 완료되면 〔한글〕 대화상자에서 〔확인〕을 클릭해요. 〔닫기( )〕를 클릭해요.

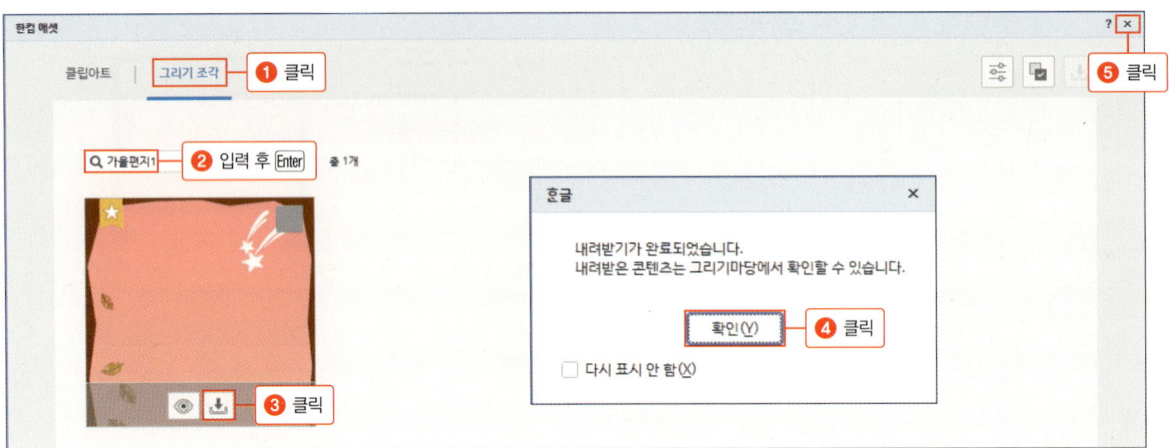

03 〔그리기마당〕 대화상자가 다시 표시되면 내려받은 '가을편지1'을 선택한 다음 〔넣기〕를 클릭해요.

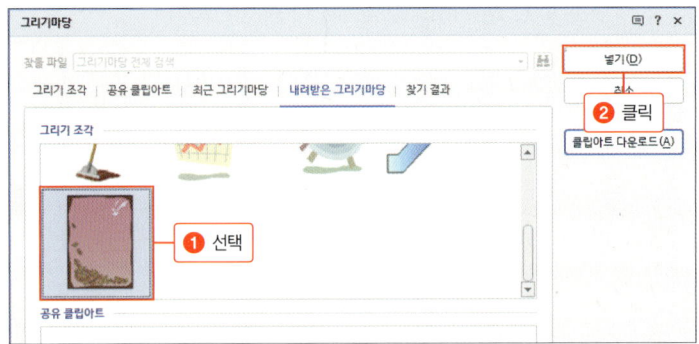

04 테두리 선 왼쪽 상단에서 오른쪽 하단으로 드래그하면 편지지 이미지가 삽입된 것을 확인할 수 있어요.

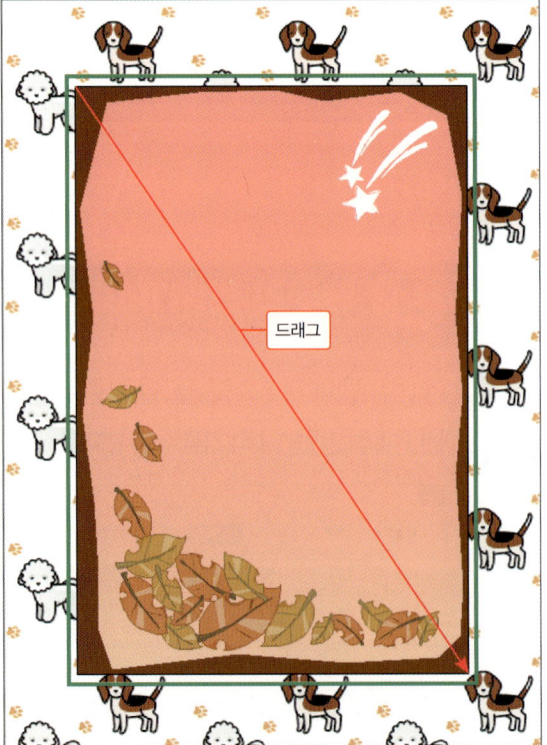

혼자서도 잘해요!

01 ▶ 가로줄이 있는 편지지를 만들어 보세요.

● 예제파일 : 09수업\아이스크림.png   ● 완성파일 : 09수업\줄편지지(완성).hwp

원본 아이스크림 이미지

만들어진 아이스크림 패턴

① 〔쪽 테두리/배경〕 기능을 이용하여 아이스크림 패턴을 채우세요.
② 〔표〕 기능을 이용하여 줄 수와 칸 수를 지정하고, 가로선만 점선으로 만들어요.
③ 그리기 마당에서 '제목'을 검색한 다음 '제목상자15'를 선택해요.

수업 10 도형 편집하여 크리스마스 쿠폰집 만들기

문서에 원하는 형태의 도형을 만들 수 있어요. 만든 도형은 '다각형 편집' 기능으로 변형이 가능해요. 이번 수업에서는 파이 형태의 다양한 도형을 만들어 보고, 도형 안에 글자를 넣는 방법을 배워 보세요.

- 타원을 만들어 여러 개 복제해 보세요.
- 도형에 글자를 넣고 형태를 편집해 보세요.

● 예제파일 : 10수업\쿠폰.hwp   ● 완성파일 : 10수업\쿠폰(완성).hwp

[다각형 편집] 기능을 이용하여 원형을 드래그하는 정도에 따라 다양한 파이 형태로 수정하였어요.

[도형 안에 글자 넣기] 기능으로 도형 안쪽에 글자를 알맞게 넣었어요.

도형 안쪽에 노란색으로 색을 채우고, 점선 형태의 외곽선을 만들었어요.

 **타원 도형 만들기**

01 10수업 폴더에서 '쿠폰.hwp' 파일을 연 다음 원형을 만들기 위해 [편집] 탭에서 [타원(○)]을 클릭해요.

02 문서에 드래그하여 원형을 작성한 다음 도형을 더블클릭해요

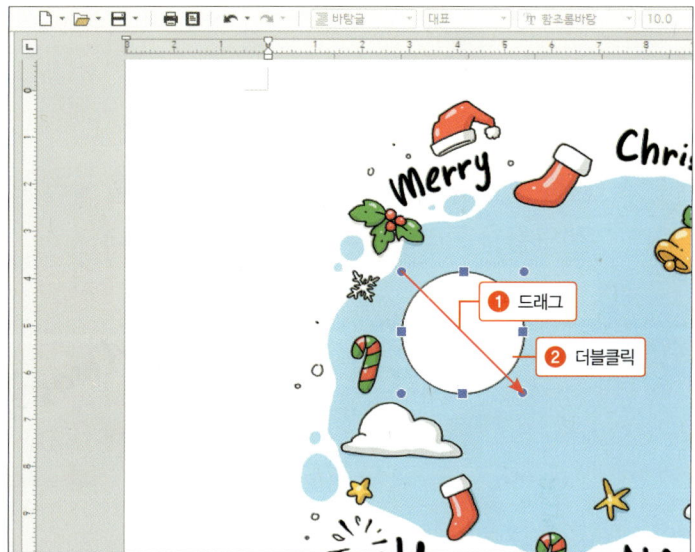

03 [개체 속성] 대화상자가 표시되면 [채우기] 탭에서 면 색을 지정해요.
- 면 색 : 노랑(RGB: 255,215,0)

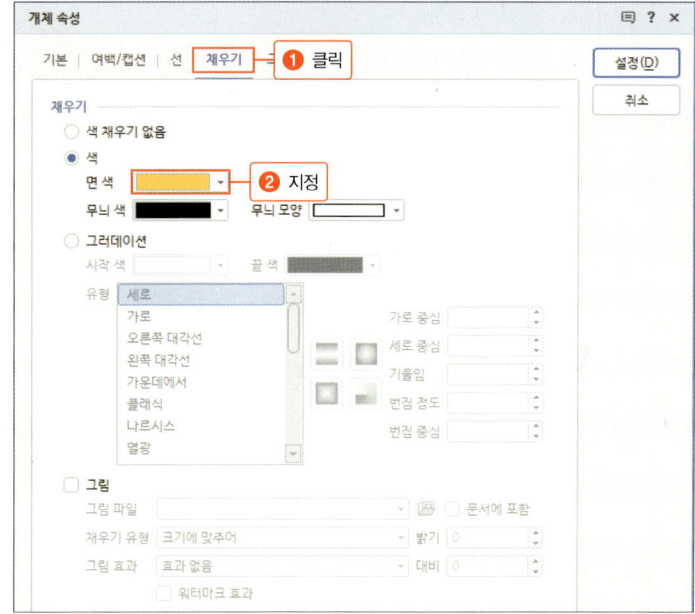

10 · 도형 편집하여 크리스마스 쿠폰집 만들기 **63**

2 도형 복제하기

01 〔선〕 탭에서 선 색과 종류, 굵기를 지정한 다음 〔설정〕을 클릭해요.

- **선 색** : 빨강(RGB: 255,0,0)
- **종류** : 원형 점선
- **굵기** : 0.5mm

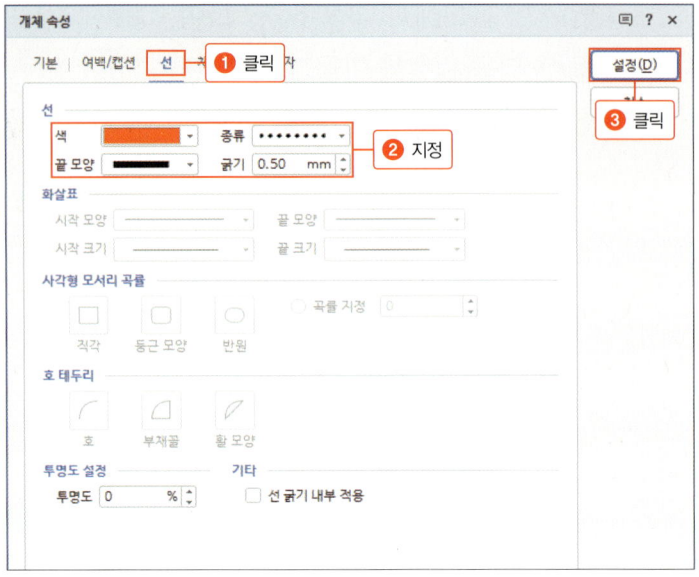

02 원형 도형이 선택된 상태에서 Ctrl+C를 눌러 복사한 다음 Ctrl+V를 눌러 붙여 넣어요. 복제된 도형을 드래그하여 위치를 이동합니다.

WHY? 도형을 하나씩 만들어도 좋지만, 같은 크기의 도형을 만들 경우에는 하나의 도형을 복사한 다음 붙여넣어 사용하면 훨씬 빠르게 만들 수 있어요.

03 같은 방법으로 Ctrl+V를 눌러 도형을 복사한 다음 드래그하여 위치를 이동해요. 총 4개의 원형 도형을 만들어요.

3 도형에 글자 넣기

01 첫 번째 도형을 선택한 다음 마우스 오른쪽 버튼을 눌러 '도형 안에 글자 넣기'를 선택해요.
도형 안에 커서가 위치하면 '아침에 일찍 일어나기'를 입력하고 도형을 선택한 다음 [서식] 도구 상자에서 글꼴과 글자 크기, 정렬, 줄간격을 지정해요.

• 글꼴 : 휴먼옛체   • 글자 크기 : 10pt   • 정렬 : 가운데 정렬(☰)   • 줄 간격 : 130%

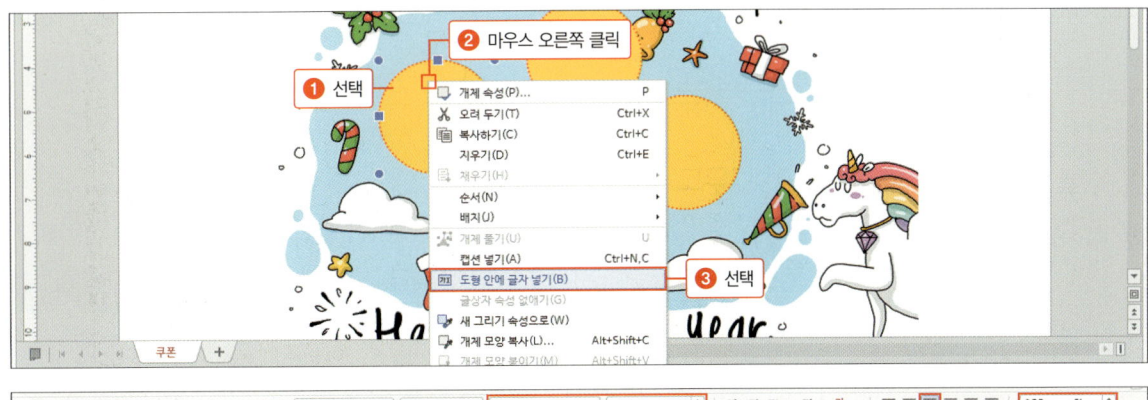

10 · 도형 편집하여 크리스마스 쿠폰집 만들기 **65**

4 도형 형태 편집하기

01 각 도형에 글자를 넣은 다음 첫 번째 원형을 선택하고 [도형()] 정황 탭에서 '다각형 편집( )' - '다각형 편집'을 선택한 다음 변형점을 안쪽으로 기준선이 그림과 같이 표시될 때까지 드래그해요.

02 원형이 파이 형태로 편집되었어요. 같은 방법으로 다양한 형태의 파이 도형으로 수정해서 완성해요.

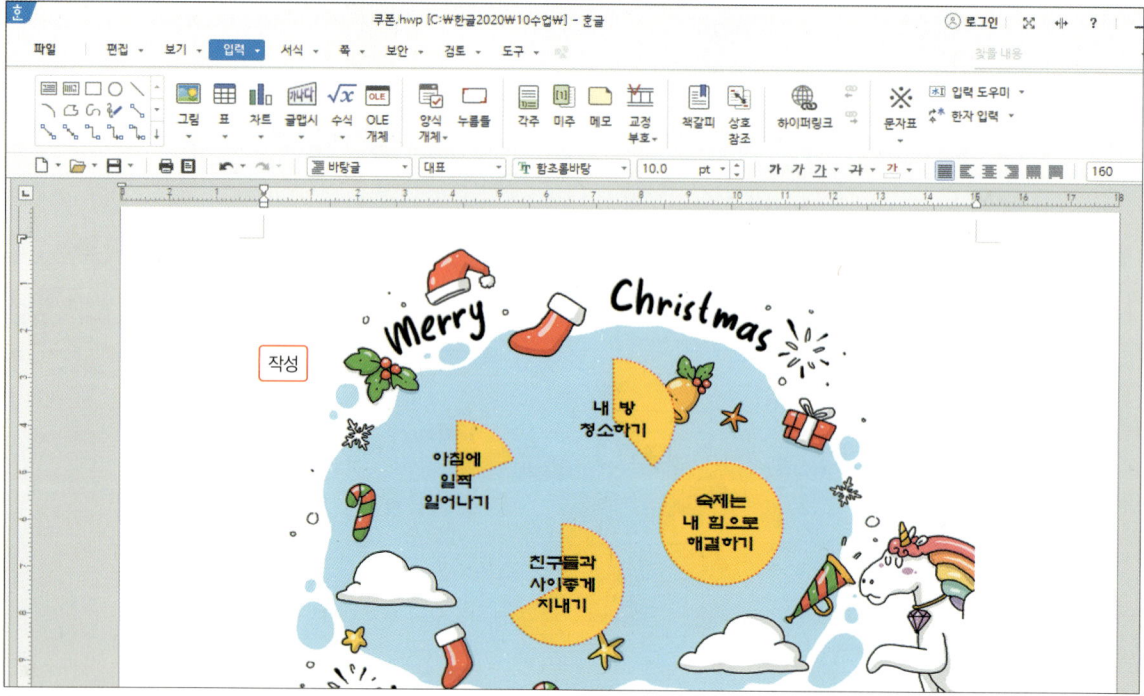

01 ▶ 도형을 이용하여 말풍선 모양의 대화창을 만들어 보세요.

● **예제파일** : 10수업\말풍선.hwp   ● **완성파일** : 10수업\말풍선(완성).hwp

❶ 그리기 개체에서 [직사각형]을 선택한 다음 [개체 속성] 대화상자에서 사각형 모서리 곡률을 [둥근 모양]으로 선택해요.
❷ 말풍선의 꼬리 모양은 그리기 개체에서 [다각형]으로 삼각형 형태를 만들어 붙여요.
❸ 서로 다른 크기의 [타원]을 만들어 붙이거나 분리하여 생각하는 말풍선을 만들어요.

02 ▶ 공지 사항의 글자가 잘 보이도록 반투명한 배경판을 만들어 보세요.

● **예제파일** : 10수업\피서지.hwp   ● **완성파일** : 10수업\피서지(완성).hwp

❶ 사각형 모서리 곡률을 [둥근 모양]으로 선택한 다음 곡률 지정을 '10%'로 설정해요.
❷ 배경 이미지가 반투명하게 보이도록 [개체 속성] 대화상자의 투명도를 '50%'로 설정해요.

10 • 도형 편집하여 크리스마스 쿠폰집 만들기 **67**

11 수업 - 표 편집과 계산식으로 자동으로 금액 계산하기

한글 2020에서 표를 만들면 복잡한 계산도 척척! 자동으로 처리해요. 주문표를 작성하는 방법과 주문표에 적힌 음식 가격을 간단하게 계산하는 방법을 배워 보세요.

학습목표

- 표를 만들고 셀을 합치거나 조정해 보세요.
- 계산식을 이용해서 금액을 계산해 보세요.

● **예제파일** : 11수업\주문표.hwp　　● **완성파일** : 11수업\주문표(완성).hwp

항목의 글자 수에 맞게 표의 길이를 늘리거나 줄여 조정했어요.

메뉴 항목별로 음식을 시킨 사람 수를 곱하여 금액을 계산했어요.

★맛나분식 주문표★

메뉴	가격	인분	합계
떡볶이	3,500	2	7,000
옛날순대	4,000	1	4,000
꼬마김밥	1,000	3	3,000
수제튀김	3,500	2	7,000
오뎅	2,000	2	4,000
치즈라면	4,000	2	8,000
최종 주문 금액			33,000

불필요한 셀은 하나로 합쳐 표를 편집했어요.

주문표에서 전체 주문한 금액을 합하여 최종 주문 금액을 계산했어요.

1 주문표 편집하기

01 11수업 폴더에서 '주문표.hwp' 파일을 열고 주문표를 만들기 위해 〔입력〕 탭에서 〔표(▦)〕를 클릭해요. 〔표 만들기〕 대화상자가 표시되면 줄 개수와 칸 개수를 지정한 다음 '마우스 끌기로 만들기'에 체크 표시하고 〔만들기〕를 클릭해요.

- 줄 개수 : 8   • 칸 개수 : 4

02 주문표가 들어갈 영역을 드래그하면 기본 표가 만들어져요.

03 표가 만들어지면 왼쪽 상단의 첫 번째 셀에 커서를 위치한 다음 [F5]를 눌러요. [Ctrl]+[→]를 연속으로 눌러 가로 길이를 늘려요.

11 • 표 편집과 계산식으로 자동으로 금액 계산하기   **69**

04 커서를 상단의 3번째 셀에 위치한 다음 F5 를 눌러요. Ctrl+← 를 연속으로 눌러 가로 길이를 줄여요.

> 3번째 셀만 선택되지 않고 1~3번째 셀이 블록으로 지정되면 Esc 를 눌러 블록을 해제한 다음 F5 를 눌러요.

05 두 개의 셀을 하나로 합치기 위해 먼저 왼쪽 하단의 두 개의 셀을 드래그해서 블록으로 지정한 다음 〔표 레이아웃(▦)〕 정황 탭에서 〔셀 합치기(▦)〕를 클릭해요.

06 다음과 같이 셀이 합쳐져요.

2 표 스타일 적용하기

01 표 스타일을 적용하기 위해 〔표 디자인()〕 정황 탭에서 〔자세히( )〕를 클릭한 다음 '기본 스타일 1 - 분홍 색조()'를 선택해요.

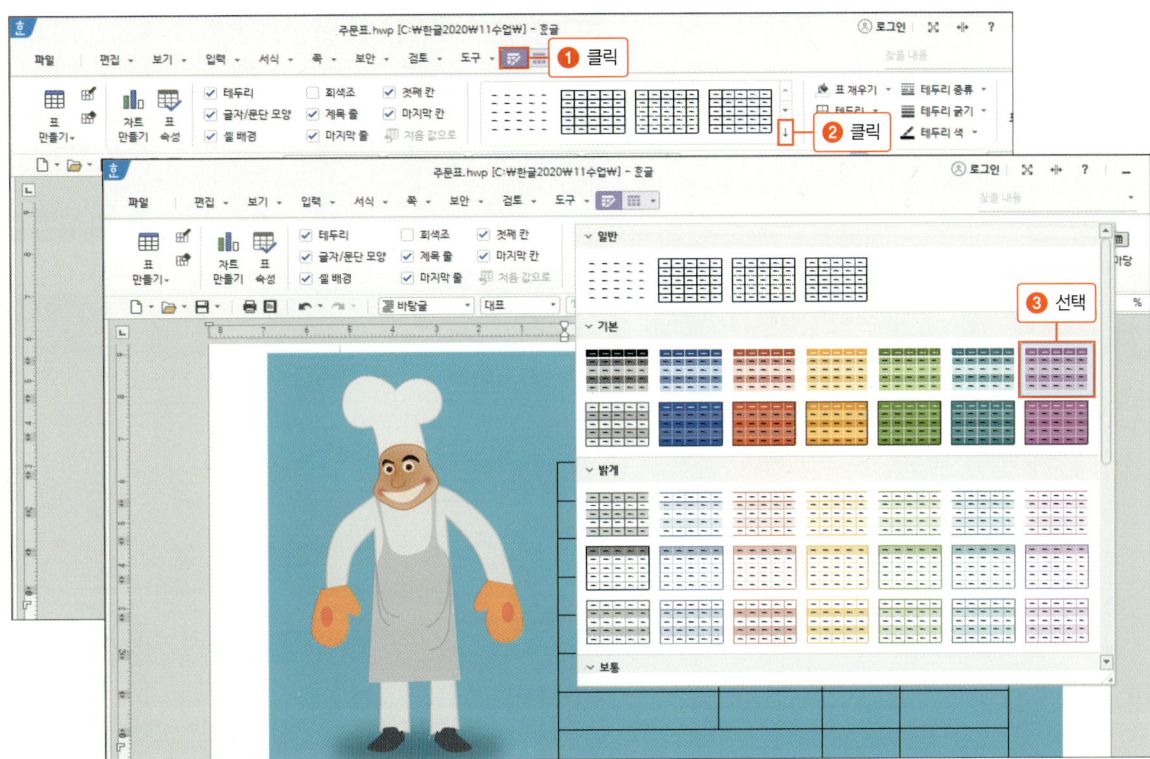

3 블록 곱으로 합계 계산하기

01 각각의 셀에 분식 메뉴와 가격, 인분을 입력해요. 첫 번째 떡볶이 가격 셀부터 합계 셀까지 드래그하여 블록으로 지정한 다음 〔표 레이아웃()〕 정황 탭에서 〔계산식( )〕을 클릭하고 '블록 곱'을 선택해요.

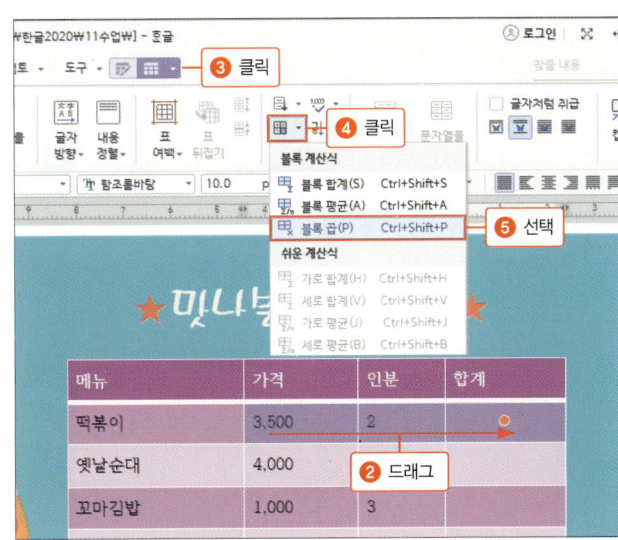

02 항목별 곱셈이 자동으로 계산돼요. 같은 방법으로 메뉴 항목을 하나씩 가격부터 합계 셀까지 블록으로 지정한 다음 곱셈 금액을 계산해 보세요.

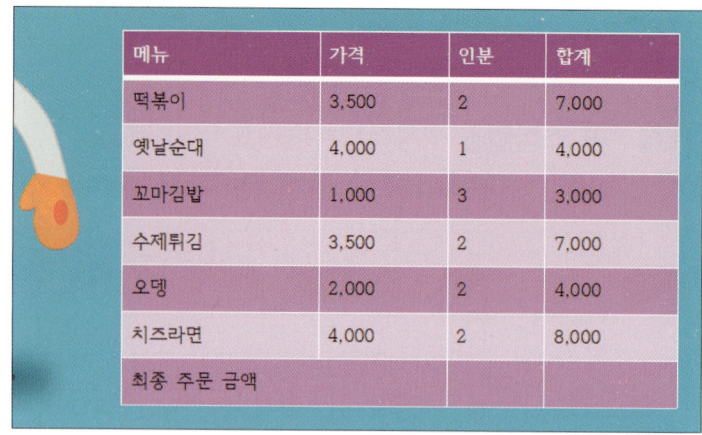

4 블록 합계로 최종 주문 금액 계산하기

01 최종 주문 금액을 계산하기 위해 합계 셀을 세로로 드래그해서 블록으로 지정한 다음〔표 레이아웃()〕 정황 탭에서〔계산식()〕을 클릭하고 '블록 합계'를 선택해요.

> 블록을 지정할 때 계산 결과 값이 표시될 셀까지 추가로 드래그해야 해요. 제일 마지막으로 블록이 지정된 셀에 결과 값이 표시됩니다.

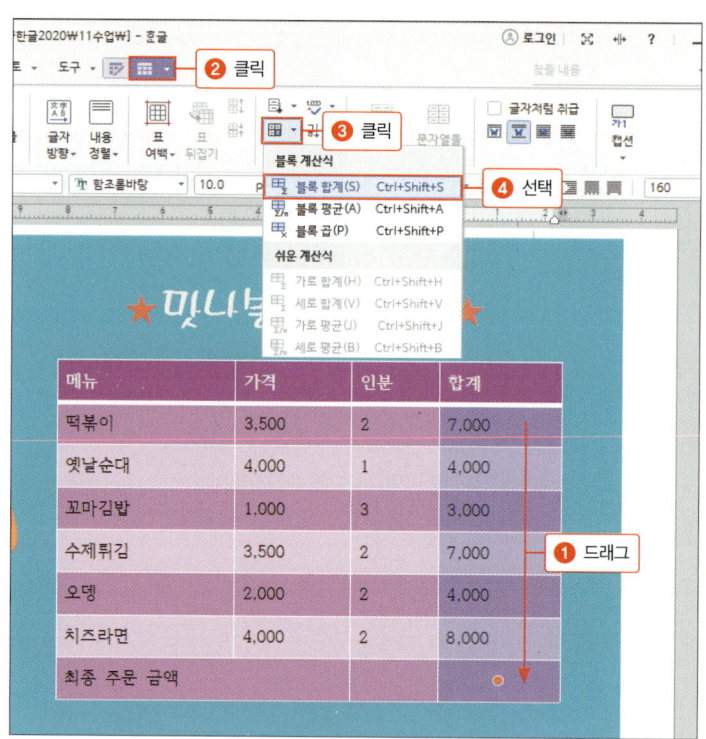

02 지금까지 주문한 최종 주문 금액이 항목별로 합해져서 자동으로 계산되었어요.

01 ▶ 복잡한 숫자도 빠르게 더하는 전자계산기를 만들어 보세요.

● **예제파일** : 11수업\계산기.png   ● **완성파일** : 11수업\계산기(완성).hwp

항목 줄과 간격에 맞게 만든 표

완성된 계산기

① 줄 개수가 '9', 칸 개수가 '1'인 표를 만들어요.
② 입력 칸과 사이 간격에 맞게 표를 조정한 다음 보이지 않게 지정해요.
③ 계산식을 이용해서 숫자를 계산해요.

12 수업
한글 포토샵, 사진 편집기로 이미지 편집하기

한글 2020에는 사진을 편집하거나 이미지를 밝게 또는 선명하게 보정이 가능한 기능들을 제공하고 있어요. 이번 수업에서는 사진 프레임에 맞게 이미지 크기를 조정하거나 자르는 방법을 알아보고, 어두운 사진을 밝게 보정하는 방법을 알아보아요.

- 이미지에 여백 테두리를 만들어 보세요.
- 이미지를 원하는 크기로 잘라 보세요.
- 이미지를 보정해 보세요.

● **예제파일** : 12수업\사진앨범.hwp, 사진01.jpg~사진03.jpg   ● **완성파일** : 12수업\사진앨범(완성).hwp

사진 이미지에서 불필요한 부분을 잘라 사진 프레임에 맞게 크기를 조정하였어요.

사진 이미지 크기를 조정한 다음 여백이 있는 테두리와 그림자 효과를 적용하였어요.

어두운 사진을 밝게 보정한 다음 여백이 있는 테두리를 만들었어요.

1 이미지 여백 테두리 만들기

01 12수업 폴더에서 '사진앨범.hwp' 파일을 열어요. 〔입력〕 탭에서 〔그림( )〕을 클릭한 다음 〔그림 넣기〕 대화상자가 표시되면 12수업 폴더에서 '사진01.jpg' 파일을 선택하고 〔열기〕를 클릭해요. 문서 왼쪽에 드래그하여 사진 이미지를 삽입해요.

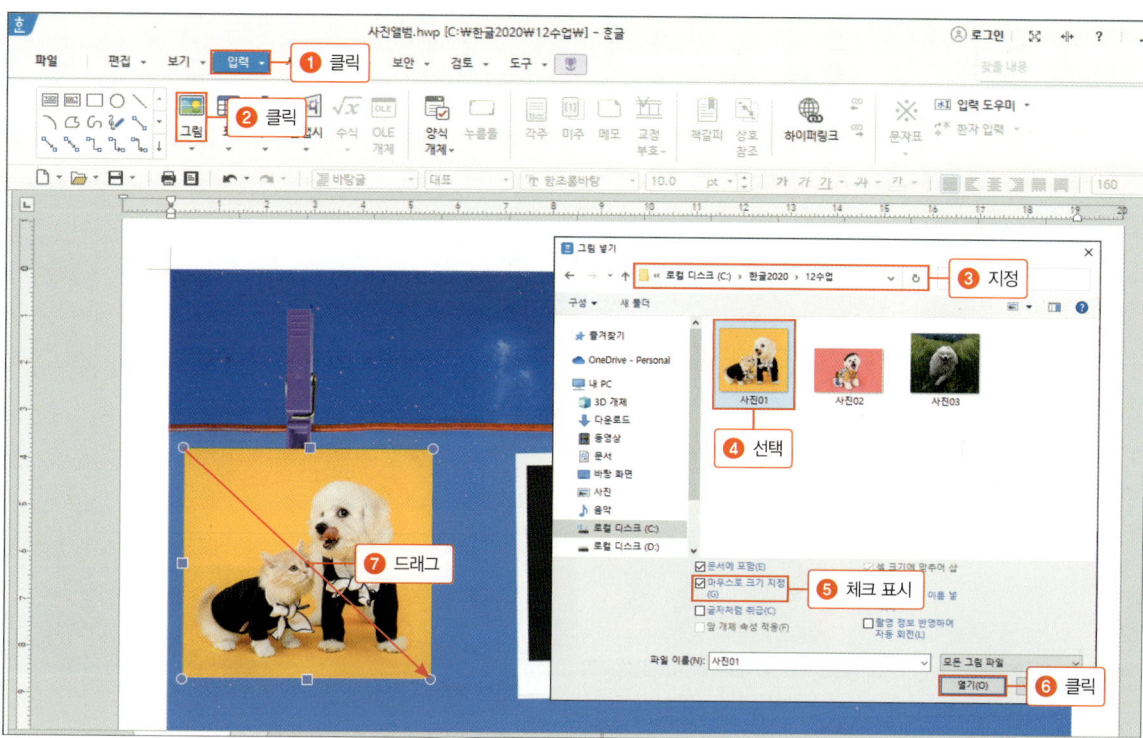

02 〔그림( )〕 정황 탭에서 〔자세히( )〕를 클릭한 다음 '회색 아래쪽 그림자( )'를 선택해요.

12 · 한글 포토샵, 사진 편집기로 이미지 편집하기 75

2 이미지 자르기

01 〔입력〕 탭에서 〔그림( )〕을 클릭한 다음 〔그림 넣기〕 대화상자가 표시되면 12수업 폴더에서 '사진02.jpg' 파일을 선택해요. 가운데 사진 프레임에 드래그하여 이미지를 삽입해요.

02 사진 프레임 크기에 맞게 사진 이미지를 자르기 위해 〔그림( )〕 정황 탭에서 〔자르기( )〕를 클릭해요. 이미지의 왼쪽 상단과 오른쪽 하단을 드래그하여 알맞게 잘라요.

 **3 이미지 보정하기**

01 12수업 폴더에서 '사진03.jpg' 파일을 문서의 오른쪽으로 드래그해요. 어두운 이미지를 보정하기 위해 [그림( )] 정황 탭에서 [사진 편집( )]을 클릭해요.

02 [사진 편집기] 대화상자가 표시되면 화면 확대 슬라이더를 드래그하여 이미지를 확대해요.

왼쪽 화면은 원본 이미지를 표시하고 오른쪽 화면은 보정 후 이미지를 표시합니다. 원본 이미지와 비교하면서 이미지를 보정하세요.

03 〔간편 보정〕 탭에서 '밝게'를 체크 표시하여 어두운 이미지가 밝게 보정되면 〔적용〕을 클릭해요.

04 〔그림( )〕 정황 탭에서 〔자세히( )〕를 클릭한 다음 '회색 아래쪽 그림자( )'를 선택해요.

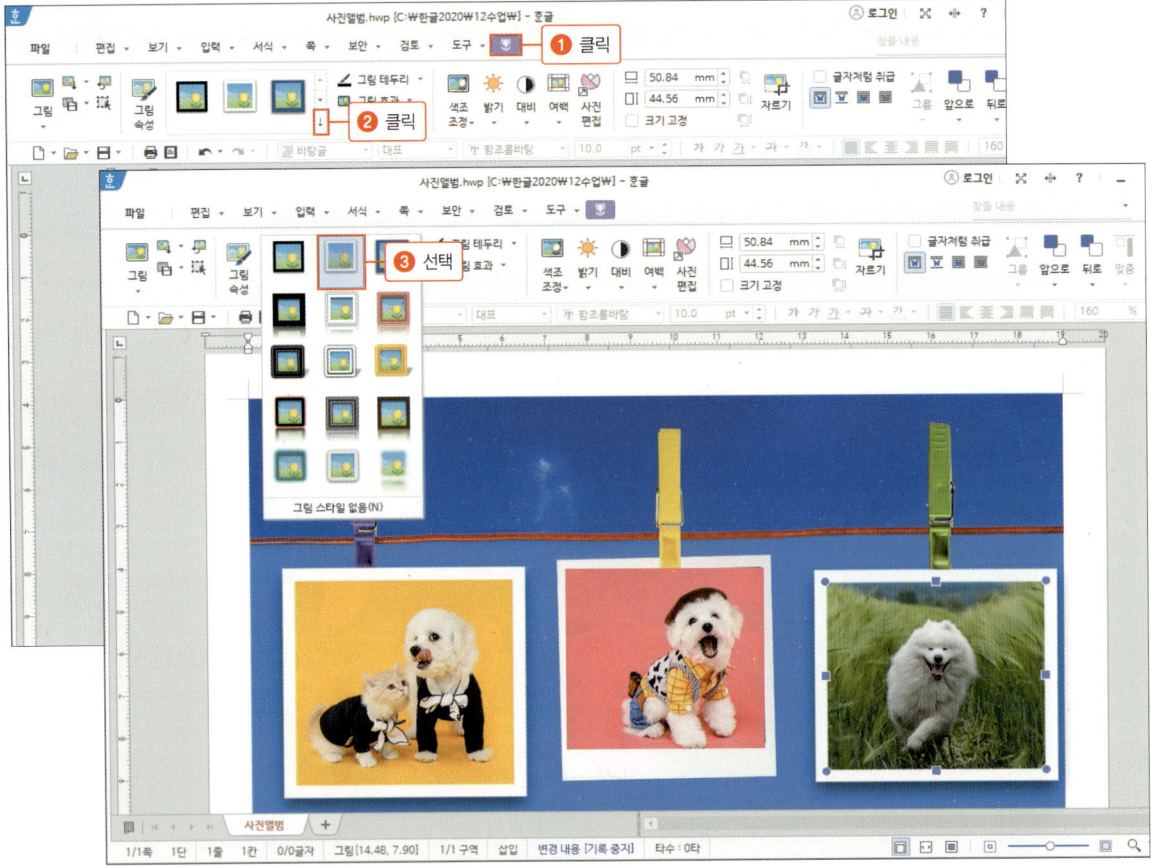

01 ▶ 어두운 사진을 밝게 색 보정한 다음 한글 파일로 저장해 보세요.

● **예제파일** : 12수업\앵무새.hwp   ● **완성파일** : 12수업\앵무새(완성).hwp

▼ 보정 후

▲ 보정 전

① (사진 편집기로 편집) 기능을 이용하여 어두운 원본 이미지를 밝고 풍부한 색의 사진으로 보정해요.
② 보정한 사진은 한글로 저장해 보관해요.

02 ▶ 그림 크기를 조정해서 액자에 넣어 완성해 보세요.

● **예제파일** : 12수업\액자.hwp   ● **완성파일** : 12수업\액자(완성).hwp

① 변형점을 이용하여 이미지 크기를 조정해요.
② 액자 비율에 맞게 (자르기) 기능을 이용하여 그림을 잘라 넣어요.

13 수업 그리기 도구로 슈퍼맨 로고 그리기

그리기 도구를 이용하면 원하는 형태의 그림을 그릴 수 있어요. 이번 수업에서는 다각형 도구를 이용하여 테두리 선을 그린 다음 선과 면 색상을 설정하여 슈퍼맨 로고를 만들어 보세요.

- 그리기 도구로 다각형을 그리고 복사해 보세요.
- 글상자로 글자를 넣고 개체를 묶어 보세요.

● 완성파일 : 13수업\슈퍼맨(완성).hwp

격자를 보이게 하여 양쪽이 정확하게 대칭되도록 다각형을 그렸어요. **HOW!**

다각형 도구를 이용하여 대칭 형태의 테두리 선을 그린 다음 복제하여 로고 형태를 만들었어요. **HOW!**

글상자를 이용하여 문자를 입력하고 면 색과 선 종류를 없앴어요. **HOW!**

1 다각형 그리기

01 새 문서를 실행한 다음 [보기] 탭의 목록( ) 단추를 클릭하고 '격자' - '격자 설정'을 선택해요. [격자 설정] 대화상자가 표시되면 '격자 보기'를 선택한 다음 '가로/세로선( )'을 선택하고 [설정]을 클릭해요.

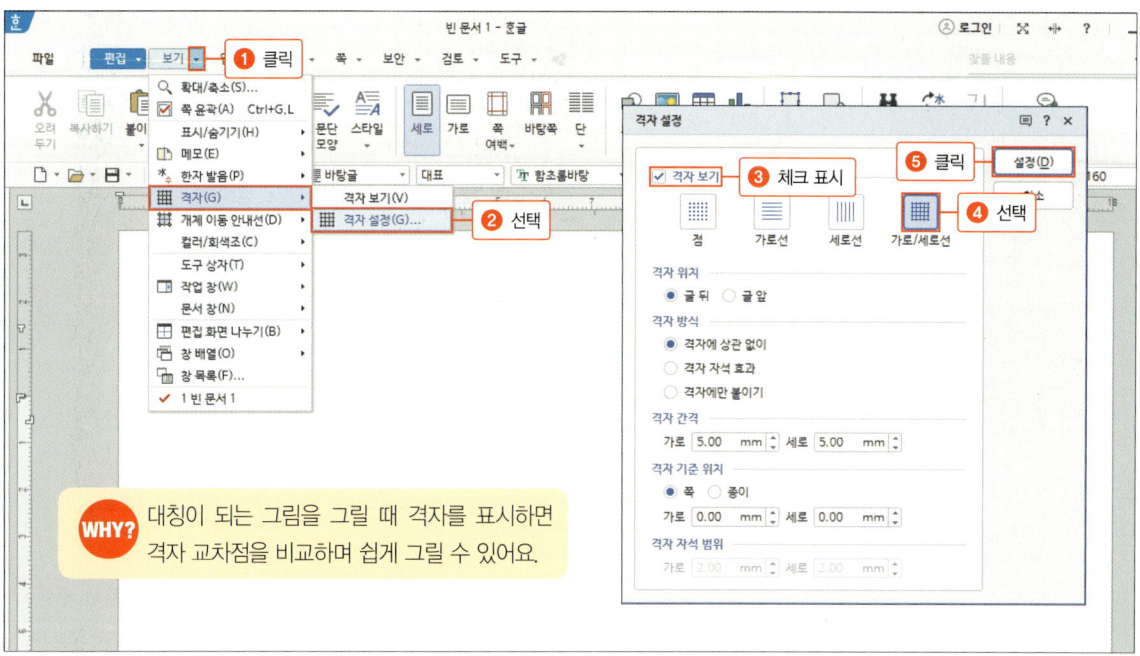

WHY? 대칭이 되는 그림을 그릴 때 격자를 표시하면 격자 교차점을 비교하며 쉽게 그릴 수 있어요.

02 다이아몬드 형태의 다각형을 그리기 위해 [입력] 탭에서 [다각형( )]을 클릭해요. 시작점인 P1점을 클릭한 다음 두 번째 점인 P2점에 이어 P3점을 클릭해요.

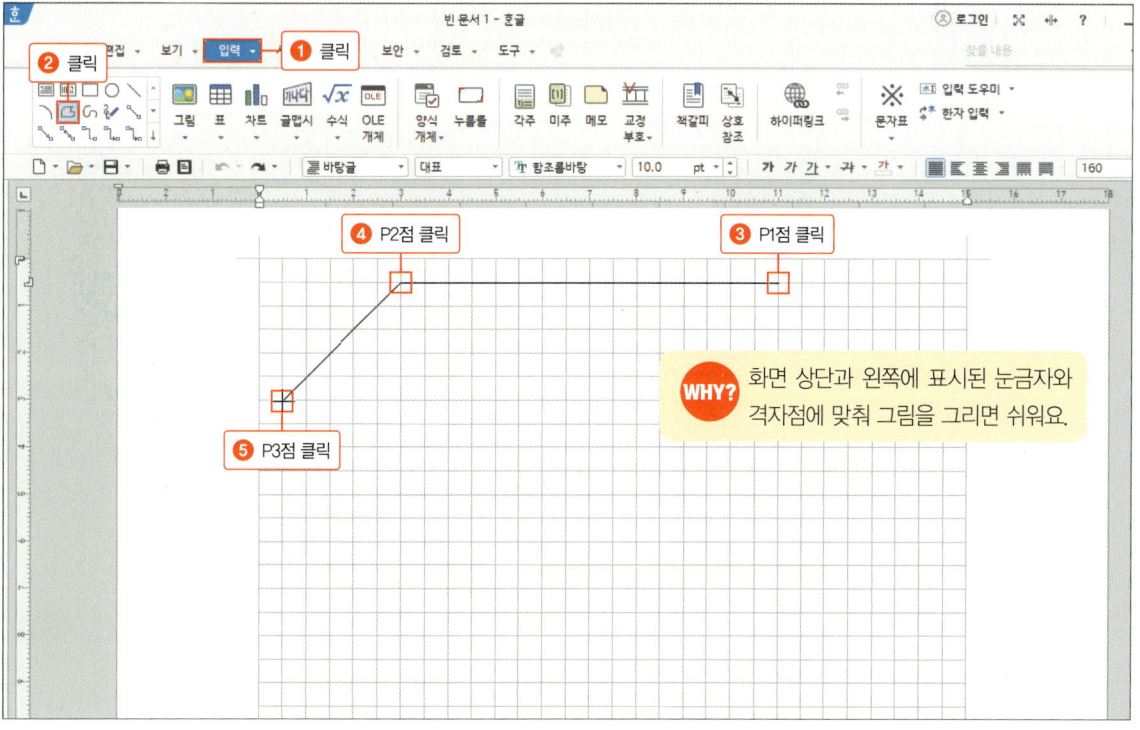

WHY? 화면 상단과 왼쪽에 표시된 눈금자와 격자점에 맞춰 그림을 그리면 쉬워요.

03 다이아몬드 꼭짓점인 P4점과 P5점을 연이어 클릭한 다음 시작점인 P1점을 다시 클릭해 폐곡선 형태의 다각형을 완성해요.

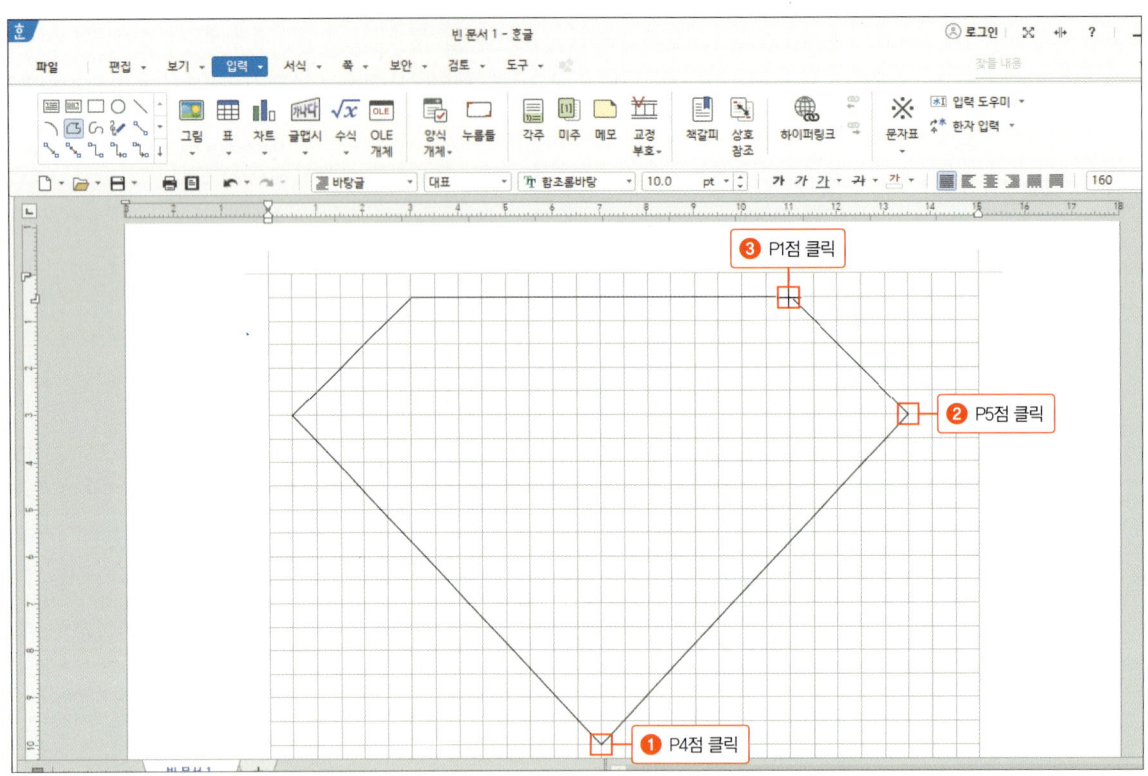

2 다각형 면과 선 지정하기

01 다각형의 테두리 선을 두껍게 조정하기 위해 다각형을 더블클릭하여 [개체 속성] 대화상자가 표시되면 [선] 탭에서 선 굵기를 지정해요. ・선 굵기 : 3mm

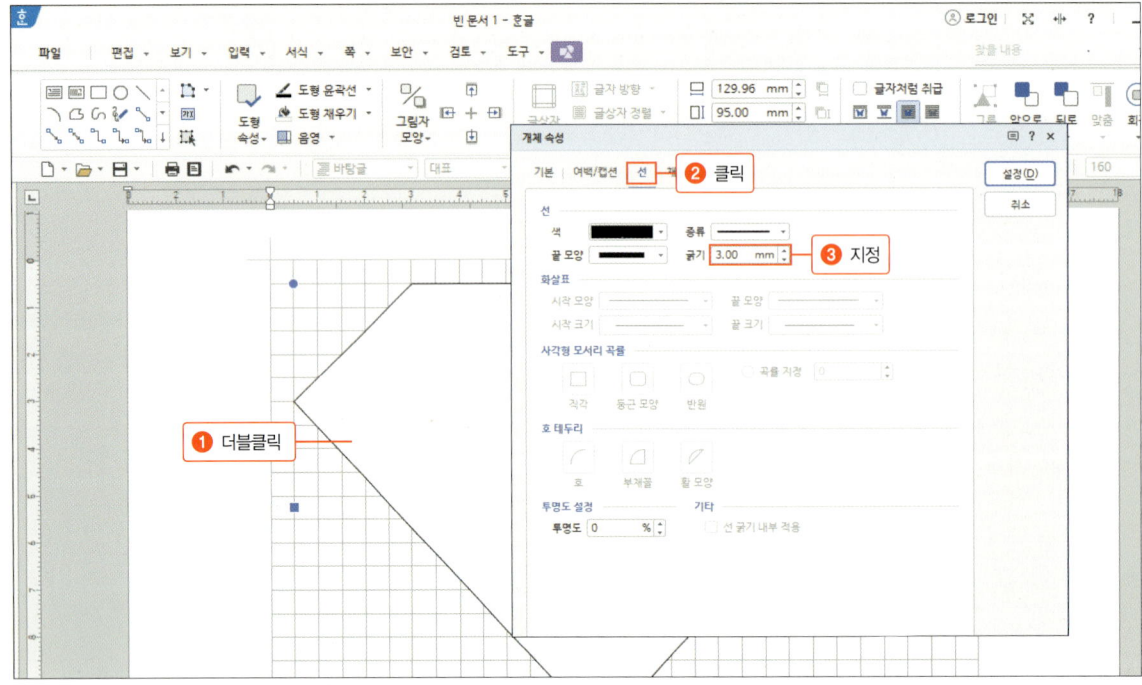

02 〔채우기〕 탭에서 면 색을 지정한 다음 〔설정〕을 클릭해요.

- 면 색 : 빨강(RGB: 255,0,0)

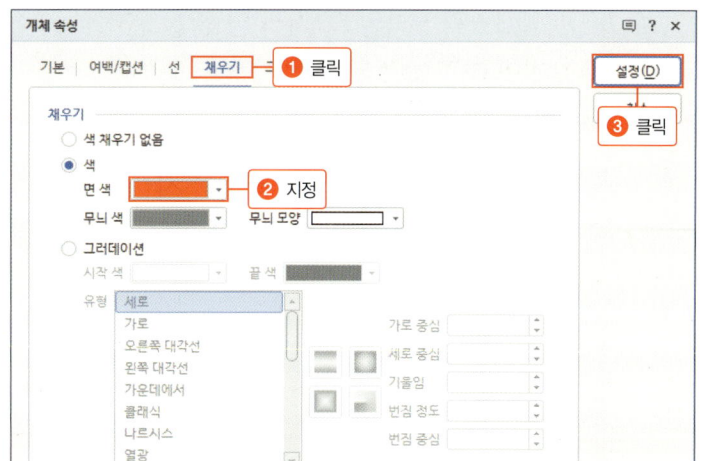

3 다각형 복사하여 수정하기

01 다이아몬드 형태의 다각형을 클릭한 다음 Ctrl+C를 눌러 복사하고 Ctrl+V를 눌러 붙여 넣어요. 붙여 넣어진 다각형의 변형점을 안쪽으로 드래그하여 크기를 작게 조정해요.

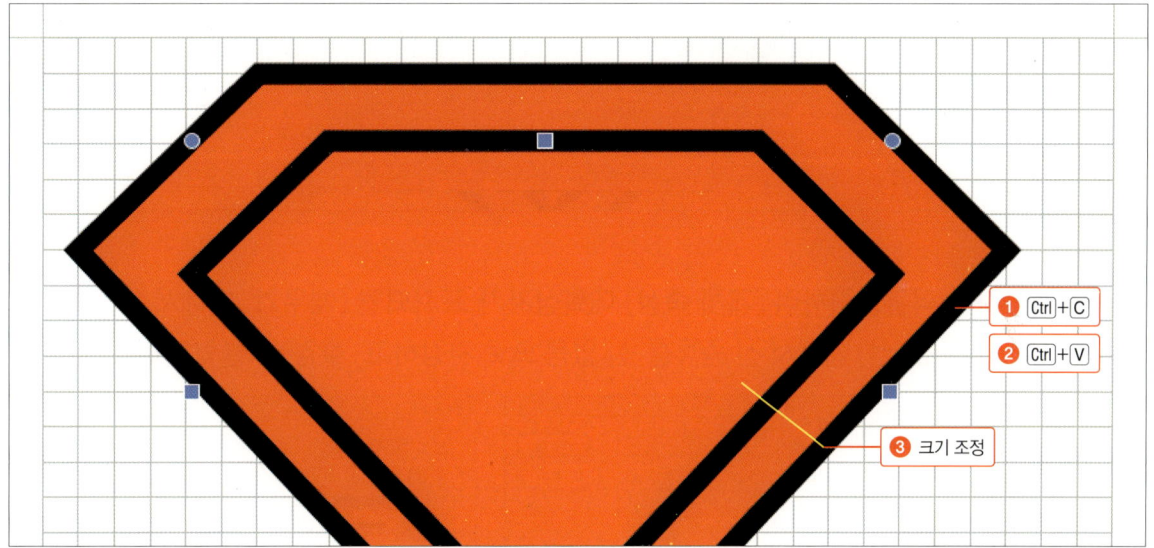

02 안쪽 다각형을 더블클릭한 다음 〔개체 속성〕 대화상자가 표시되면 〔채우기〕 탭에서 면 색을 지정하고 〔설정〕을 클릭해요.

- 면 색 : 노랑(RGB: 255,215,0)

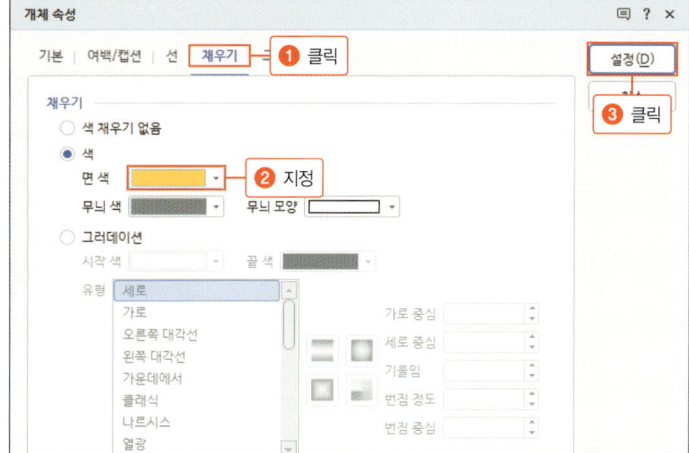

13 · 그리기 도구로 슈퍼맨 로고 그리기

4 글상자로 글자 입력하고 개체 묶기

01 〔입력〕 탭에서 〔가로 글상자(▦)〕를 클릭한 다음 드래그하여 글상자를 작성해요. 글상자에 'S'를 입력한 다음 드래그하여 블록을 지정하고 〔서식〕 탭에서 〔글자 모양〕을 클릭한 다음 〔글자 모양〕 대화상자가 표시되면 〔기본〕 탭에서 글꼴과 글자 크기, 장평을 지정하고 〔설정〕을 클릭해요.

• 글꼴 : 한컴 솔잎 B   • 글자 크기 : 170pt   • 장평 : 160%

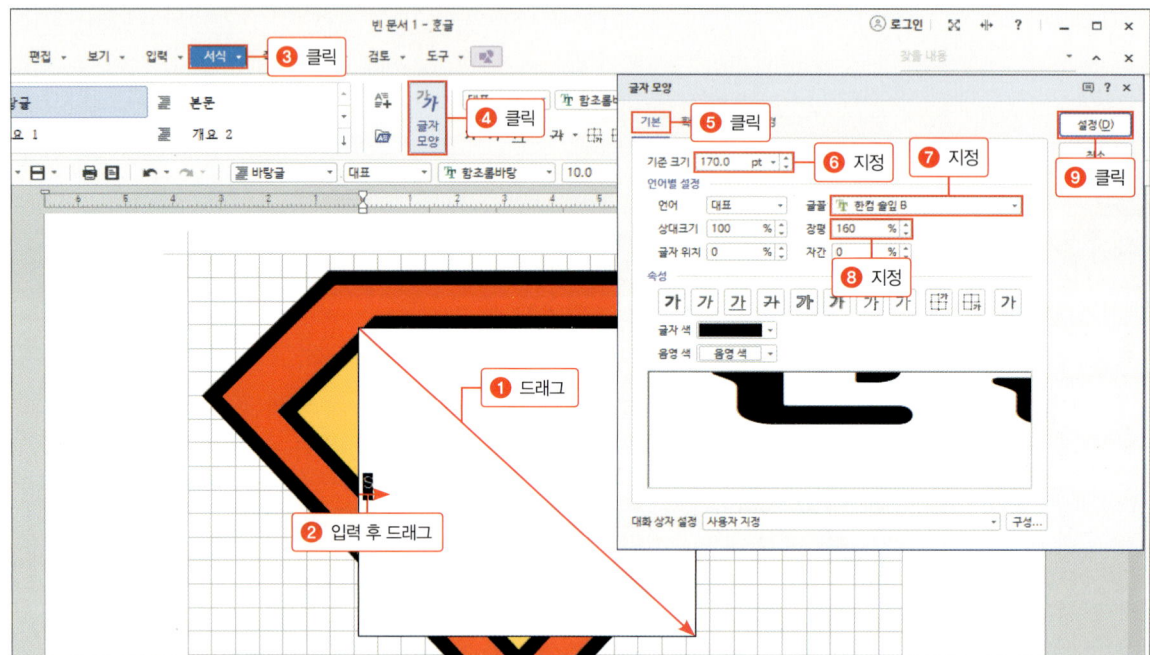

02 글상자를 더블클릭하여 〔개체 속성〕 대화상자가 표시되면 〔채우기〕 탭에서 '색 채우기 없음'을 선택한 다음 〔선〕 탭에서 선 종류를 '선 없음'으로 지정하고 〔설정〕을 클릭해요.

03 문자까지 완성되었다면 Shift 를 누른 상태에서 문자와 작은 다각형, 큰 다각형을 차례대로 클릭한 다음 마우스 오른쪽 버튼을 클릭하고 '개체 묶기'를 선택하여 완성해요.

글상자의 위치를 조절해서 배치해요.

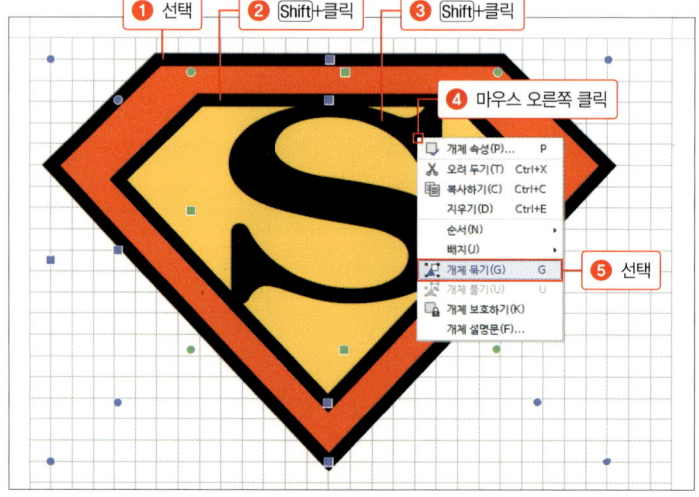

01 ▶ 기본 도형과 선을 이용하여 강아지와 고양이 캐릭터를 그려 보세요.

● 완성파일 : 13수업\강아지(완성).hwp, 고양이(완성).hwp

 개체가 겹쳐 있을 경우 선택한 개체를 앞이나 뒤로 이동시킬 때는 메뉴에서 '앞으로' 또는 '뒤로', '맨 앞으로', '맨 뒤로'를 사용하여 위치를 조정할 수 있어요.

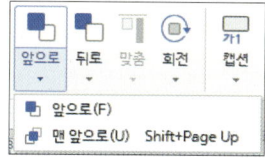

❶ 강아지의 귀와 얼굴형, 발은 직사각형을 그린 다음 둥근 모양으로 변경해요.
❷ 강아지 귀는 맨 앞으로, 얼굴은 중간, 발은 맨 뒤로 위치시켜요.
❸ 고양이 귀는 맨 앞으로, 얼굴은 중간, 발은 맨 뒤로 위치시켜요.
❹ 고양이 귀는 다각형 도구로 그린 다음 선과 채우기 옵션으로 색을 지정해요.

선 스타일을 이용한 생활 계획표 만들기

14 수업

규칙적인 생활을 위해 생활 계획표는 필수죠. 이번 수업에서는 한글 2020에서 제공하는 그리기마당과 선 스타일 기능을 이용하여 화살표 형태의 구분선을 넣어 생활 계획표를 만들어 보세요.

- 그리기마당에서 어울리는 그림을 찾아 넣어 보세요.
- 구분선을 그리고 형태를 지정해 보세요.
- 개체가 선택되지 않도록 보호해 보세요.

● **예제파일** : 14수업\생활계획표.hwp   ● **완성파일** : 14수업\생활계획표(완성).hwp

그리기마당으로 계획표 주제에 맞게 그림을 찾아 넣었어요. **HOW!**

선 스타일을 이용하여 화살표와 점선 형태의 구분선을 만들었어요. **HOW!**

1 생활 계획표 배경 넣기

01 14수업 폴더에서 '생활계획표.hwp' 파일을 열고 그림을 더블클릭해요.

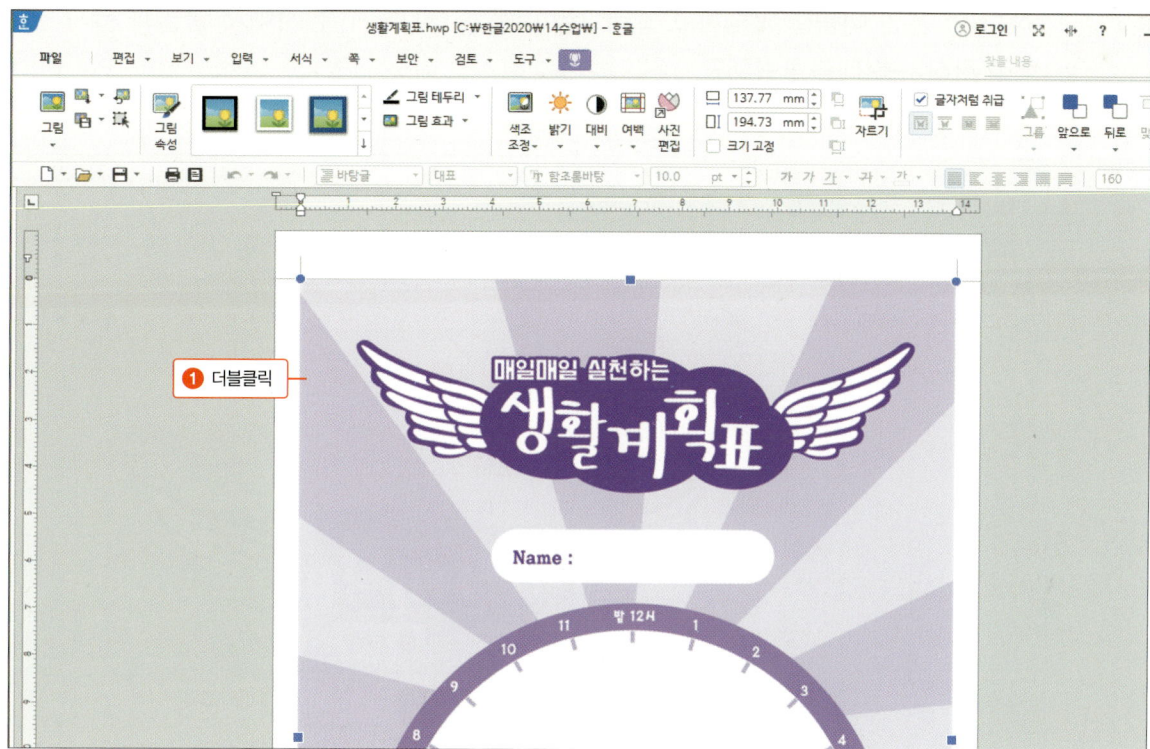

02 〔개체 속성〕 대화상자가 표시되면 〔기본〕 탭에서 '글자처럼 취급'의 체크 표시를 해제한 다음 〔글 뒤로 (≣)〕를 클릭하고 '개체 보호하기'를 선택한 다음 〔설정〕을 클릭해요.

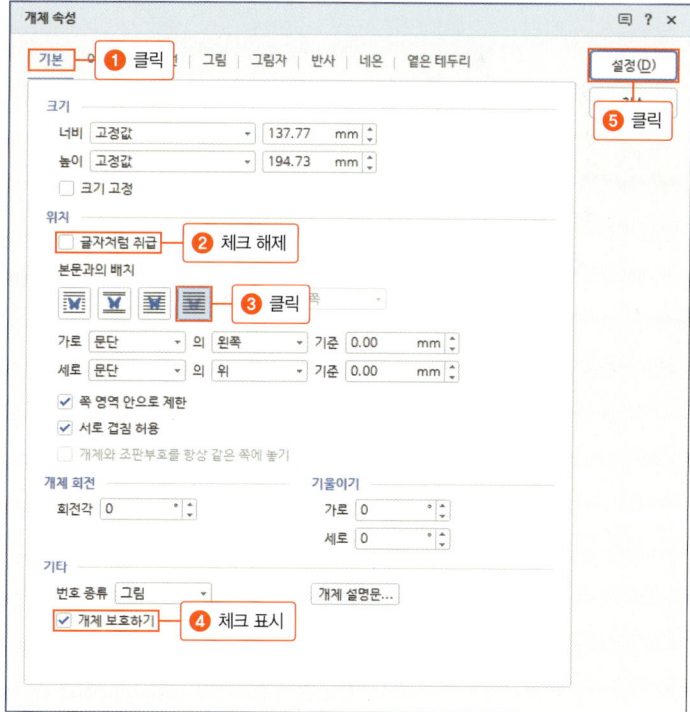

14 • 선 스타일을 이용한 생활 계획표 만들기

2 계획표 구분선 그리기

01 〔입력〕 탭에서 〔가로 글상자〕를 클릭한 다음 Name 칸에 맞도록 드래그하여 작성해요. 글상자에 본인 이름을 입력하고 드래그한 다음 〔서식〕 도구 상자에서 글꼴과 글자 크기를 지정하고 글상자를 더블클릭해요.

- 글꼴 : HY센스L
- 글자 크기 : 14pt

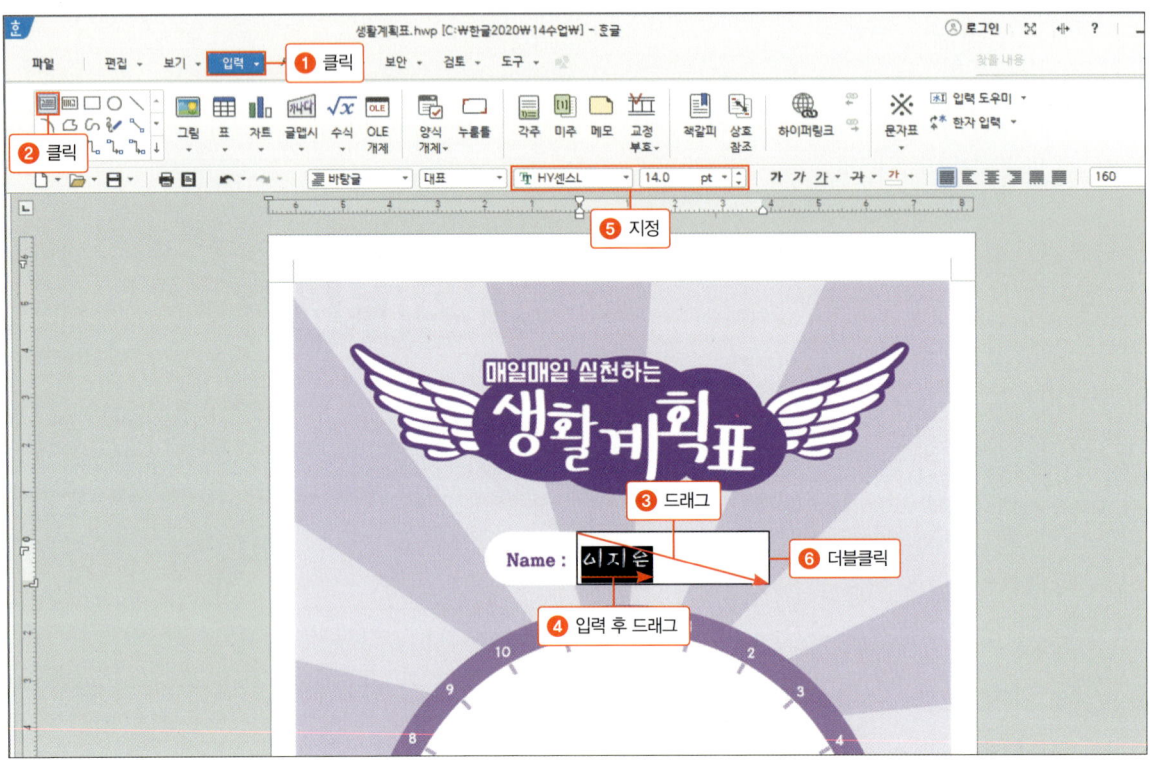

02 〔개체 속성〕 대화상자가 표시되면 〔선〕 탭에서 선 종류를 '선 없음'으로 지정하고 〔설정〕을 클릭해요.

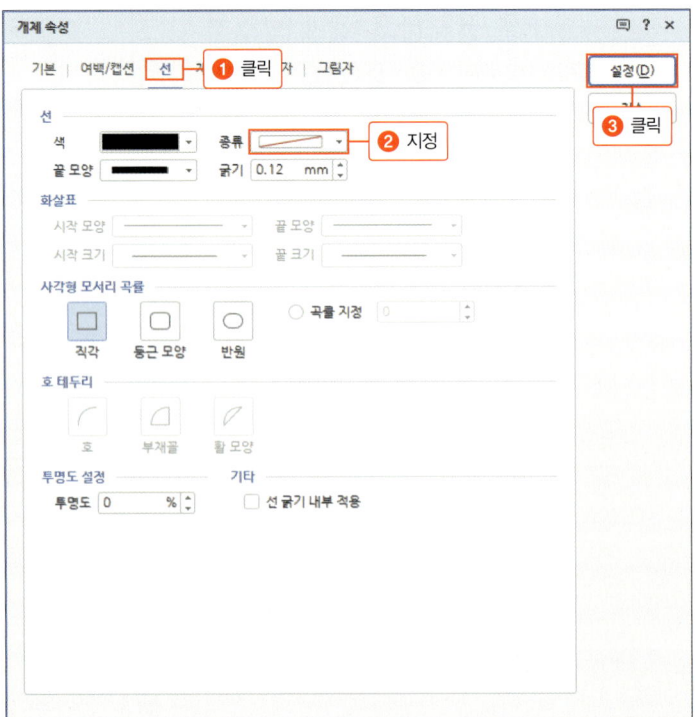

03 계획표에 일정을 구분하는 선을 그리기 위해 [입력] 탭에서 [직선(↘)]을 클릭한 다음 P1점을 클릭하고 마우스 버튼에서 손을 떼지 않은 채 P2점으로 드래그해요. 직선을 더블클릭해요.

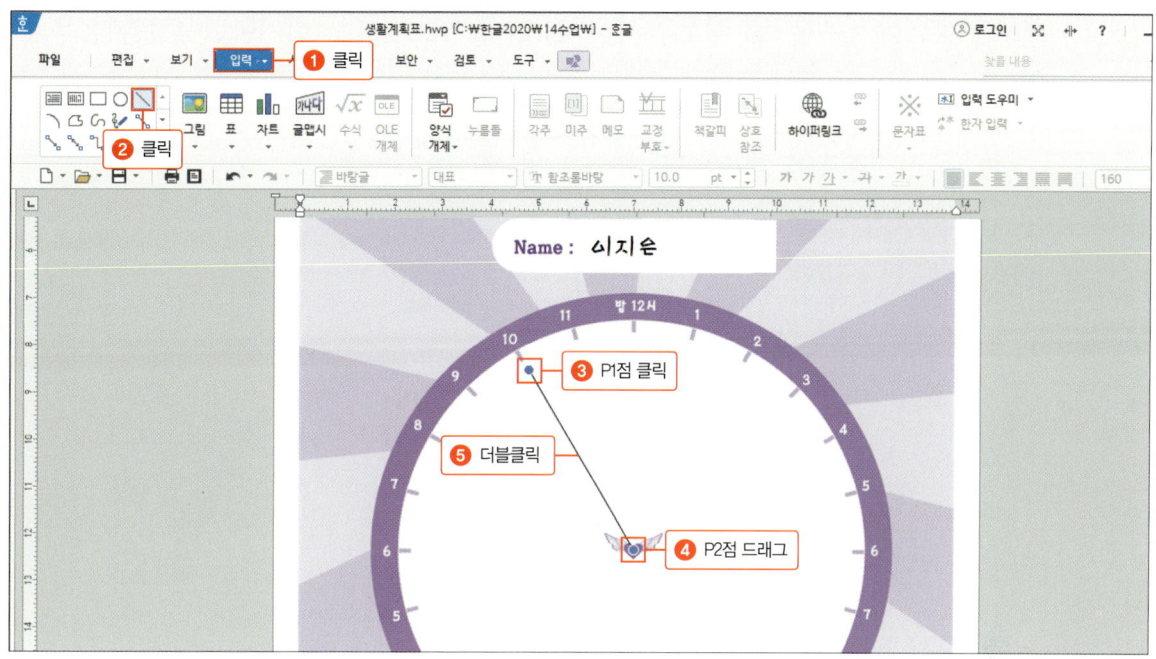

04 [개체 속성] 대화상자가 표시되면 [선] 탭에서 선 색과 종류, 굵기를 지정한 다음 화살표의 시작 모양을 지정하고 [설정]을 클릭해요.

- 색 : 주황(RGB: 255,132,58)
- 종류 : 점선
- 굵기 : 0.4mm

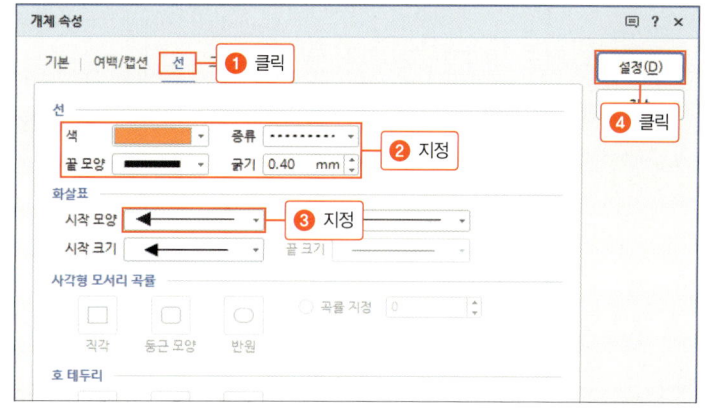

05 화살표가 완성되면 같은 방법으로 일정에 맞게 화살표를 만들어 계획표에 그려 넣어요.

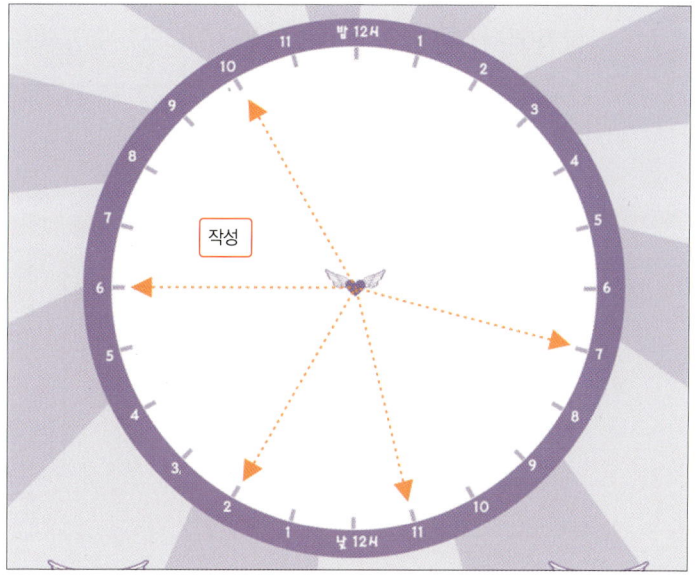

3 계획표에 맞는 개체를 삽입하기

01 개체를 삽입하기 위해 [입력] 탭에서 [그림]을 클릭한 다음 '그리기마당'을 선택해요.

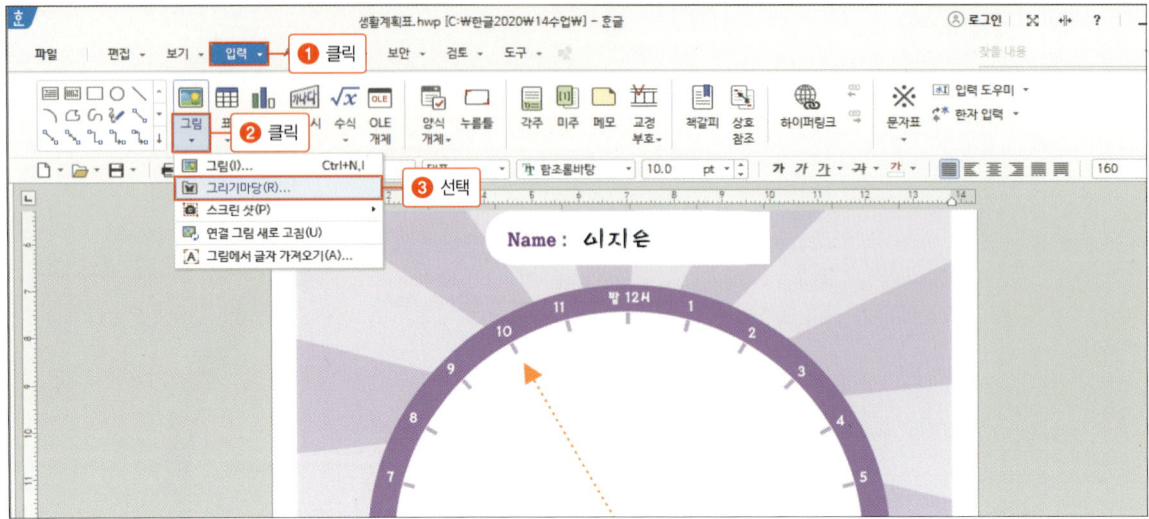

02 [그리기마당] 대화상자가 표시되면 [내려받은 그리기마당] 탭에서 [클립아트 다운로드]를 클릭해요.

03 [한컴 애셋] 대화상자가 표시되면 [그리기 조각] 탭에서 '공부'를 입력한 다음 Enter를 눌러 검색해요. 공부가 검색되어 표시되면 [내려받기(↓)]를 클릭한 다음 내려받기가 완료되면 [한글] 대화상자에서 [확인]을 클릭해요. [닫기(×)]를 클릭해요.

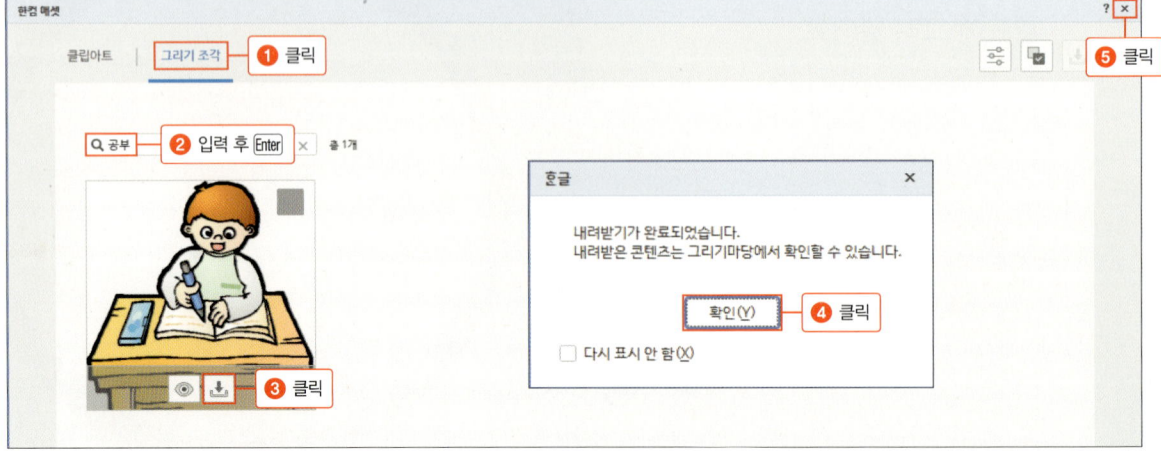

04 〔그리기마당〕 대화상자가 다시 표시되면 내려받은 '공부'를 선택한 다음 〔넣기〕를 클릭해요.

05 계획표에 드래그하여 그림을 넣은 다음 변형점을 드래그해서 크기를 조정해요.

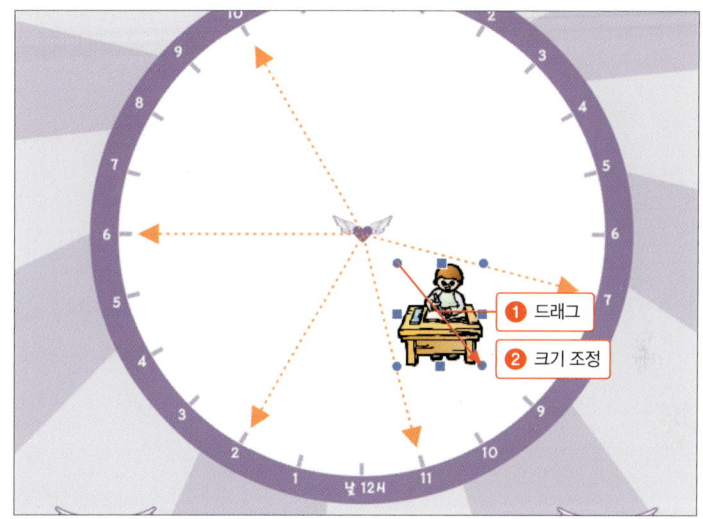

06 계획표 이름을 입력하기 위해 〔입력〕 탭에서 〔가로 글상자(▭)〕를 클릭한 다음 삽입한 그림 아래에 드래그하여 글상자를 만들어요. 일정을 입력하고 〔서식〕 도구 상자에서 글꼴, 글자 크기, 글자 색을 지정해요.

• **글꼴** : 휴먼옛체   • **글자 크기** : 12pt   • **글자 색** : 주황(RGB: 255,132,58)

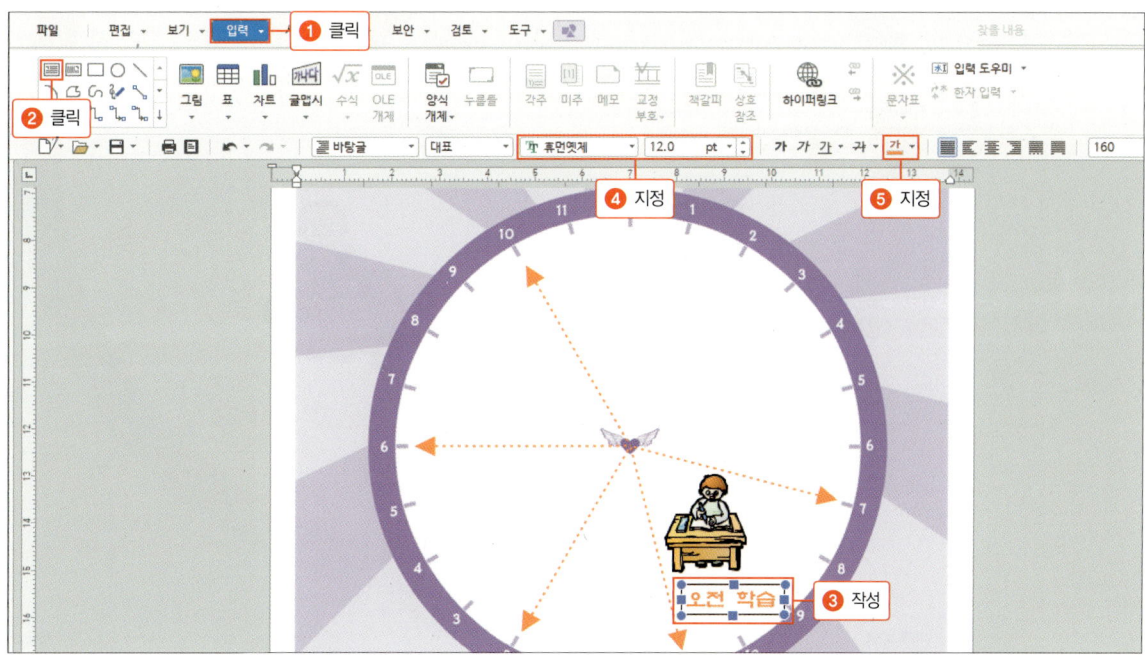

14 • 선 스타일을 이용한 생활 계획표 만들기 **91**

07 글상자를 더블클릭한 다음 〔개체 속성〕 대화상자가 표시되면 〔선〕 탭에서 선 종류를 '선 없음'으로 지정하고 〔채우기〕 탭에서 '색 채우기 없음'을 선택한 다음 〔설정〕을 클릭해요.

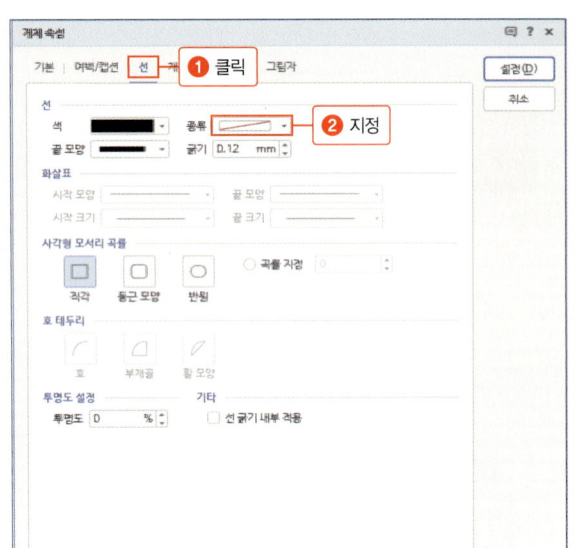
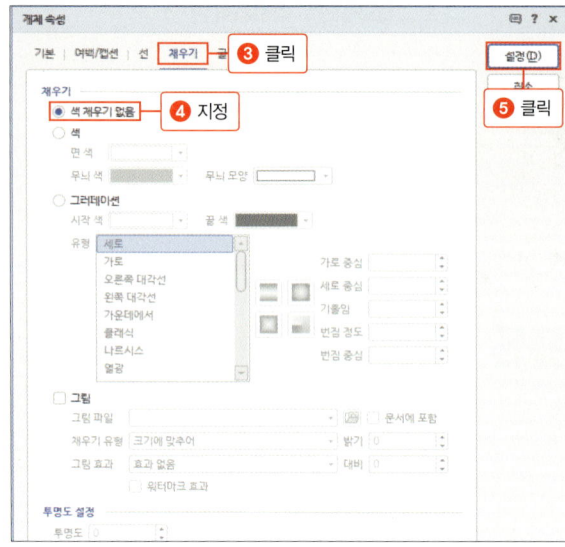

08 같은 방법으로 일정에 맞는 그림을 찾아 넣은 다음 일정을 입력하고 글상자 테두리를 없애 계획표를 완성해요.

· 그리기 마당 : 강아지인형, 축구2, 책2, 침대

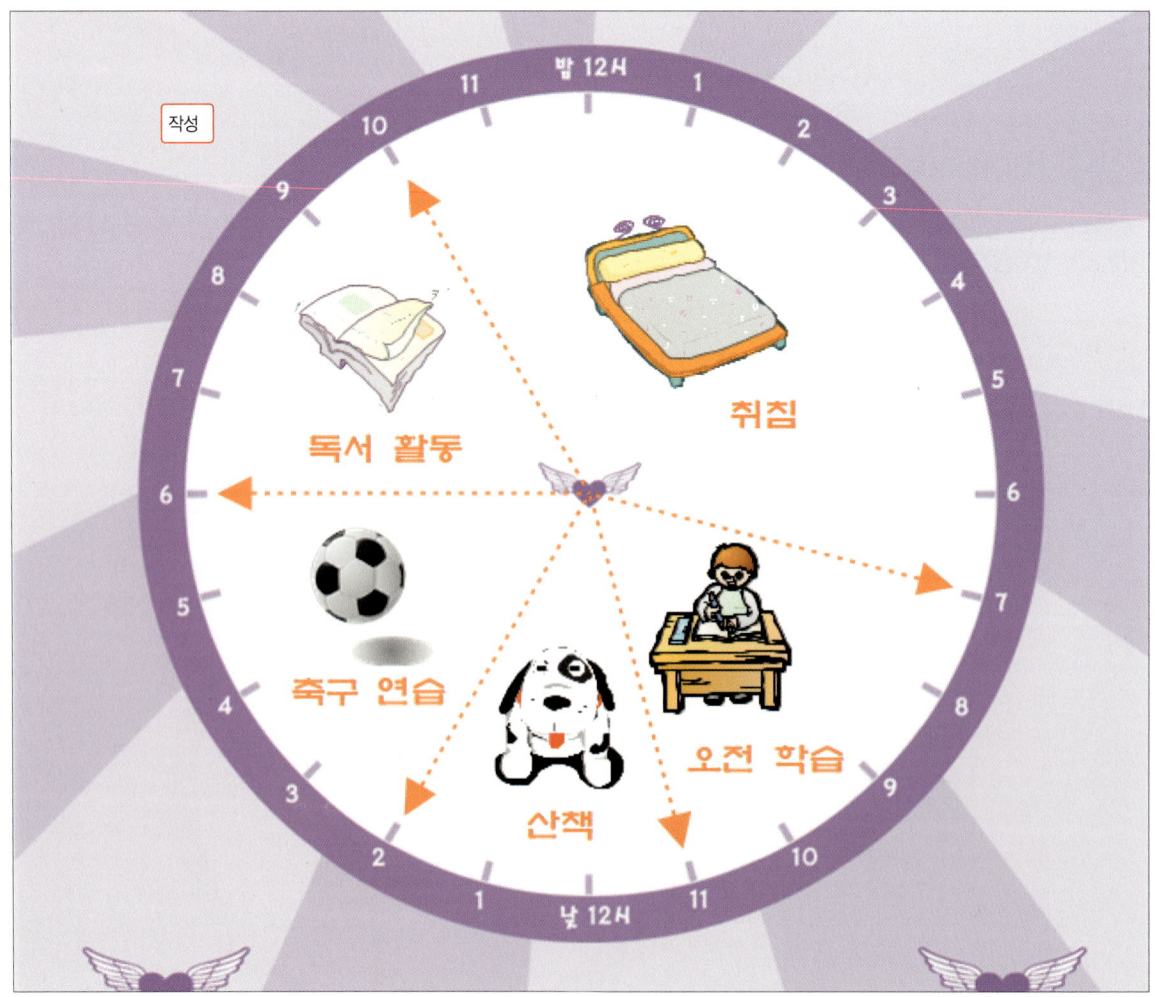

01 ▶ 다양한 구분선을 이용해서 자신만의 방학 계획표를 작성해 보세요.

● 완성파일 : 14수업\방학계획표(완성).hwp

① 구분선(실선, 원형 점선, 이중 실선)을 이용하여 나만의 계획표를 구성해요.
② 선의 시작 모양은 화살표 옵션에서 선택하여 사용해요.

15 수업
글머리표와 문단 번호로 모양 복사하여 스타일 맞추기

문장에도 서로 같은 스타일을 적용하여 구분시키는 경우가 많아요. 그림 형태의 글머리표나 문단 번호를 이용하여 구분하며, 모양 복사 기능으로 스타일을 통일할 수 있어요. 이번 수업에서는 문장마다 구분하고 모양 복사 기능으로 간단하게 스타일을 맞춰 보세요.

- 그림 글머리표와 문단 번호를 적용해 보세요.
- 그림 글머리표와 문단 번호를 모양 복사해 스타일을 맞춰 보세요.

● 예제파일 : 15수업\손씻는방법.hwp   ● 완성파일 : 15수업\손씻는방법(완성).hwp

서식 탭의 그림 글머리표를 이용해 화살표 형태의 글머리표를 넣었어요.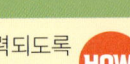

자동으로 번호가 입력되도록 문단 번호를 적용했어요.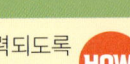

제대로 손 씻는 방법

 20~30초간 손을 씻는다.
1. 세균을 없애기 위해서는 20~30초는 손을 씻어야 한다.
2. 흐르는 물에 씻는 것이 제일 위생적이다.

 손에 비누를 충분히 묻힌다.
3. 비누를 손바닥 위에 올려놓고 거품이 날 때까지 비빈다.
4. 항균비누가 아니고 일반비누도 좋다.

 손가락 사이사이를 비빈다.
5. 손가락 사이사이에 꼼꼼하게 반복적으로 문지르며 씻는다.
6. 3~5초씩 반복하여 손을 씻는다.

 깨끗한 수건에 물기를 닦는다.
7. 손이 완전히 마를 때까지 깨끗한 수건으로 물기를 모두 닦아낸다.
8. 수건은 건조한 수건을 사용한다.

첫 줄을 기준으로 글머리표 문장을 모양 복사하여 한 번에 스타일을 통일시켰어요.

문단 번호가 적용된 문장을 모양 복사하여 한 번에 스타일을 통일시켰어요.

1 그림 글머리표 넣기

01 15수업 폴더에서 '손씻는방법.hwp' 파일을 연 다음 내용을 클릭하고 F5 를 눌러 셀을 블록으로 지정한 다음 마우스 오른쪽 버튼을 눌러 '셀 테두리/배경' - '각 셀마다 적용'을 클릭해요.

02 [셀 테두리/배경] 대화상자가 표시되면 [배경] 탭에서 '색'을 선택한 다음 면 색을 지정하고 [설정]을 클릭해요.

• 면 색 : 노랑(RGB: 255,215,0)

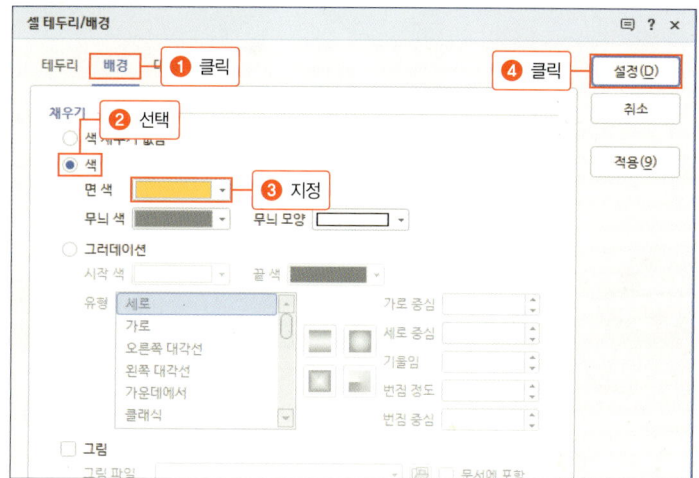

03 첫 번째 줄 왼쪽에 커서를 위치시켜요. 그림 글머리표를 넣기 위해 [서식] 탭에서 [그림 글머리표]의 [자세히]를 클릭한 다음 화살표 형태의 그림 글머리표를 선택해요.

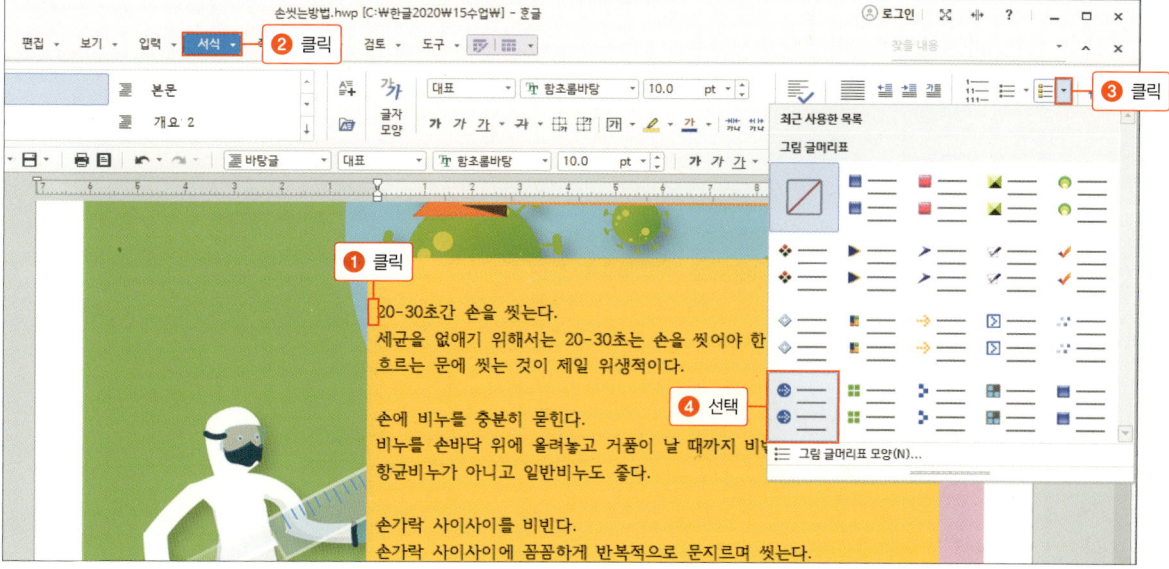

04 첫 번째 문장을 드래그하여 블록으로 지정한 다음 〔서식〕 도구 상자에서 글꼴과 글자 크기, 글자 색을 지정해요.

- 글꼴 : HY울릉도B   • 글자 크기 : 12pt   • 글자 색 : 초록(RGB: 40,155,110)

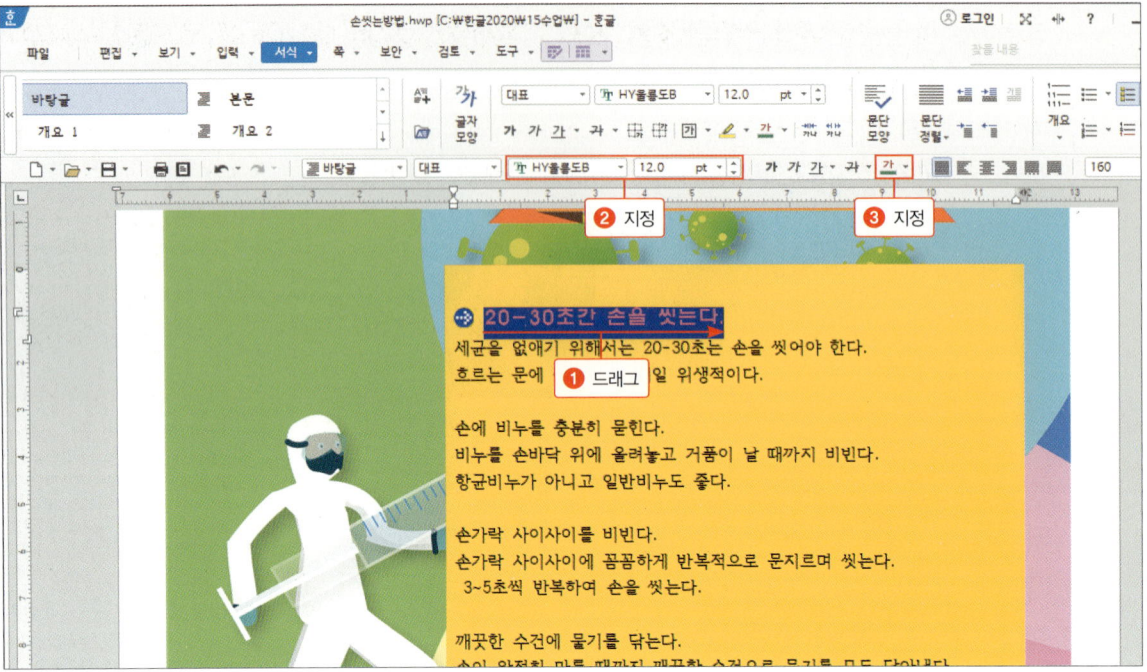

2 문단 번호 넣기

01 2~3번째 줄을 드래그하여 블록으로 지정한 다음 〔서식〕 탭에서 〔문단 번호()〕를 클릭하면 문단 번호가 자동으로 적용돼요. 〔서식〕 도구 상자에서 글꼴과 글자 색을 지정해요.

- 글꼴 : HY울릉도B   • 글자 색 : 주황(RGB: 255,132,58)

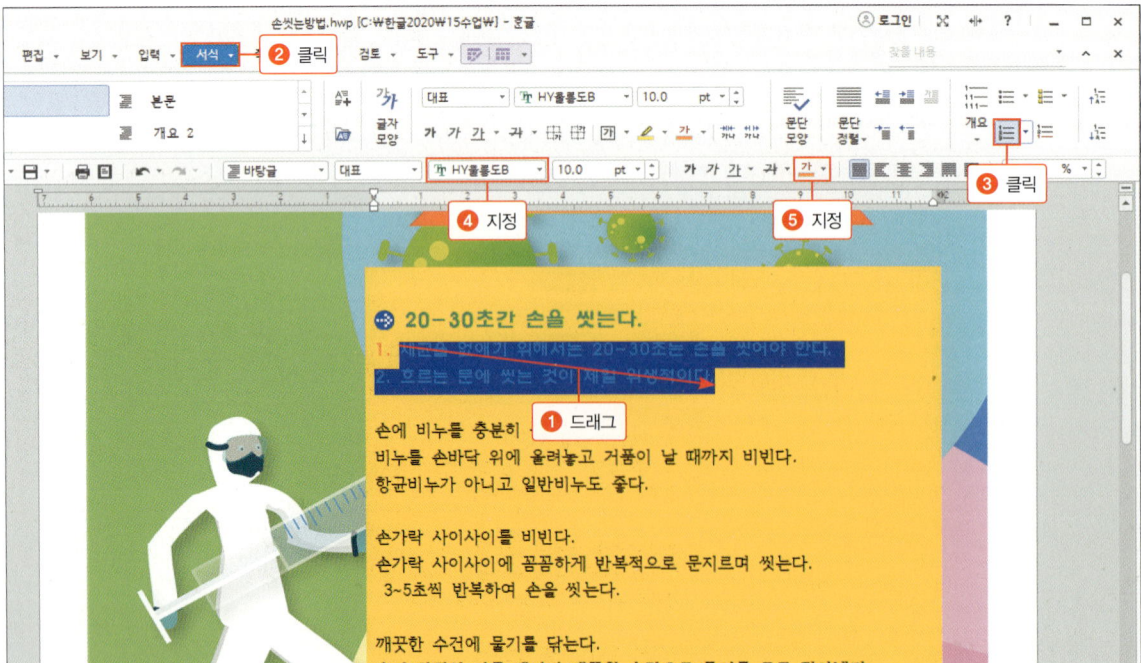

3 글머리표가 적용된 문장을 모양 복사하기

01 나머지 문단도 모양을 한 번에 적용시키기 위해 커서를 첫 번째 줄에 위치시킨 다음 〔편집〕 탭에서 〔모양 복사(📝)〕를 클릭해요. 〔모양 복사〕 대화상자가 표시되면 '글자 모양과 문단 모양 둘 다 복사'를 선택하고 〔복사〕를 클릭해요.

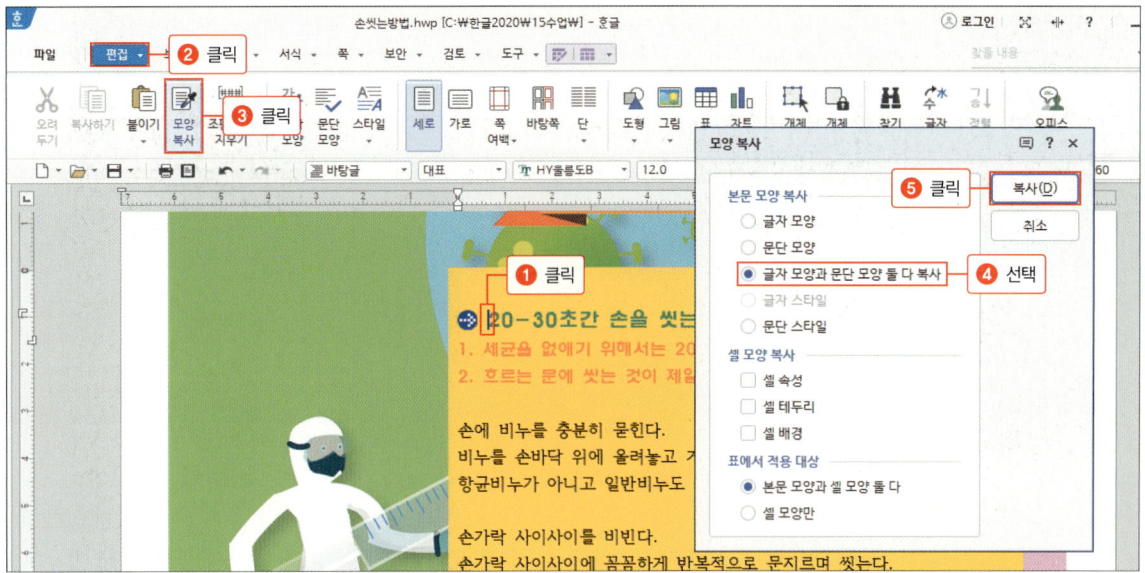

02 4번째 줄을 드래그하여 블록으로 지정한 다음 〔편집〕 탭에서 〔모양 복사(📝)〕를 클릭하면 자동으로 첫 번째 줄의 그림 글머리표와 같은 스타일이 적용돼요. 7번째와 10번째 줄도 같은 방법으로 글머리표 스타일을 적용해요.

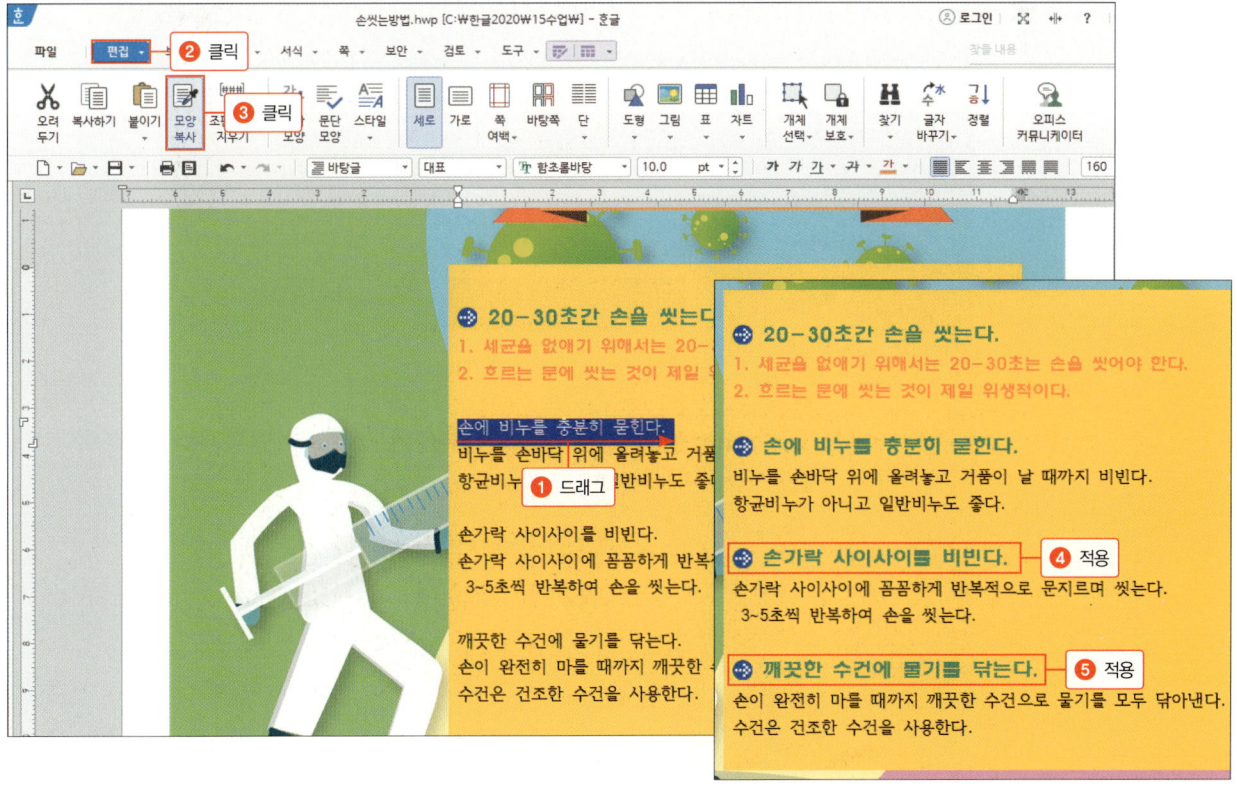

15 · 글머리표와 문단 번호로 모양 복사하여 스타일 맞추기

4 문단 번호가 적용된 문장을 모양 복사하기

01 두 번째 줄에 커서를 위치시킨 다음 [편집] 탭에서 [모양 복사(📝)]를 클릭해요. [모양 복사] 대화상자가 표시되면 '글자 모양과 문단 모양 둘 다 복사'를 선택하고 [복사]를 클릭해요.

02 5~6번째 줄을 드래그하여 블록으로 지정한 다음 [편집] 탭에서 [모양 복사(📝)]를 클릭해요. 문단 번호가 적용된 스타일이 바로 적용되는 것을 볼 수 있어요. 같은 방법으로 8~9번째 줄과 11~12번째 줄을 블록으로 지정한 다음 [편집] 탭에서 [모양 복사(📝)]를 클릭해요.

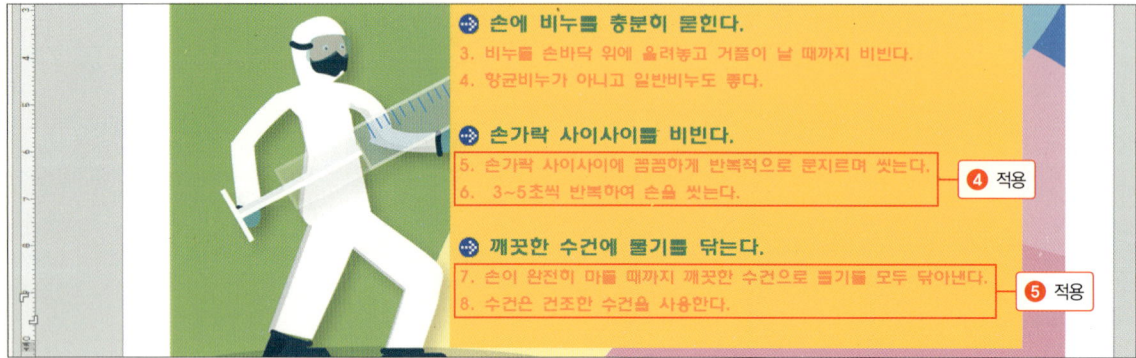

01 ▶ 서식 기능을 이용해서 나의 버킷 리스트를 작성해 보세요.

● 예제파일 : 15수업\버킷리스트.hwp   ● 완성파일 : 15수업\버킷리스트(완성).hwp

나의 버킷 리스트

1. 나의 버킷리스트를 입력하세요. ☐
2. 나의 버킷리스트를 입력하세요. ☐
3. 나의 버킷리스트를 입력하세요. ☐
4. 나의 버킷리스트를 입력하세요. ☐
5. 나의 버킷리스트를 입력하세요. ☐
6. 나의 버킷리스트를 입력하세요. ☐
7. 나의 버킷리스트를 입력하세요. ☐
8. 나의 버킷리스트를 입력하세요. ☐
9. 나의 버킷리스트를 입력하세요. ☐
10. 나의 버킷리스트를 입력하세요. ☐

❶ 서식 기능의 '개요 1'을 선택하여 버킷리스트의 서식을 적용해요.
❷ 〔문자표〕기능으로 체크 박스를 넣어요.

16 수업 다단 기능으로 학급 소식지 만들기

신문이나 소식지를 만들 때 글을 짜임새 있게 구성하기 위해 다단 기능을 사용해요. 다단 기능을 사용하면 잘 정리된 느낌을 줄 수 있어요. 이번 수업에서는 다단 기능을 이용하여 두 줄로 구성된 학습 소식지를 만들어 보세요.

- 글상자의 선과 면을 원하는 형태로 설정해요.
- 다단 기능으로 문장을 두 줄로 구성해요.
- 원하는 위치에 그림을 삽입해요.

● 예제파일 : 16수업\학급소식지.hwp, 소식지원고.hwp, 북캐릭터.png, 이집트.png   ● 완성파일 : 16수업\학급소식지(완성).hwp

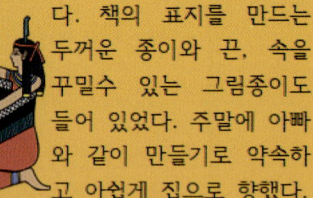

"쓰윽, 쓱, 쓰윽…"
금속 활자에 먹물을 묻힌 다음 옛날 사람들이 사용한 한지를 올려놓고 밀대로 밀면 똑같은 글자들이 종이에 묻어 나왔다. 오늘은 아빠, 엄마와 함께 파주 출판도시에서 하는 책잔치에 갔었다. 거기에서 나는 금속활자를 이용하여 책 만드는 방법을 직접 해보았다.

활자가 없었을 때는 일일이 책을 만들기 위해 붓으로 글씨를 써야 했지만, 금속활자를 발명하여 힘들지 않게 쓰지 않아도 간단하게 책을 만들 수 있었다고 설명해 주셨다.

책거리에서는 많은 동화책과 역사책, 영어책을 팔고 있었다. 나는 내가 좋아하는 이집트 피라미드 책을 골랐다. 이집트 사람들의 생활과 피라미드에 대해 적혀 있었다. 신기했다. 집으로 올 때에는 책을 만드는 재료를 여러 개 샀다. 책의 표지를 만드는 두꺼운 종이와 끈, 속을 꾸밀수 있는 그림종이도 들어 있었다. 주말에 아빠와 같이 만들기로 약속하고 아쉽게 집으로 향했다.

엄마는 책은 가장 재미있는 친구가 될 수 있다고 하셨다. 책을 읽을 때는 내가 좋아하는 유비와 관우가 말을 달리고, 동화속 주인공들과 친구가 될 수 있기 때문일 것이다. 오늘은 즐거운 책의 날이었다.

가로 글상자를 만든 다음 글상자의 선을 없애고, 면 색을 투명하게 만들었어요. **HOW!**

그림 넣기 기능으로 글상자 안의 원하는 위치에 이미지를 삽입했어요. **HOW!**

1 선 없는 글상자 만들기

01 16수업 폴더에서 '학급소식지.hwp' 파일을 연 다음 글을 넣기 위해 [입력] 탭에서 [가로 글상자(▭)]를 클릭하고 드래그하여 글상자를 만들어요. 글상자를 더블클릭해요.

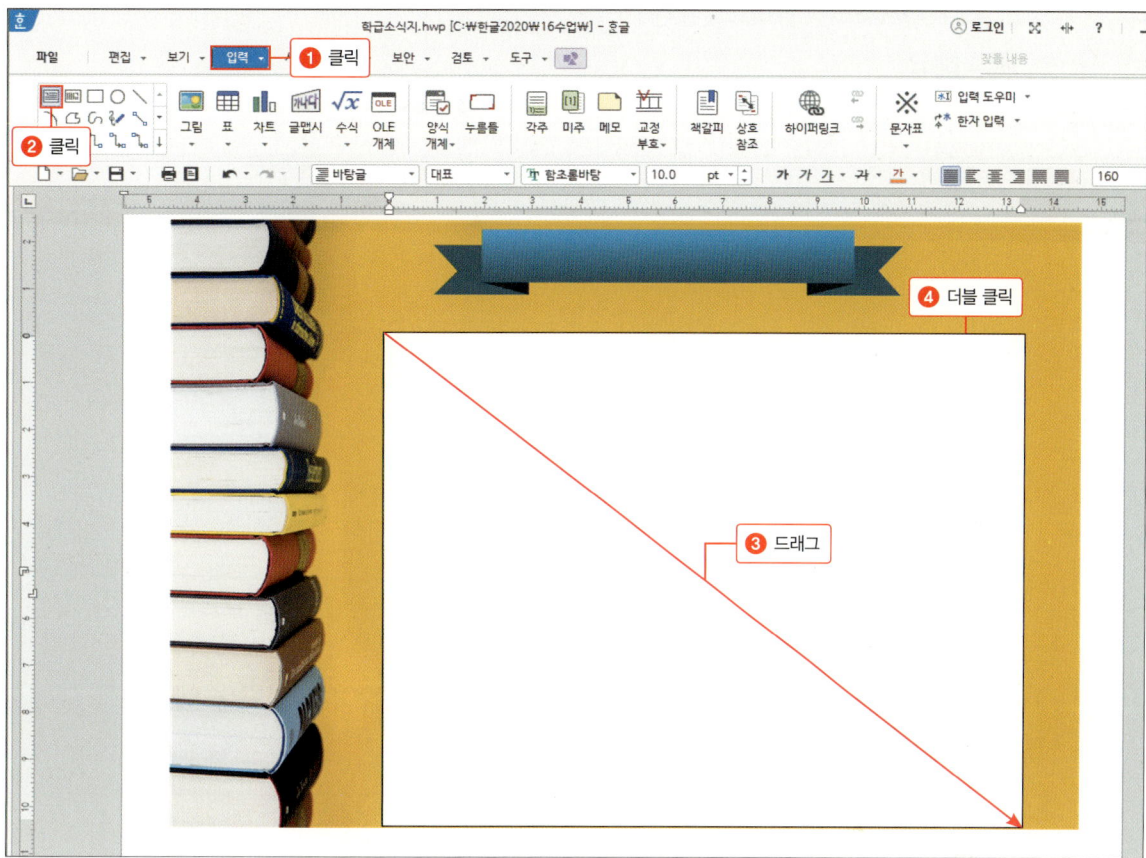

02 [개체 속성] 대화상자가 표시되면 [선] 탭에서 선 종류를 '선 없음'으로 지정해요.

2 투명한 글상자에 텍스트 붙여 넣기

01 글상자 면 색을 투명하게 만들기 위해 [채우기] 탭을 클릭한 다음 투명도를 '100%'로 지정하고 [설정]을 클릭해요.

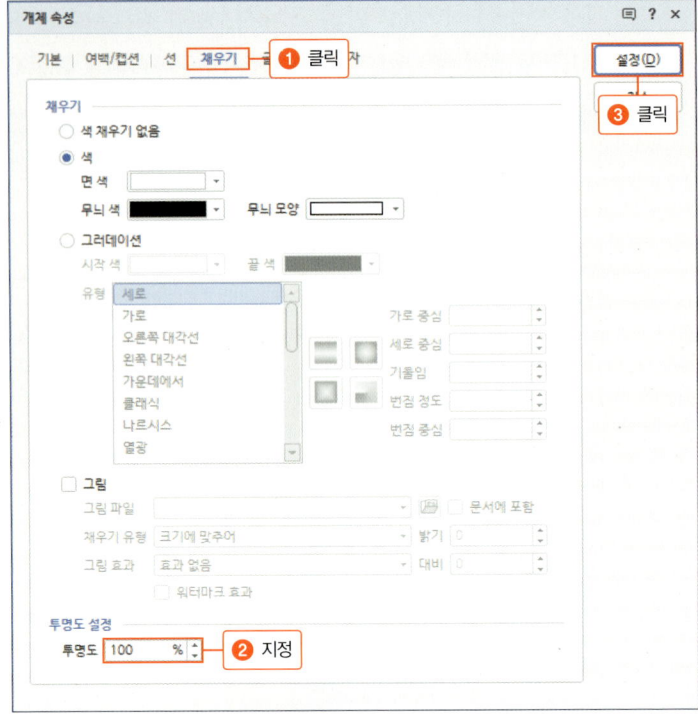

02 16수업 폴더에서 '소식지원고.txt' 파일을 열어요. 메모장이 실행되면 텍스트를 드래그하여 블록으로 지정한 다음 Ctrl+C를 눌러 복사해요.

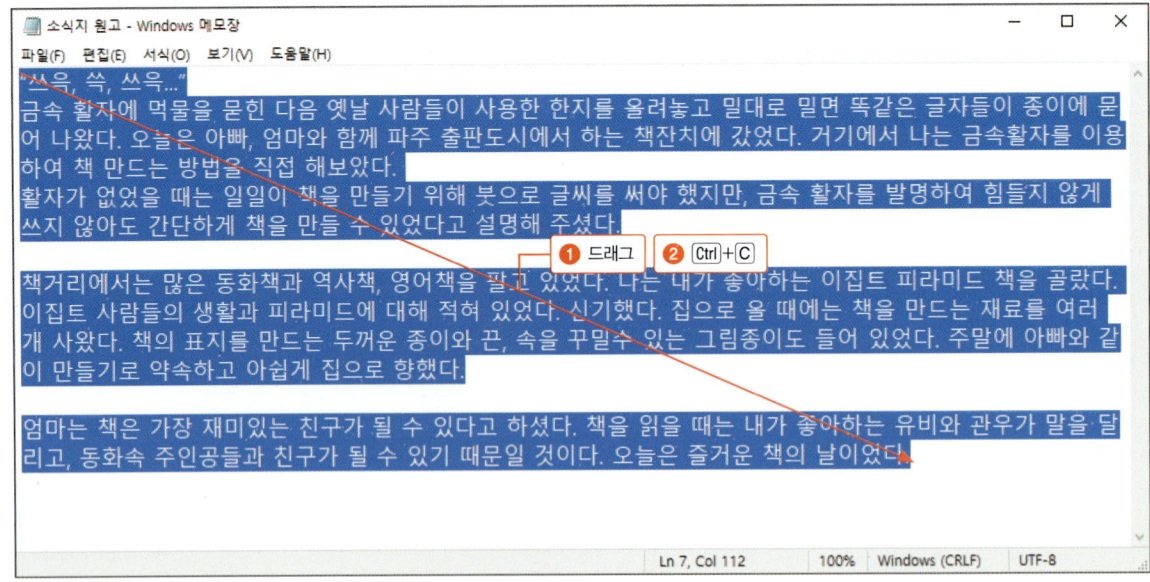

3 다단 설정하기

01 글상자에 커서를 위치시킨 다음 Ctrl+V를 눌러 붙여넣고 [쪽] 탭에서 [단(▦)]을 선택해요.

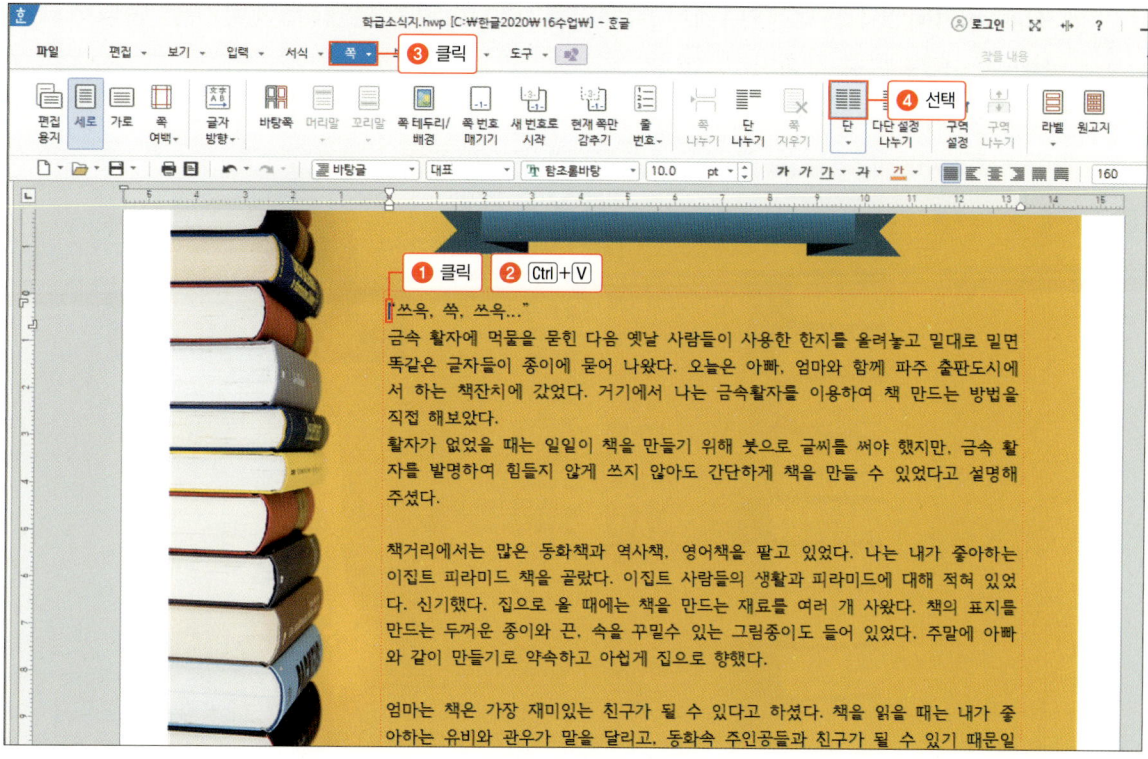

02 [단 설정] 대화상자가 표시되면 자주 쓰이는 모양에서 [둘(▤)]을 클릭한 다음 [설정]을 클릭해요.

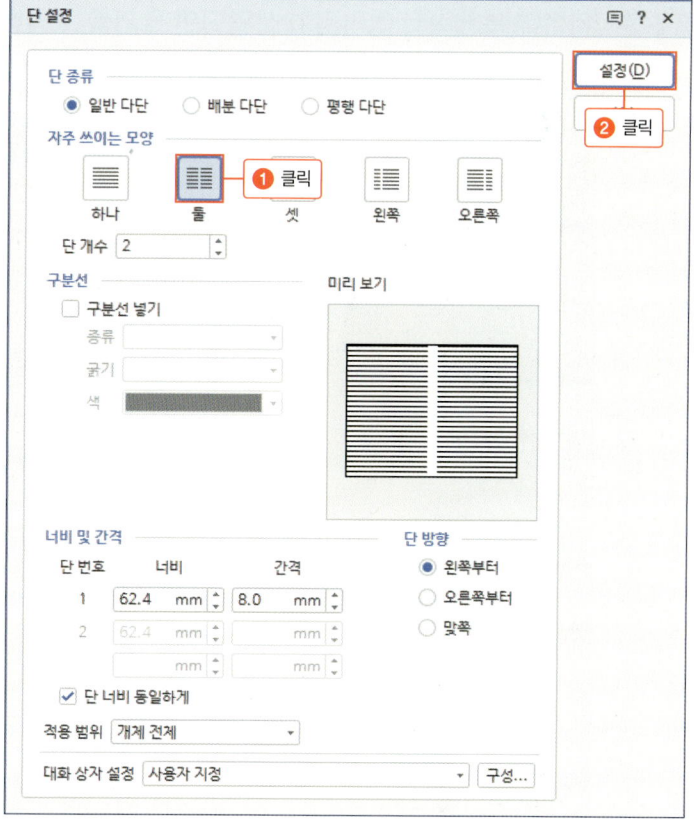

WHY? 단을 나눠서 다단으로 설정하는 이유는 대부분 한정된 문서 영역에 많은 문단이나 이미지를 효율적으로 넣기 위해 사용해요.

16 • 다단 기능으로 학급 소식지 만들기　103

4 글상자에 그림 삽입하기

01 그림을 삽입할 위치를 클릭한 다음 [입력] 탭에서 [그림(🖼)]을 클릭해요. [그림 넣기] 대화상자가 표시되면 16수업 폴더에서 '북캐릭터.png' 파일을 선택하고 [넣기]를 클릭해요.

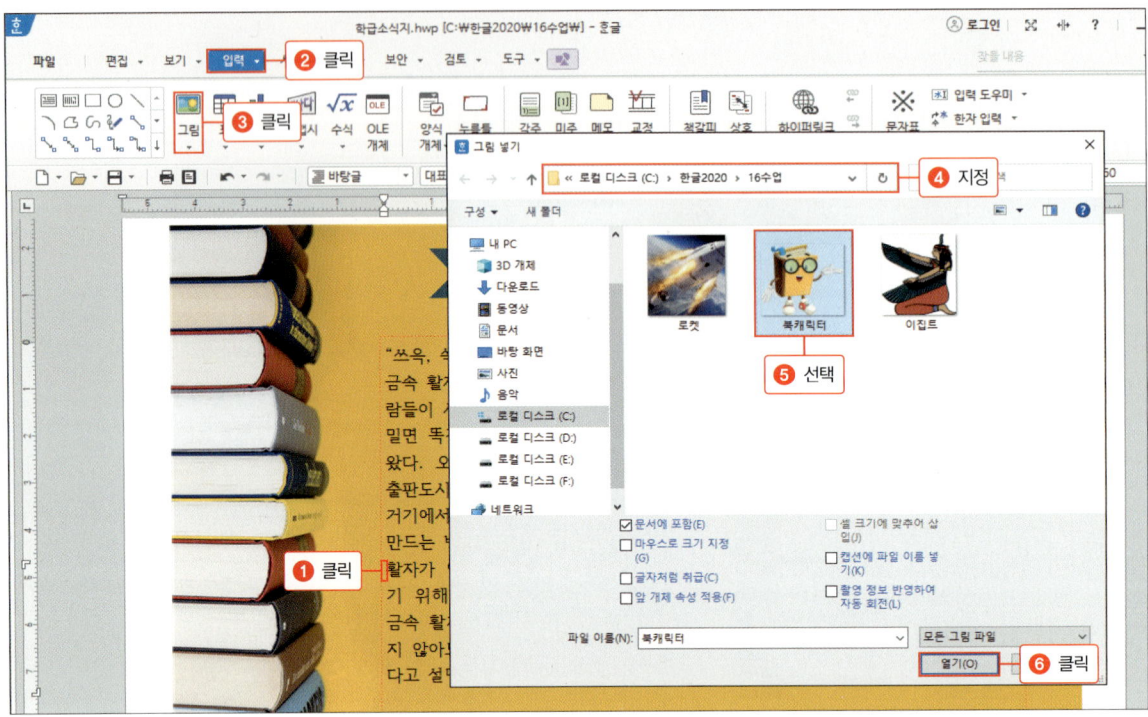

02 왼쪽에 북캐릭터 이미지가 삽입되면 크기를 조정한 다음 같은 방법으로 오른쪽에 '이집트.png' 파일 이미지를 넣어 학급 소식지를 완성해요.

01 ▶ 글상자와 다단 기능으로 우주 여행 신문을 작성해 보세요.

● 예제파일 : 16수업\우주여행신문.hwp, 우주여행원고.hwp, 로켓.png   ● 완성파일 : 16수업\우주여행신문(완성).hwp

 힌트

❶ 다단 설정에서 [셋] 기능을 이용해 3단으로 문장을 구성해요.
❷ 글상자에서 선을 '점선', 색을 '주황(RGB: 255,132,58)'으로 지정해요.
❸ 그리기마당에서 주제에 맞는 단어를 검색하여 아이콘을 찾아요.
❹ 글상자에서 사각형 모서리 곡률을 [둥근 모양]으로 지정해요.
❺ 그림을 '글자처럼 취급'으로 지정하여 문장과 구분해요.

17 수업 수식 편집기로 수학 문제 입력하기

한글과 숫자 이외에 수학이나 과학에서 자주 사용하는 수식을 입력할 경우 수식 편집기를 이용하면 간단해요. 이번 수업에서는 수식 편집기를 사용해 사칙 연산부터 분수 수식을 넣고, 한글 입력 방법을 배워 보세요.

- 사칙 연산에 사용되는 수학 기호 넣는 방법을 배워 보세요.
- 수식 편집기에서 분수와 한글 입력 방법을 배워 보세요.

● 예제파일 : 17수업\수식.hwp   ● 완성파일 : 17수업\수식(완성).hwp

키보드로 숫자를 입력하고, 수식 편집기를 이용하여 수학 기호를 넣었어요. **HOW!**

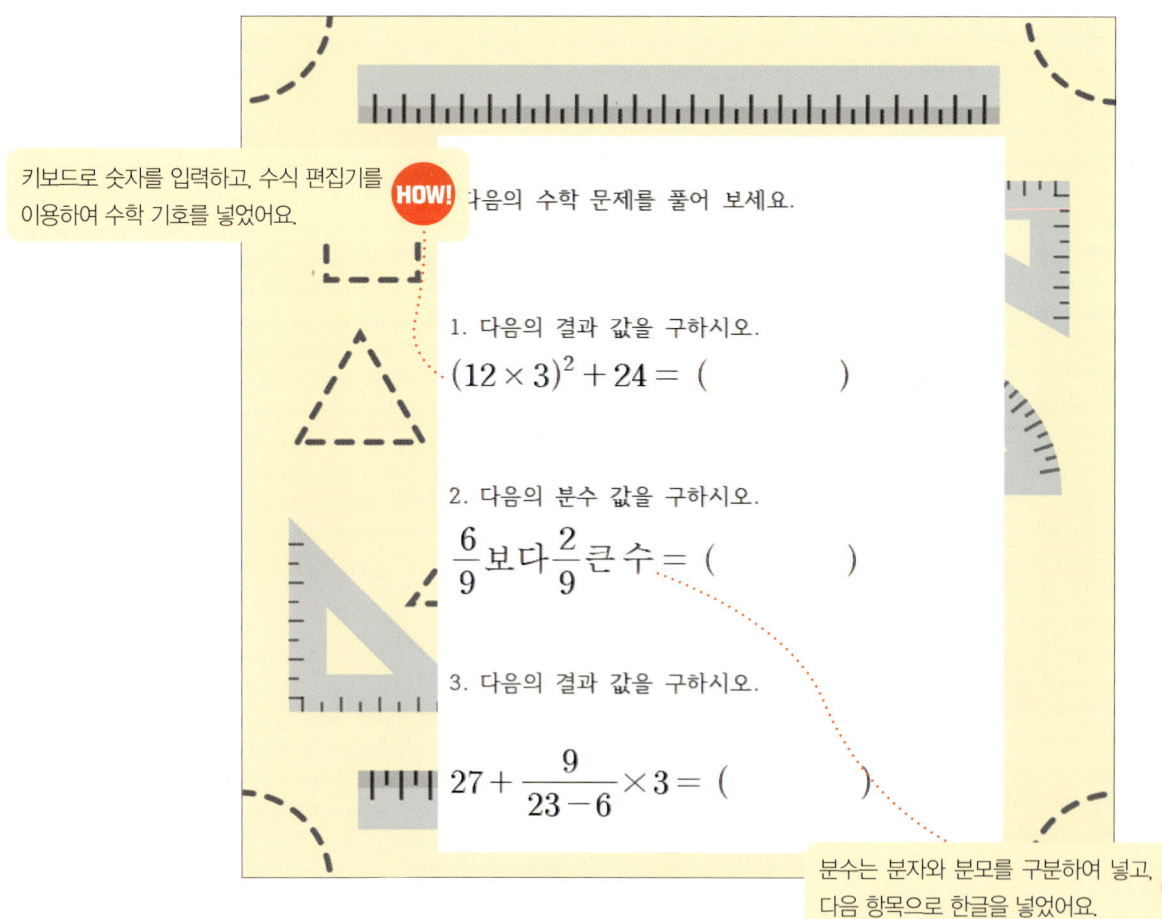

다음의 수학 문제를 풀어 보세요.

1. 다음의 결과 값을 구하시오.
$(12 \times 3)^2 + 24 = ($ $)$

2. 다음의 분수 값을 구하시오.
$\dfrac{6}{9}$ 보다 $\dfrac{2}{9}$ 큰 수 $= ($ $)$

3. 다음의 결과 값을 구하시오.
$27 + \dfrac{9}{23-6} \times 3 = ($ $)$

분수는 분자와 분모를 구분하여 넣고, 다음 항목으로 한글을 넣었어요. **HOW!**

1 수식 편집기로 수식 넣기

01 17수업 폴더에서 '수식.hwp' 파일을 연 다음 수식을 입력할 부분인 1번 문제 아래를 클릭해 커서를 위치시켜요.

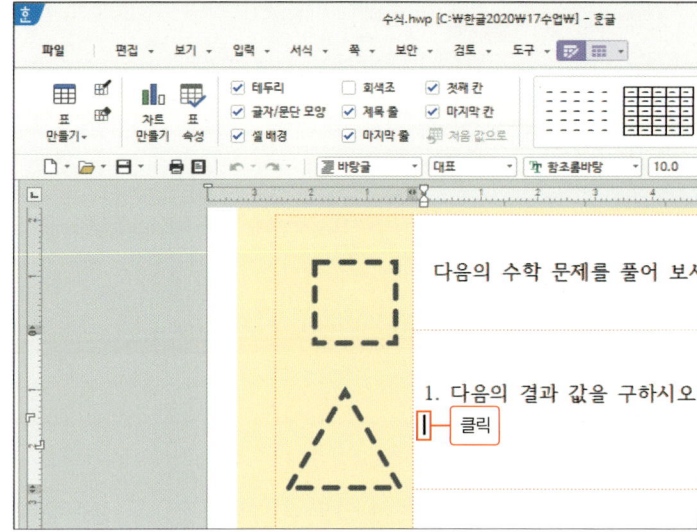

02 수식을 입력하기 위해 〔입력〕 탭에서 '수식'을 클릭해요.

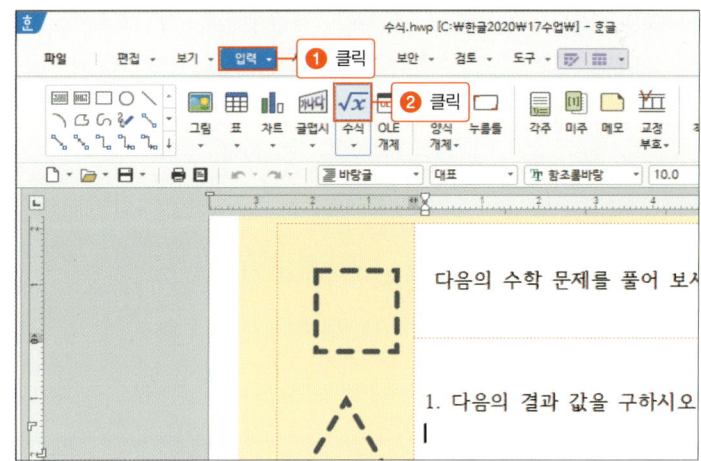

03 〔수식 편집기〕가 표시되면 글자 크기를 지정한 다음 수식 크기를 조절하고 '(12'를 입력해요. 〔연산, 논리 기호(±)〕를 클릭한 다음 '곱하기(×)'를 선택해요. • **글자 크기** : 15

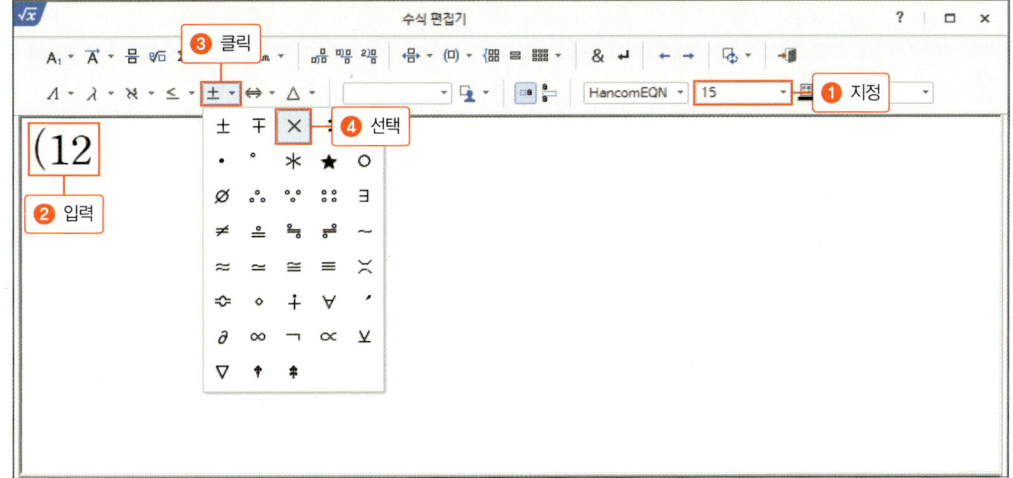

17 • 수식 편집기로 수학 문제 입력하기

04 '3)'를 입력한 다음 [첨자()]를 클릭하고 [위첨자()]를 선택해요.

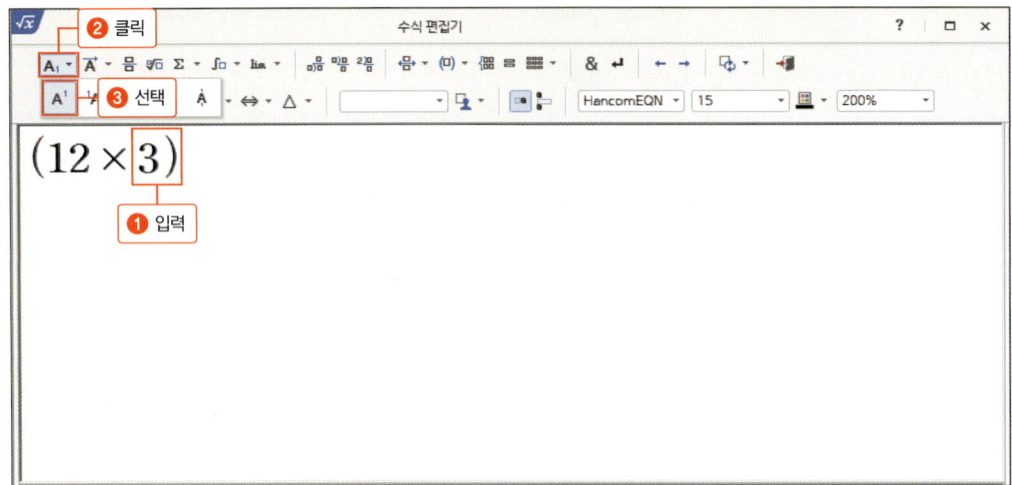

05 위첨자 '2'를 입력한 다음 [다음 항목()]을 클릭해요.

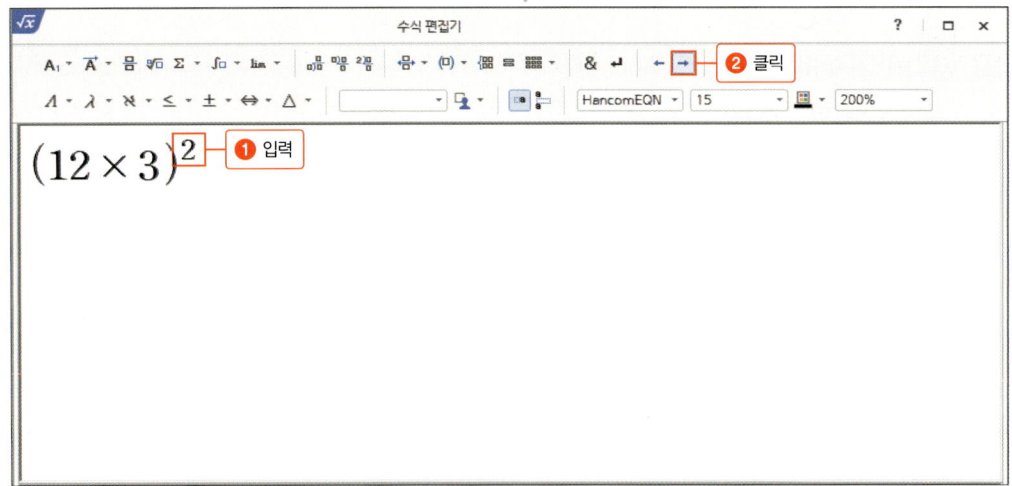

06 '+24= (   )'를 입력한 다음 [넣기()]를 클릭하여 수식을 문서에 넣어요.

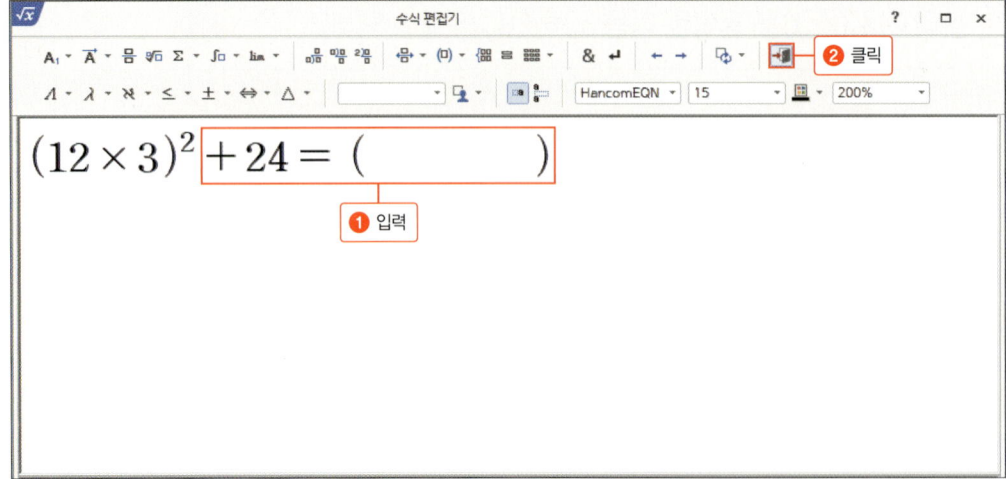

2 수식 편집기로 분수 넣기

01 수식을 입력하기 위해 〔입력〕 탭에서 '수식'을 클릭해요.

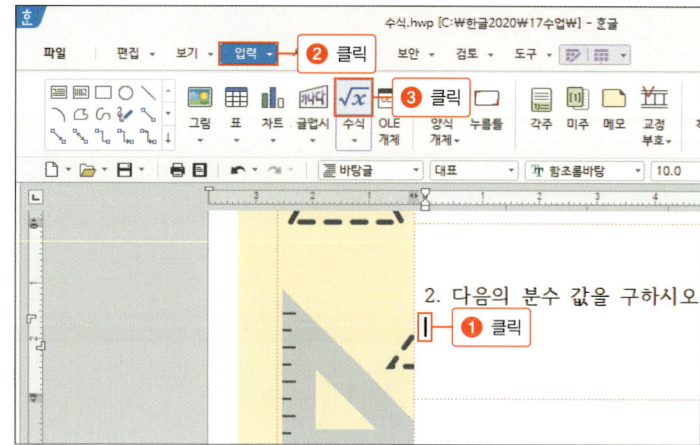

02 〔수식 편집기〕가 표시되면 〔분수(吕)〕를 클릭해요.

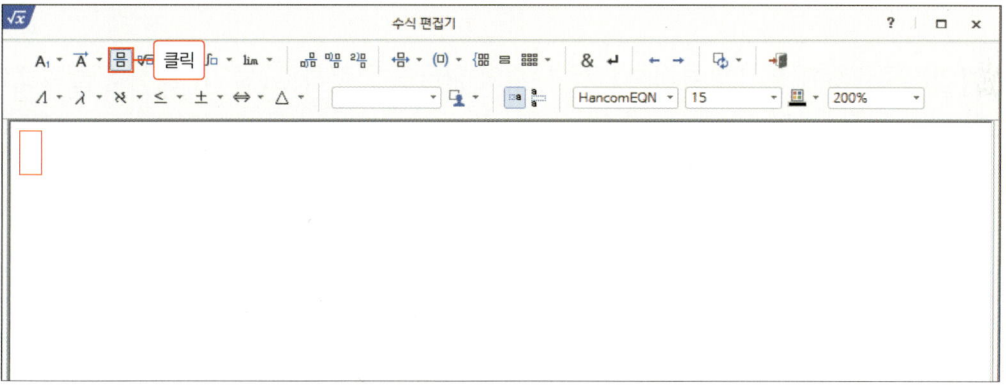

03 분자에 '6'을 입력한 다음 〔다음 항목(→)〕을 클릭하고 분모에 '9'를 입력해요.

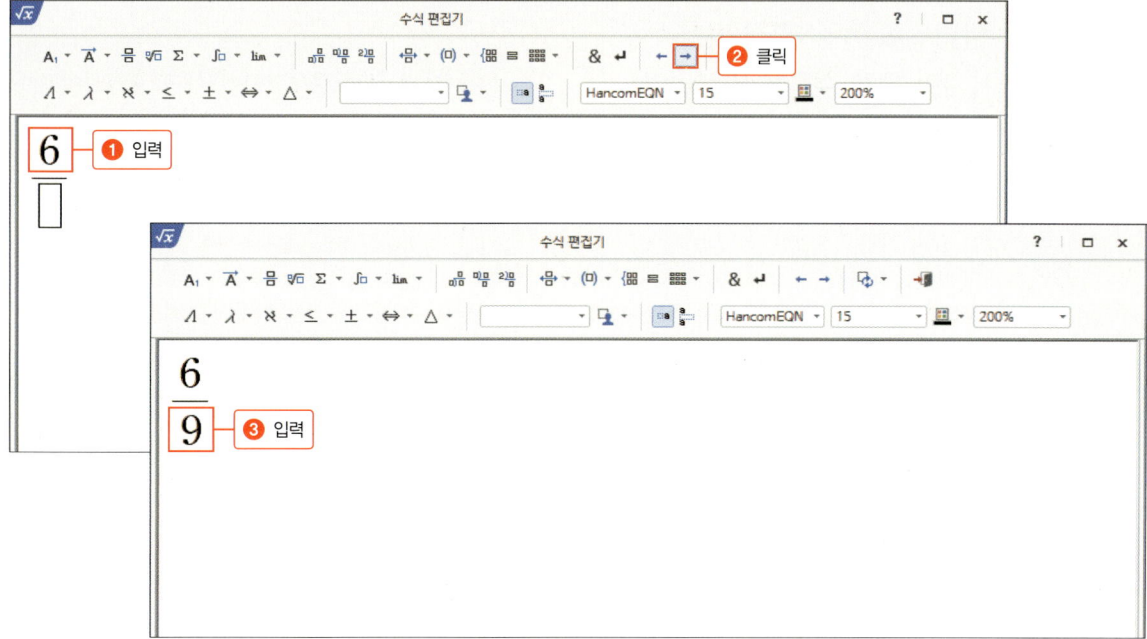

3 수식 편집기에서 한글 입력하기

01 분수가 입력되면 [다음 항목(→)]을 클릭한 다음 '보다'를 입력해요.

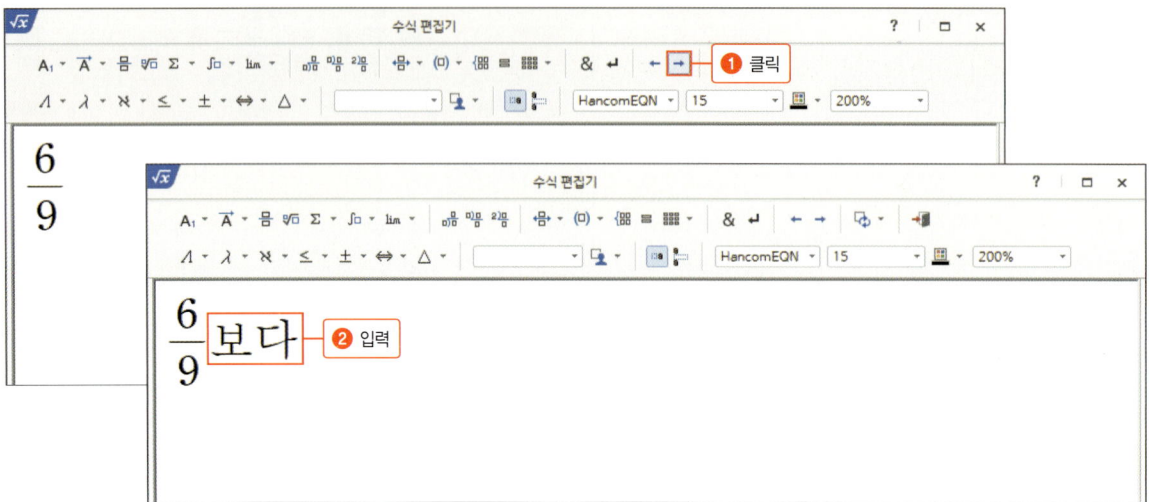

02 같은 방법으로 [분수(믐)]를 클릭한 다음 분수와 한글을 입력하고 [넣기(⬇)]를 클릭해요.

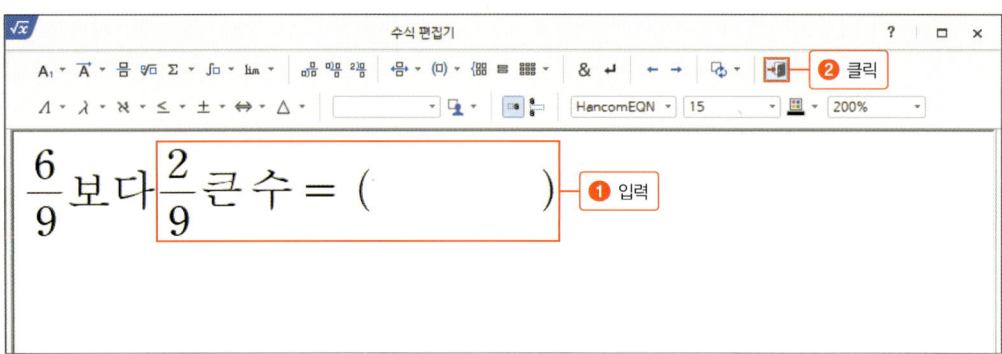

03 같은 방법으로 [수식 편집기]를 이용해서 3번 문제 수식을 입력하여 수식 문제를 완성해요.

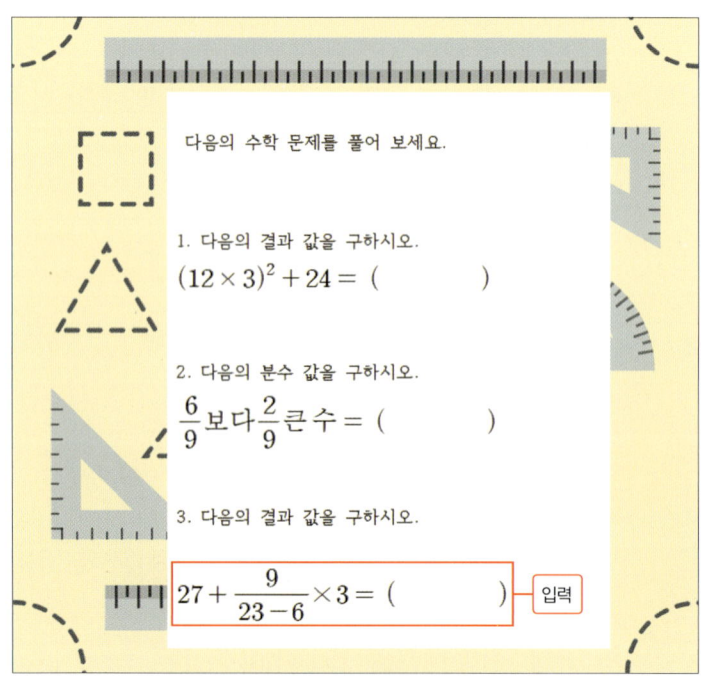

01 ▶ 수식 편집기를 이용해서 괄호를 이용한 수식을 작성해 보세요.

● 예제파일 : 17수업\연습문제.hwp   ● 완성파일 : 17수업\연습문제(완성).hwp

 연습 문제

1) 다음의 수식 문제를 계산해 보세요.

$$2 + \frac{3}{4} \times \left[\left\{ \frac{3}{5} - \left(\frac{1}{3} \right)^2 \right\} \right] - \frac{6}{18}$$

 연습 문제

2) 다음의 □에 들어갈 자연수의 합을 구하세요.

$$\frac{15}{16} + \frac{3}{16} > □$$

□는 ★보다 작다.

❶ 괄호를 사용하는 수식은 대괄호와 중괄호, 소괄호 순으로 수식을 입력해요.
❷ 수식 편집기에서 지원하지 않는 기호의 경우 문자표를 이용해 작성해요.

18 수업
맞춤법 검사하여 단어 교체와 바른 문장 만들기

글을 쓴 다음 오탈자 없이 제대로 글을 썼는지 확인할 필요가 있어요. 이번 수업에서는 자동으로 잘못된 맞춤법을 검색하고 올바른 단어로 바꿔 주는 맞춤법 검사/교정 기능을 이용해서 입력된 문장을 바르게 수정해 보세요.

- 맞춤법 검사를 이용해서 틀린 단어를 교체해 보세요.
- 특정 단어를 검색해서 변경해 보세요.

● **예제파일** : 18수업\호두까기인형.hwp   ● **완성파일** : 18수업\호두까기인형(완성).hwp

잘못된 등장인물의 이름인 '산드라'를 한 번에 '클라라'로 전부 수정하였어요. **HOW!**

맞춤법 기능으로 검색하여 '호두까끼'를 '호두 까기'로 수정하였어요. **HOW!**

1 맞춤법 검사하여 교정하기

01 18수업 폴더에서 '호두까기인형.hwp' 파일을 연 다음 첫 번째 글자(화이트) 앞에 커서를 위치시키고 〔도구〕 탭에서 '맞춤법'을 클릭해요.

02 〔맞춤법 검사/교정〕 대화상자가 표시되면 〔시작〕을 클릭해요.

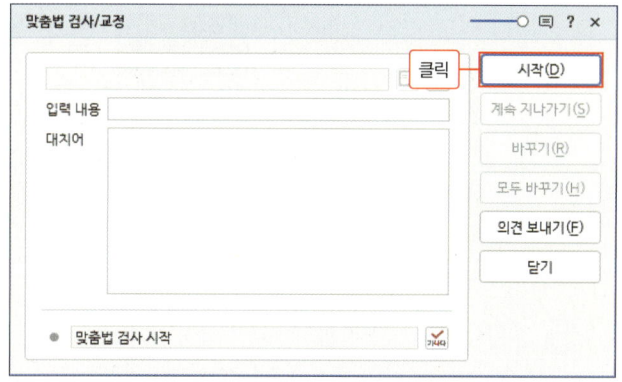

03 틀린 맞춤법 부분을 제안합니다. 만약 틀리지 않은 단어일 경우에는 〔지나가기〕를 클릭해요.

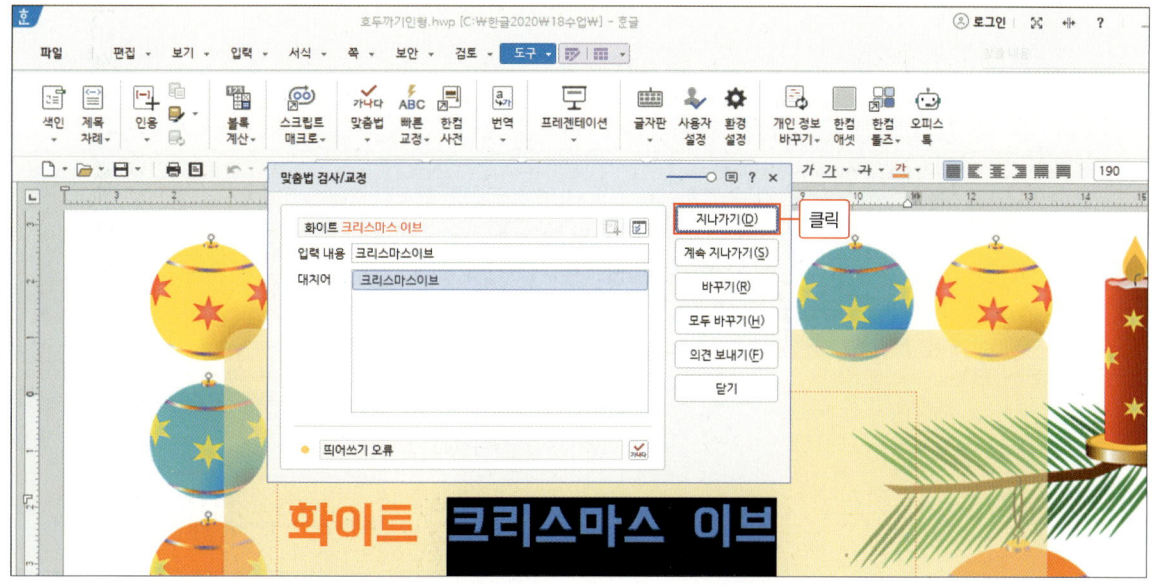

WHY? 이름 또는 고유 명사, 사전에 없는 단어일 경우 맞춤법 검사에서 틀린 부분으로 제안할 수 있어요.

04 명확하게 틀린 맞춤법의 경우 바꿀 말과 추천 말이 표시돼요. 대치어를 선택한 다음 〔바꾸기〕를 클릭하면 '호두까끼'가 '호두 까기'로 교체돼요.

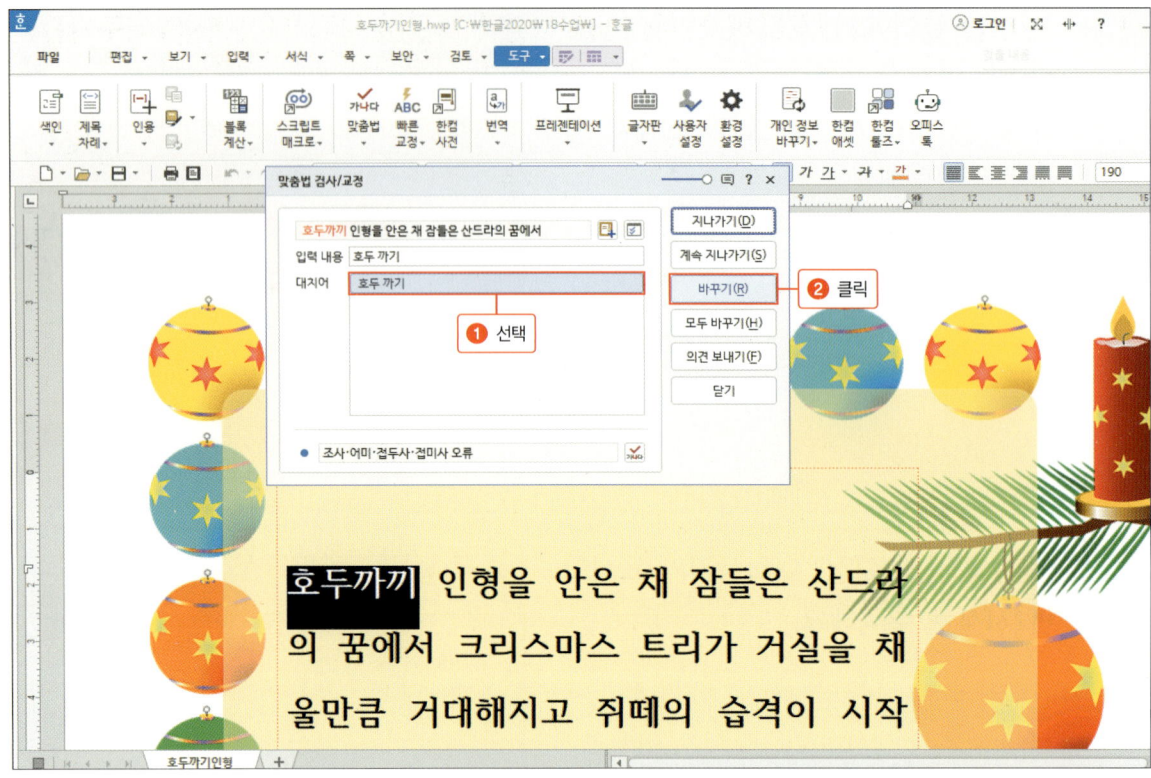

05 대치어를 선택한 다음 〔모두 바꾸기〕를 클릭하면 문서의 모든 단어를 찾아 바꿔 줘요.

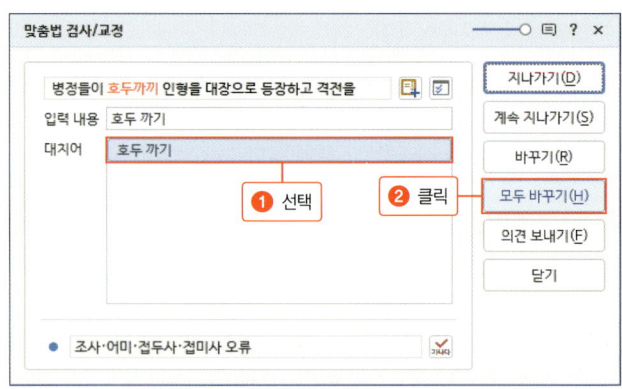

06 문서를 처음부터 다시 검사할 것인지 묻는 경고 대화상자가 표시되면 〔취소〕를 클릭해요.

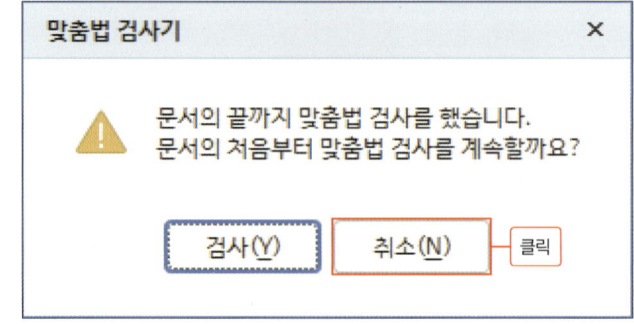

2 특정 단어 검색하여 바꾸기

01 특정 단어를 찾아 바꾸기 위해 [편집] 탭에서 [찾기(🔍)]를 클릭한 다음 '찾아 바꾸기'를 선택해요.

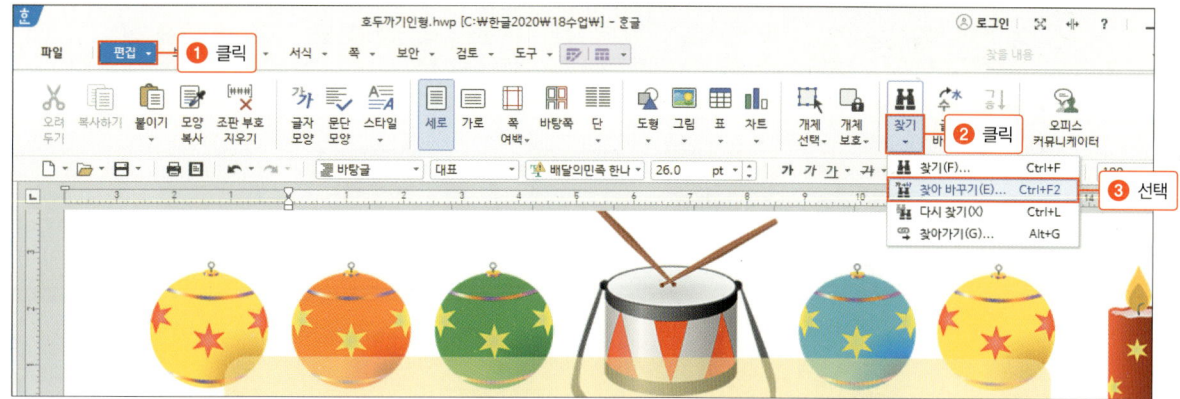

02 [찾아 바꾸기] 대화상자가 표시되면 찾을 내용과 바꿀 내용을 입력한 다음 [다음 찾기]를 클릭해요.

- 찾을 내용 : 산드라
- 바꿀 내용 : 클라라

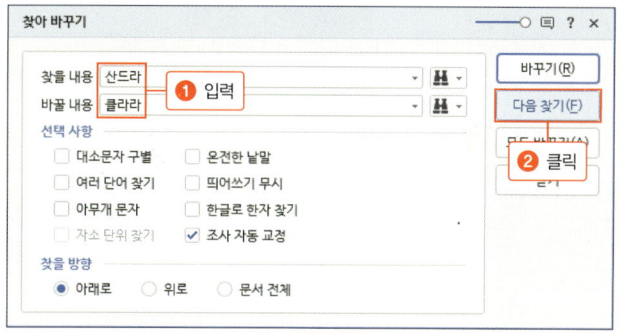

03 찾을 내용이 검색되면 블록으로 표시돼요. [바꾸기]를 클릭하면 바꿀 내용으로 변경돼요.

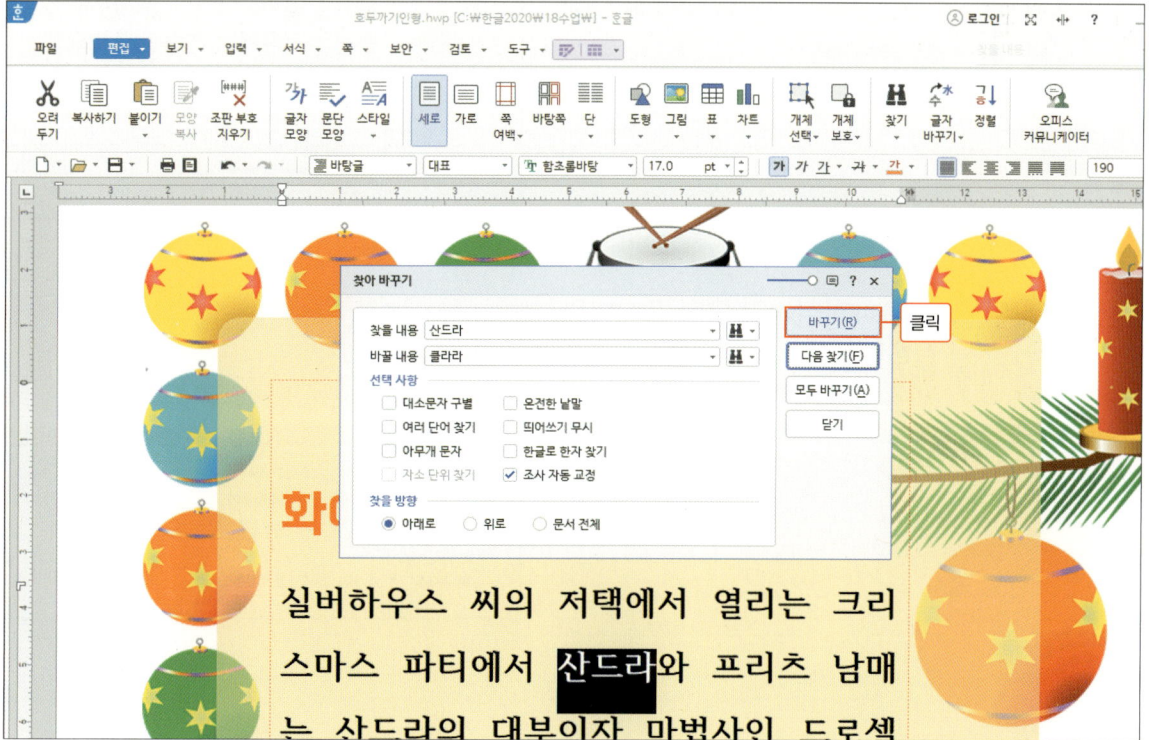

04 바꿀 내용이 많을 경우에는 [모두 바꾸기]를 클릭해요. 찾을 단어를 모두 바꿀 내용으로 변경시켜요.

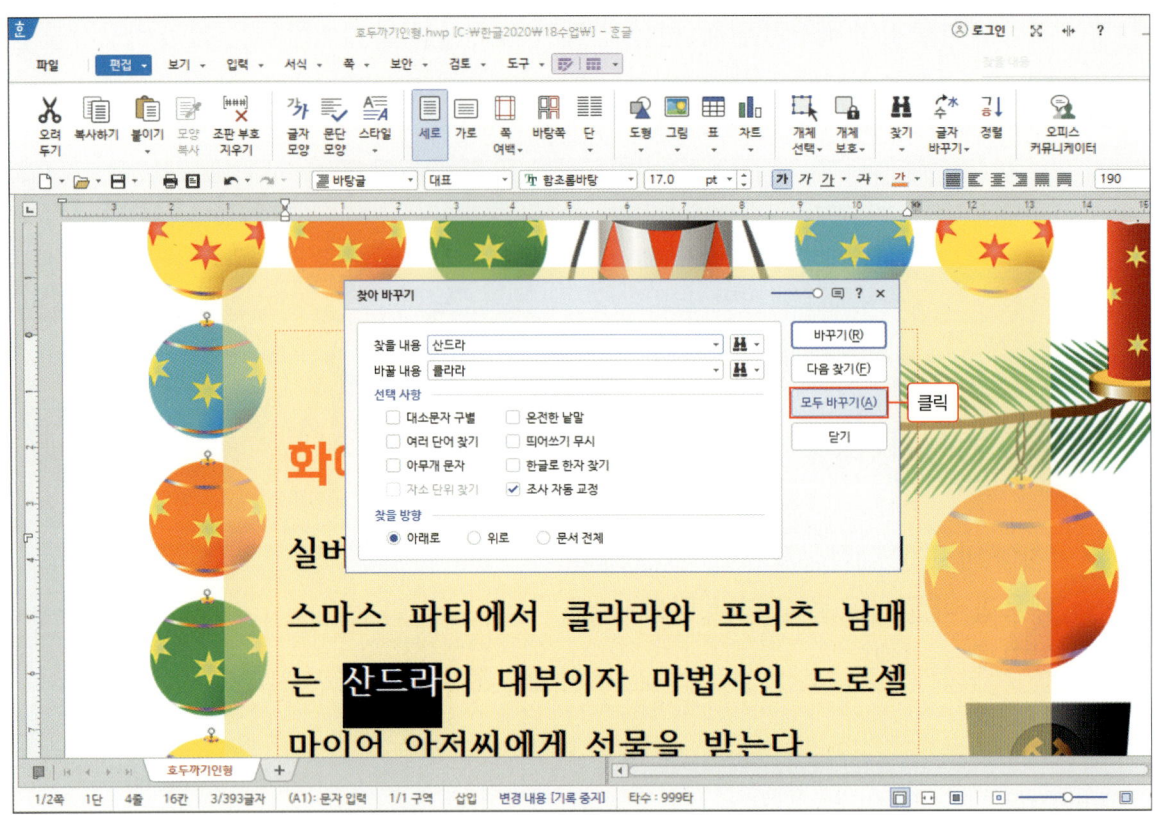

05 문서의 끝까지 몇 번 바꾸기를 했다는 메시지가 표시돼요. 문서를 처음부터 계속 찾겠는지 묻는 경고 대화상자가 표시되면 [취소]를 클릭해요.

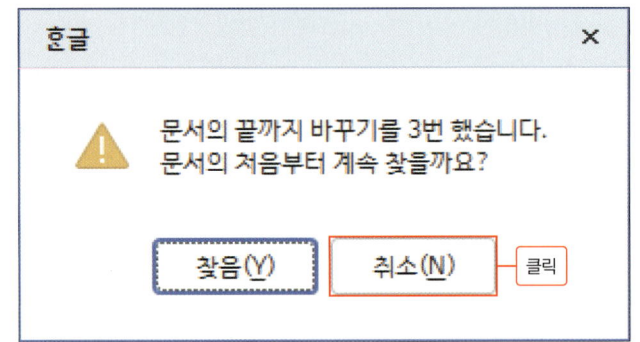

06 [찾아 바꾸기] 대화상자가 다시 표시되면 [닫기]를 클릭해요.

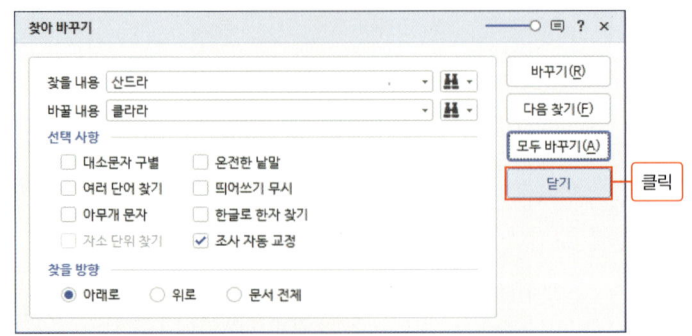

01 ▶ 맞춤법이 틀린 단어를 찾아 수정해 보세요.

● 예제파일 : 18수업\봅슬레이.hwp

봅슬레이란?

봅슬레이에는 각자 맡은 역할이 있다. 2인승의 경우 앞에 타는 선수를 파일럿, 뒤에 타는 선수를 브레이크맨이라고 부른다.

파일럿은 썰매 안쪽에 달린 밧줄을 이용해 썰매를 조종하고, 브레이크맨은 출발 때 미는 역할과 결승선 통과 후 썰매가 멈출 수 있도록 제동을 거는 임무를 맡는다.

4인승은 2~3번째 선수를 푸시맨이라고 부르며, 이 선수들은 스타트에서 썰매를 미는 역할을 하는데 가속력을 얻기 위해 도움닫기를 한다.

봅슬레이 국가대표 선수들이 남성 & 여성 혹은 서양선수, 동양선수 막론하고 체형이나 덩치가 어지간한 헤비급 선수들이고, 대부분 체격이 큰 선수들이 많은데 그것은 타는 선수들이 무거울수록 스피드를 내는데 유리하기 때문이다.

봅슬레이 경기 편

 ❶ 〔맞춤법〕 기능을 이용하여 틀린 부분이나 사전에 없는 단어를 검색해서 교체해요.
❷ 여러 단어를 한 번에 교체하기 위해 〔찾아 바꾸기〕 기능을 사용해요.

18 · 맞춤법 검사하여 단어 교체와 바른 문장 만들기   117

19 수업 반복적으로 들어가는 직인과 머리말, 꼬리말 넣기

문서를 작성할 때 반복적으로 들어가야 하는 경우가 있어요. 서류마다 동일하게 찍는 직인이라든지 쪽 상단과 하단에 들어가는 머리말과 꼬리말 등이 있죠. 이번 수업에서는 반복적으로 사용되는 요소나 항목들을 손쉽게 넣는 방법에 대해 알아보세요.

 학습목표
- 이미지 배경을 투명하게 만들어 보세요.
- 원하는 위치에 머리말을 넣어 보세요.
- 내용 작성 날짜는 자동으로 꼬리말로 넣어 보세요.

● 예제파일 : 19수업\생존수영수료증.hwp, 직인.png   ● 완성파일 : 19수업\생존수영수료증(완성).hwp

문서 상단에 '발행번호' 머리말을 넣었어요. **HOW!**

배경이 투명한 직인을 만들어 수료증 하단에 삽입했어요. **HOW!**

문서 하단에 자동으로 '내용 작성 날짜' 꼬리말을 넣었어요. **HOW!**

1 배경이 투명한 직인 넣기

01 19수업 폴더에서 '생존수영수료증.hwp' 파일을 연 다음 표 안에 내용을 입력하고 드래그하여 블록으로 지정한 다음 〔서식〕 도구 상자에서 글꼴과 글자 크기, 글자 색을 지정해요.

- 글꼴 : HY헤드라인M • 글자 크기 : 13pt, 16pt • 글자 색 : 파랑(RGB: 0,0,255)

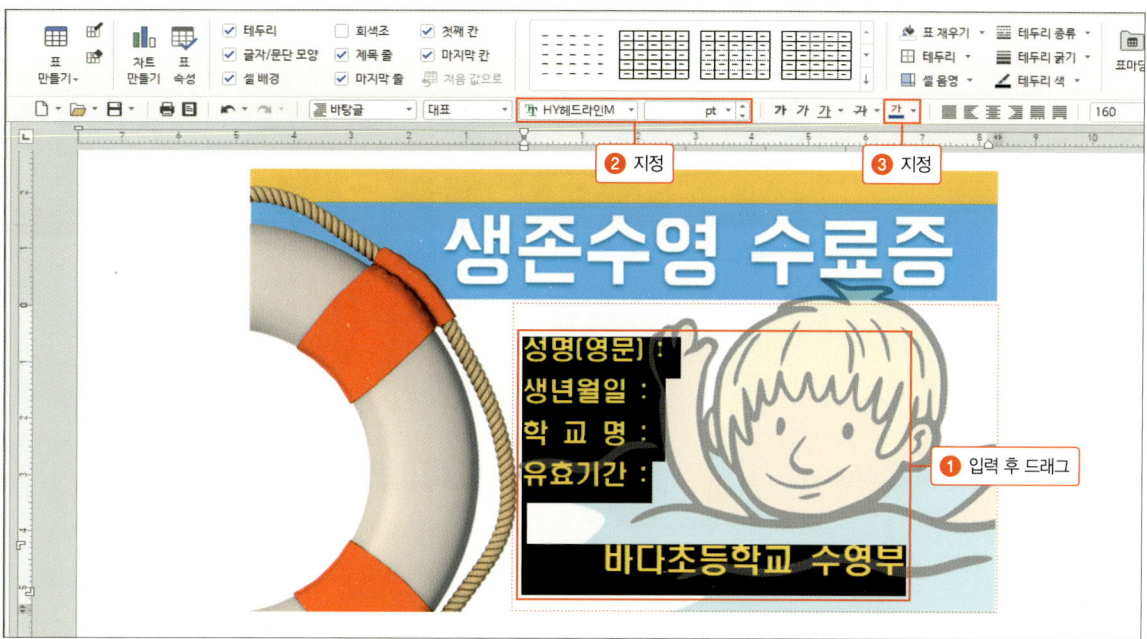

02 직인을 넣기 위해 〔입력〕 탭에서 〔그림( )〕을 클릭해요.

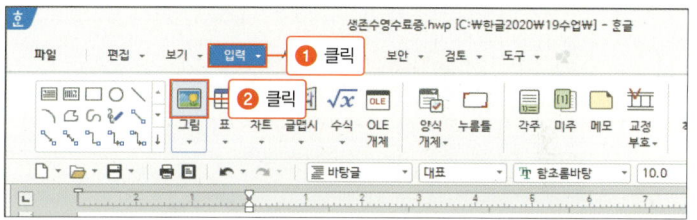

03 〔그림 넣기〕 대화상자가 표시되면 19수업 폴더에서 '직인.png' 파일을 선택한 다음 '마우스로 크기 지정'을 체크 표시하고 〔열기〕를 클릭해요.

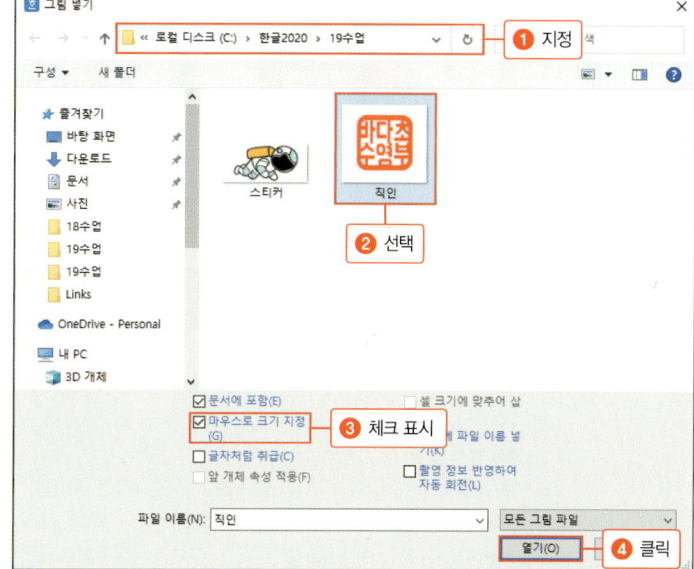

04 수료증 오른쪽 하단에 드래그하여 그림을 삽입한 다음 직인의 흰색 부분이 수료증을 가리므로 투명하게 만들기 위해 [그림( )] 정황 탭에서 [사진 편집( )]을 클릭해요.

05 [사진 편집기] 대화상자가 표시되면 [투명 효과] 탭을 클릭해요.

- **인접 영역만 적용** : 선택 영역 근처에 있는 픽셀을 투명하게해요. [인접 영역만 적용] 옵션을 선택 해제하면 선택한 픽셀과 동일하거나 유사한 모든 색을 사진에서 제거하여 투명 처리하고 옵션을 선택하면 선택 영역 근처에 있는 픽셀을 투명하게해요.
- **테두리를 부드럽게** : 투명 효과를 적용할 가장 자리를 부드럽게해요. 7단계로 조절할 수 있어요.
- **유사 색상 범위** : 투명 효과를 적용할 유사 색상 범위를 0~255 사이에서 지정해요. 값이 작을수록 사진에서 제거할 유사 색상 범위를 엄격한 기준으로 판단하여 색을 정교하게 구분해서 제거할 수 있어요.

06 오른쪽 보정 후 화면의 직인 바깥쪽 흰색 부분을 클릭하면 격자 형태 배경으로 표시되며, 투명하게 변경돼요.

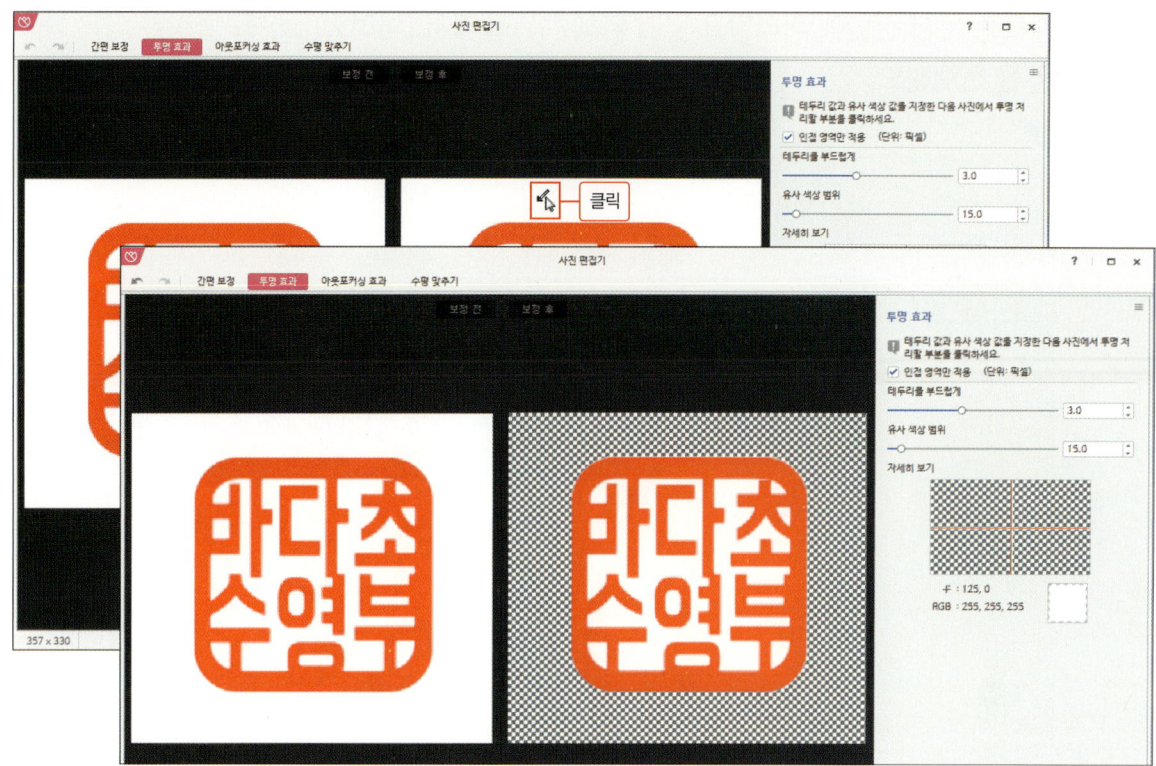

투명 영역은 마치 유리처럼 문서 배경이 통과되어 보이는 배경이에요. 이러한 투명 영역은 격자 형태로 화면에 표시돼요.

07 같은 방법으로 직인 안쪽을 연속으로 클릭하여 흰색 영역을 격자 형태의 투명 영역으로 변경한 다음 [적용]을 클릭해요.

WHY? 한번에 투명 영역으로 만들기 위해서는 '인접 영역만 적용' 체크 표시를 해제한 다음 흰색 영역을 클릭해도 되지만, 투명 영역이 제대로 만들어지는지 확인하면서 진행해도 좋아요.

19 · 반복적으로 들어가는 직인과 머리말, 꼬리말 넣기 **121**

2 발행 번호 머리말 넣기

01 수료증 문서 상단에 머리말을 넣기 위해 [쪽] 탭에서 [머리말(📄)]을 클릭한 다음 '머리말/꼬리말'을 선택해요.

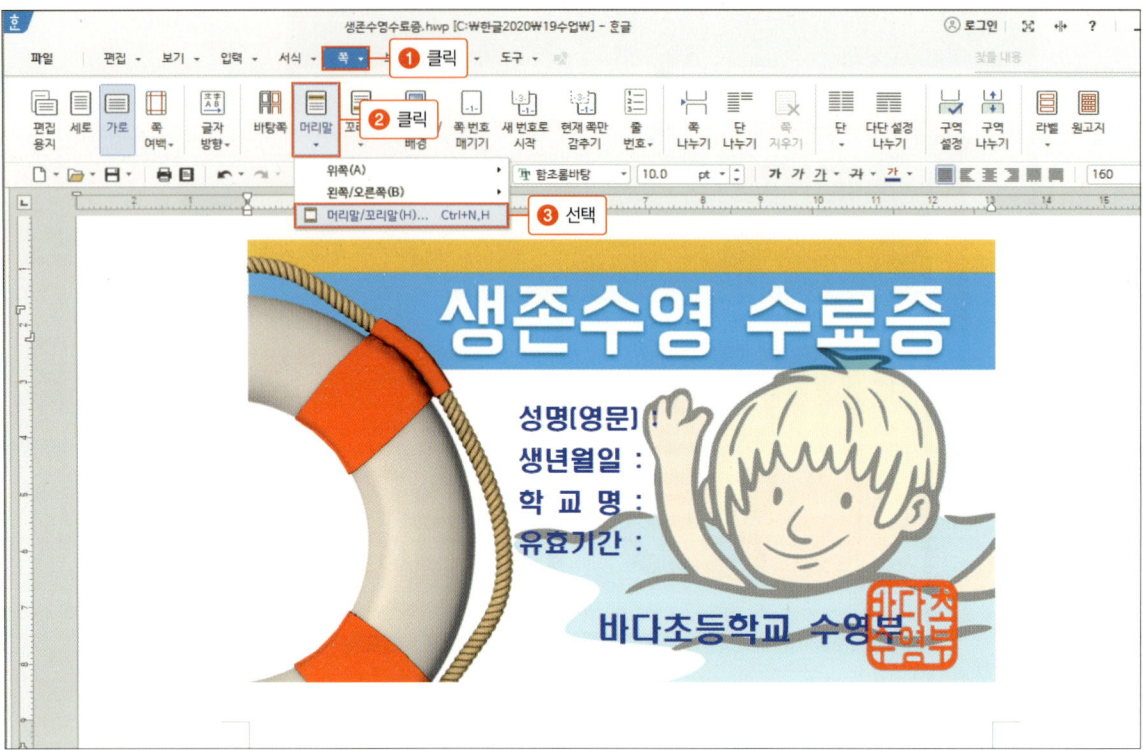

02 [머리말/꼬리말] 대화상자가 표시되면 종류를 '머리말', 머리말/꼬리말마당을 '(모양 없음)'으로 선택한 다음 [만들기]를 클릭해요.

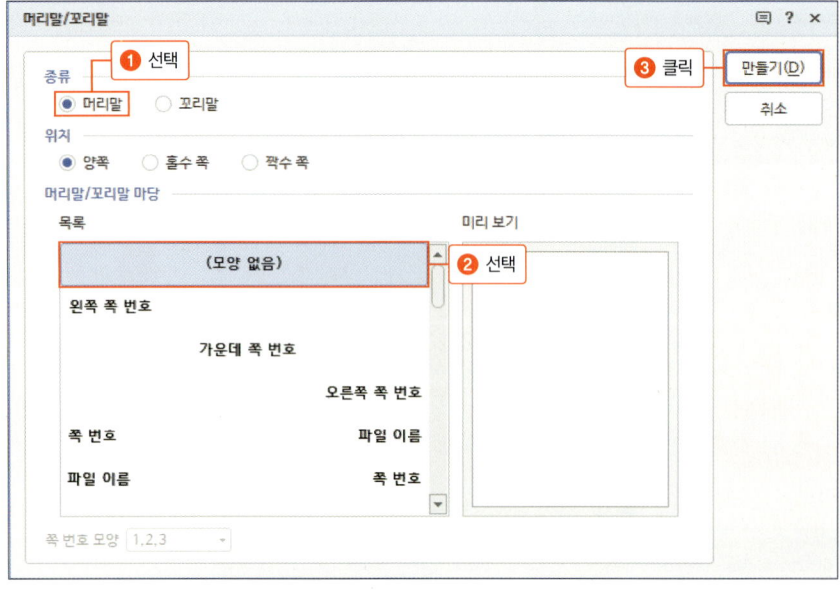

03 쪽 상단에 '- 머리말(양 쪽) -'이 표시되면 [서식] 도구 상자에서 글꼴과 글자 크기, 정렬을 지정한 다음 Enter 를 2번 누르고 '발행번호 : 바다-003'을 입력해요. [닫기()]를 클릭해요.

• **글꼴** : 맑은 고딕   • **글자 크기** : 10pt   • **정렬** : 오른쪽 정렬(≡)

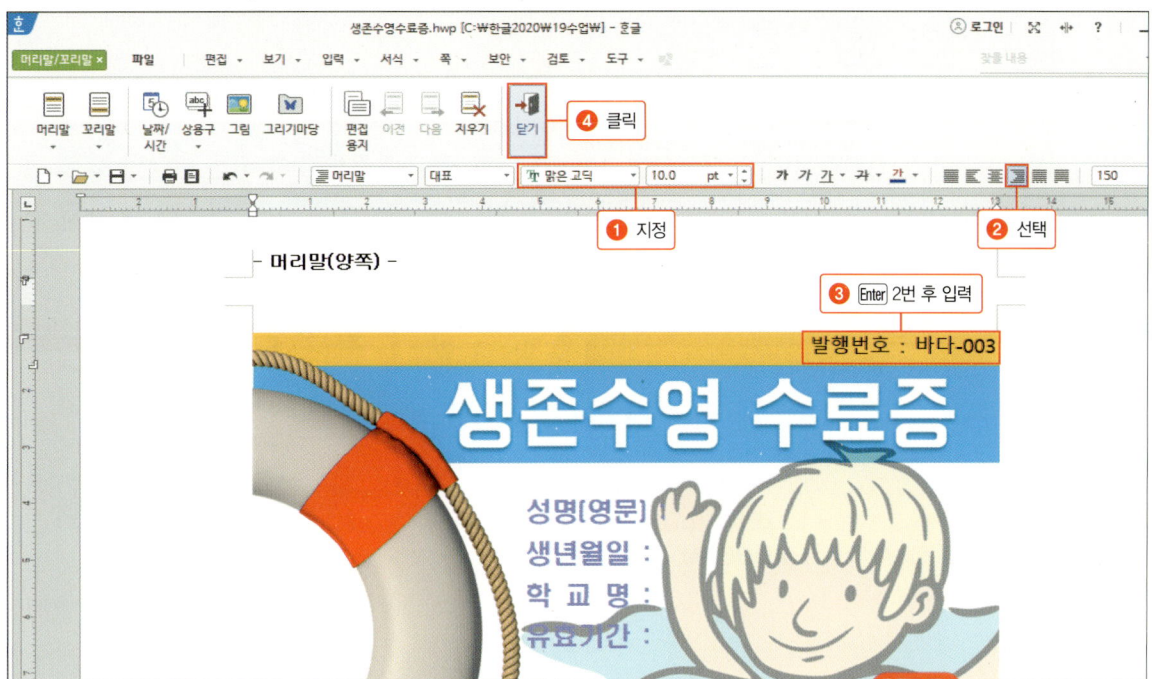

3 내용 작성 날짜 꼬리말 넣기

01 수료증 문서 하단에 작성한 날짜를 꼬리말로 넣기 위해 [쪽] 탭에서 [꼬리말(≡)]을 클릭한 다음 '(모양 없음)'을 선택해요.

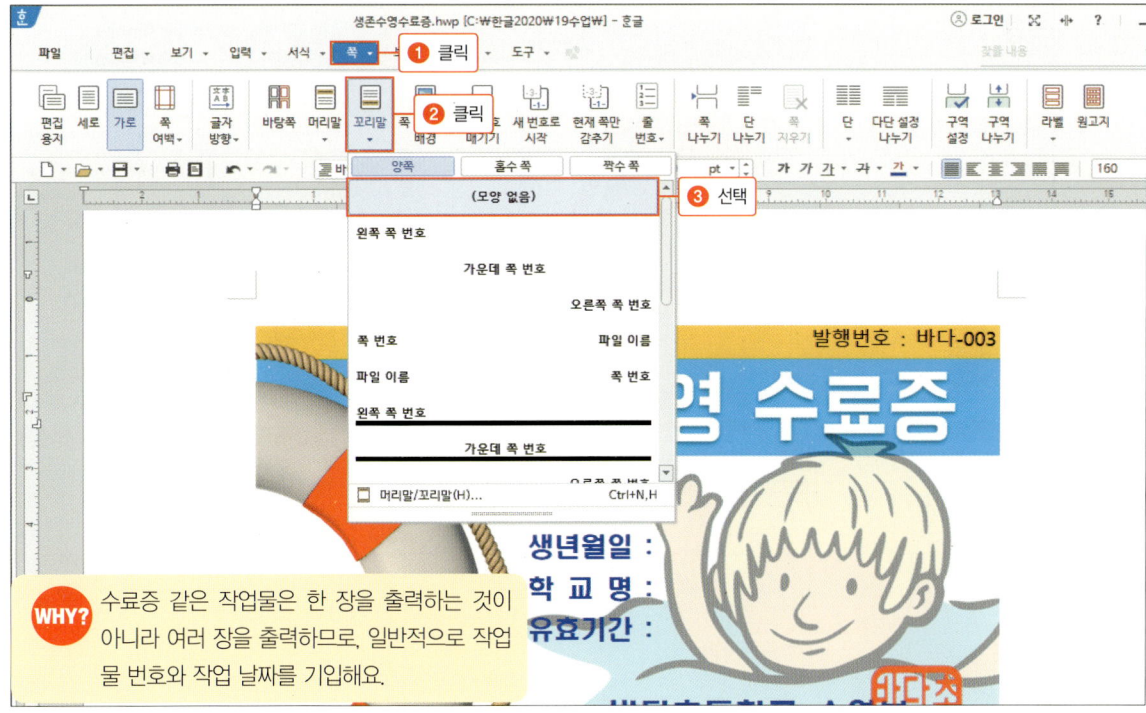

WHY? 수료증 같은 작업물은 한 장을 출력하는 것이 아니라 여러 장을 출력하므로, 일반적으로 작업물 번호와 작업 날짜를 기입해요.

02 〔머리말/꼬리말〕 정황 탭에서 〔상용구 넣기(   )〕를 클릭한 다음 '내용 작성 날짜'를 선택해요.

03 자동으로 작성한 날짜가 그림과 같이 삽입되면 〔닫기(   )〕를 클릭해요.

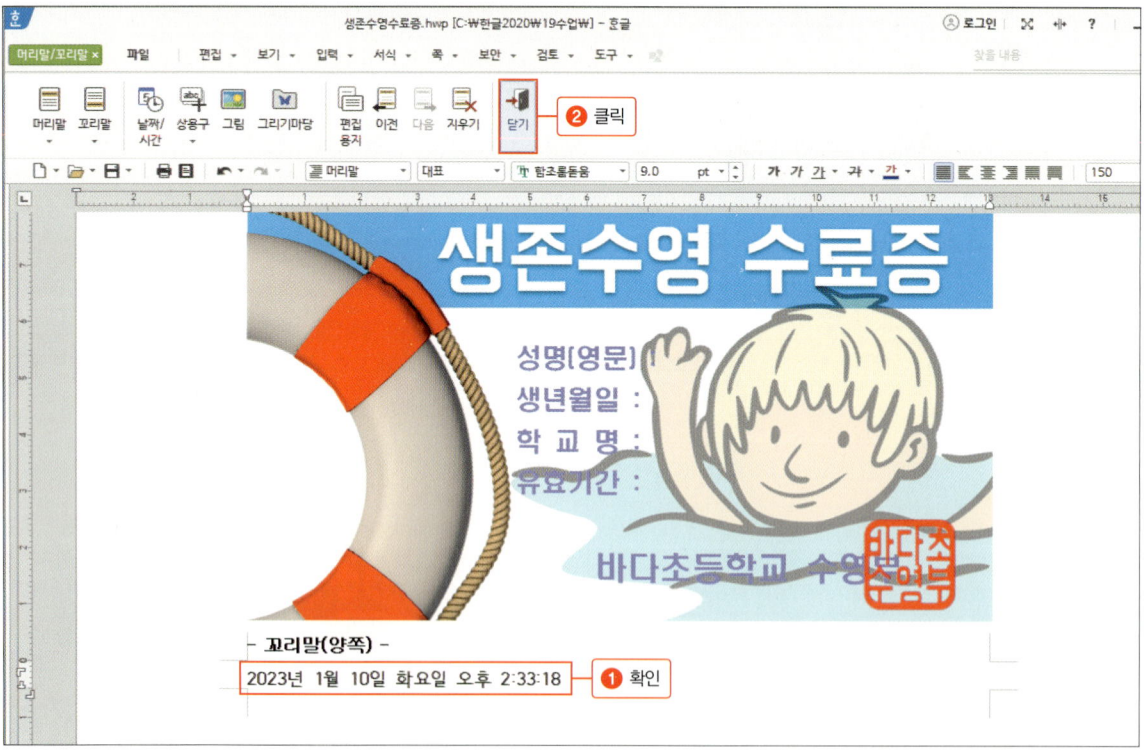

01 ▶ 머리말과 꼬리말 영역을 표로 작성해 보세요.

● 예제파일 : 19수업\스티커.hwp, 스티커.png   ● 완성파일 : 19수업\스티커(완성).hwp

① 머리말은 1줄, 2칸의 표를 작성한 다음 하단 선만 주황(RGB: 255,132,58)의 '얇고 굵은 이중선'을 지정하고 나머지는 '선 없음'으로 지정해요.
② 머리말 첫 번째 칸에는 '스티커.png' 이미지를 넣고, 두 번째 칸에는 스티커 이름을 입력해요.
③ 꼬리말에는 1줄의 표를 작성하여 상단 선만 파란색의 '굵고 얇은 이중선'을 지정하고, 나머지는 '선 없음'으로 지정해요.
④ 꼬리말에는 입력하고 싶은 문장만 입력해요.

20 수업
바탕쪽을 이용한 새해 카드 만들기

친구들에게 보낼 새해 카드를 만들어 보세요. 여러 장을 한 번에 만들기 위해서는 바탕쪽을 이용해요. 이번 수업에서는 바탕쪽에 이미지와 표를 작성하여 새해 카드 만드는 방법을 배워 보세요.

- 바탕쪽에 이미지와 표를 삽입하고 설정해 보세요.
- 문서 두 쪽에 동일한 바탕쪽을 표시해 보세요.

● 예제파일 : 20수업\새해.png   ● 완성파일 : 20수업\새해(완성).hwp

바탕쪽에 배경 이미지를 삽입하고, (글 뒤로) 설정을 하였어요.

글을 쓸 수 있게끔 표 기능으로 점선을 만들었어요.

1 바탕쪽에 이미지 설정하기

01 새 문서를 실행한 다음 〔쪽〕 탭에서 〔바탕쪽(🗋)〕을 클릭하고 〔바탕쪽〕 대화상자가 표시되면 '양쪽'을 선택한 다음 〔만들기〕를 클릭해요.

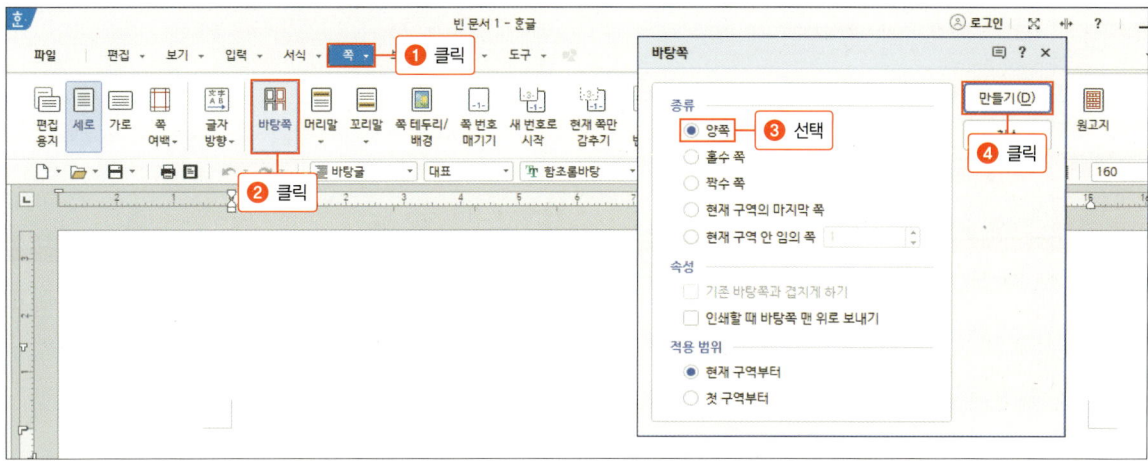

02 바탕쪽에 배경 그림을 넣기 위해 〔입력〕 탭에서 〔그림(🖼)〕을 클릭해요. 〔그림 넣기〕 대화상자가 표시되면 20수업 폴더에서 '새해.png' 파일을 선택한 다음 〔열기〕를 클릭해요.

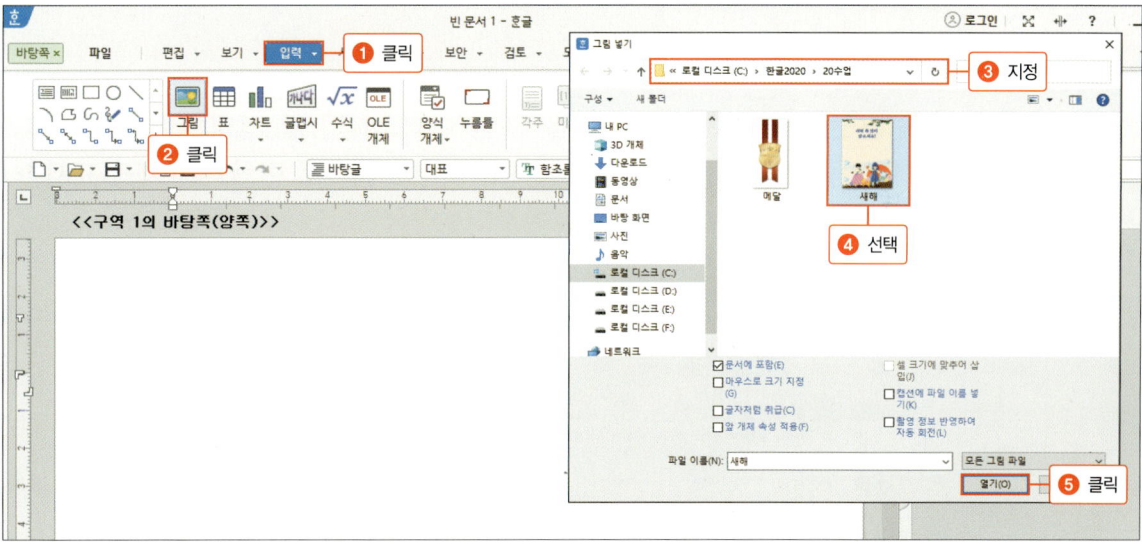

03 그림이 삽입되면 더블클릭해요.

04
〔개체 속성〕 대화상자가 표시되면 〔기본〕 탭에서 '글자처럼 취급'을 체크 표시를 해제한 다음 〔글 뒤로( )〕를 클릭하고 가로, 세로 위치를 지정해요. '개체 보호하기'를 체크 표시한 다음 〔그림〕 탭을 클릭하고 가로, 세로 확대/축소 비율을 지정한 다음 〔설정〕을 클릭해요.

- 가로 위치 : 종이, 왼쪽, 5mm • 세로 위치 : 종이, 위, 5mm • 가로, 세로 확대/축소 비율 : 91%

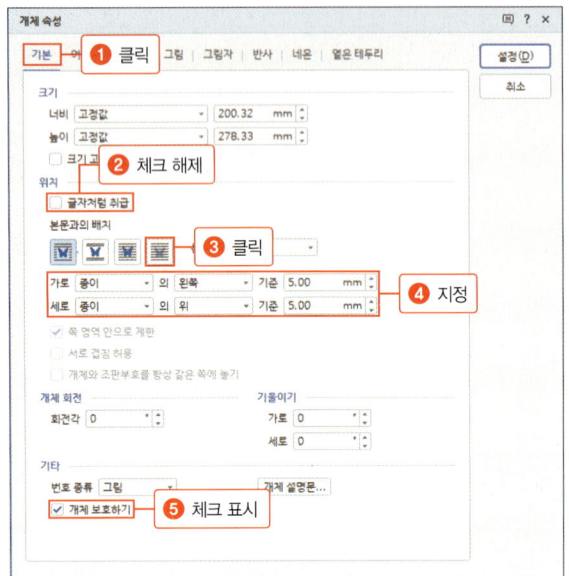 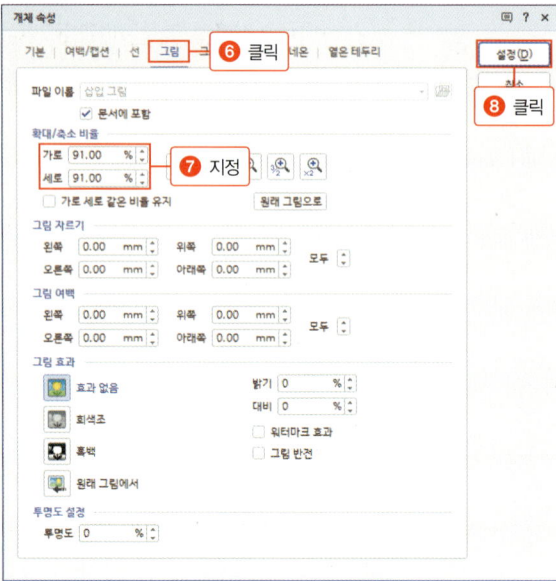

 바탕쪽에 표 만들기

01
글을 적을 수 있는 밑줄을 만들기 위해 〔입력〕 탭에서 〔표( )〕를 클릭한 다음 〔표 만들기〕 대화상자가 표시되면 줄 개수와 칸 개수를 지정하고 '마우스 끌기로 만들기'에 체크 표시한 다음 〔만들기〕를 클릭해요.

- 줄 개수 : 4 • 칸 개수 : 1

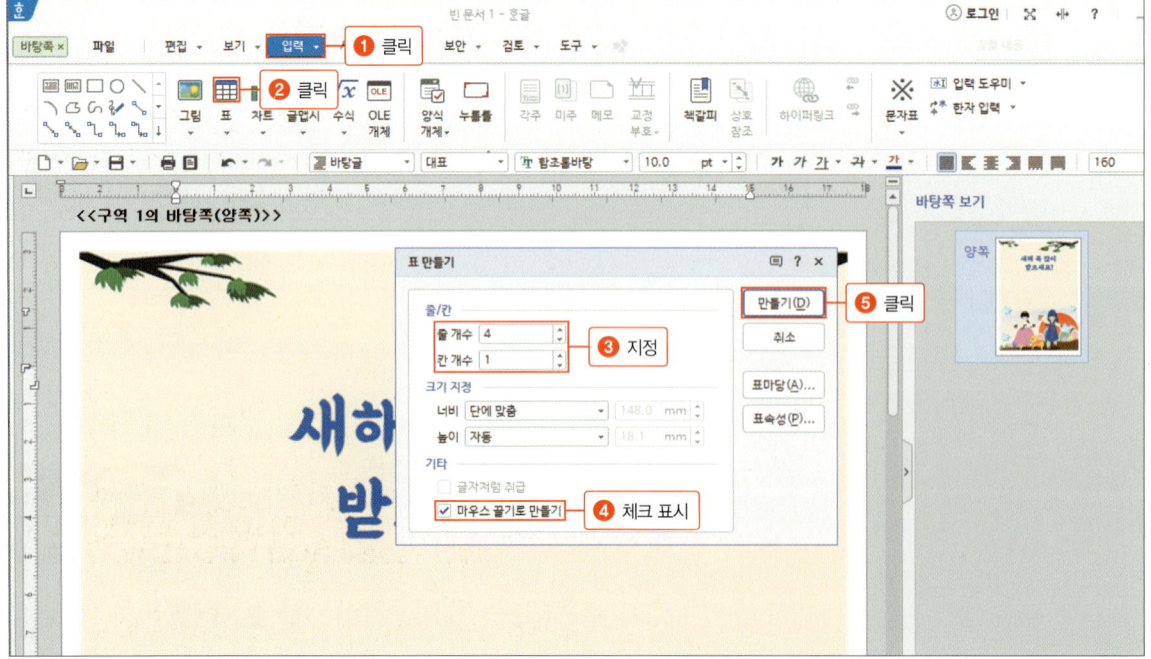

02 표를 삽입할 위치를 드래그한 다음 표가 만들어지면 표 안을 세로 방향으로 드래그하여 블록으로 지정해요. 마우스 오른쪽 버튼을 눌러 '셀 테두리/배경' - '각 셀마다 적용'을 선택해요.

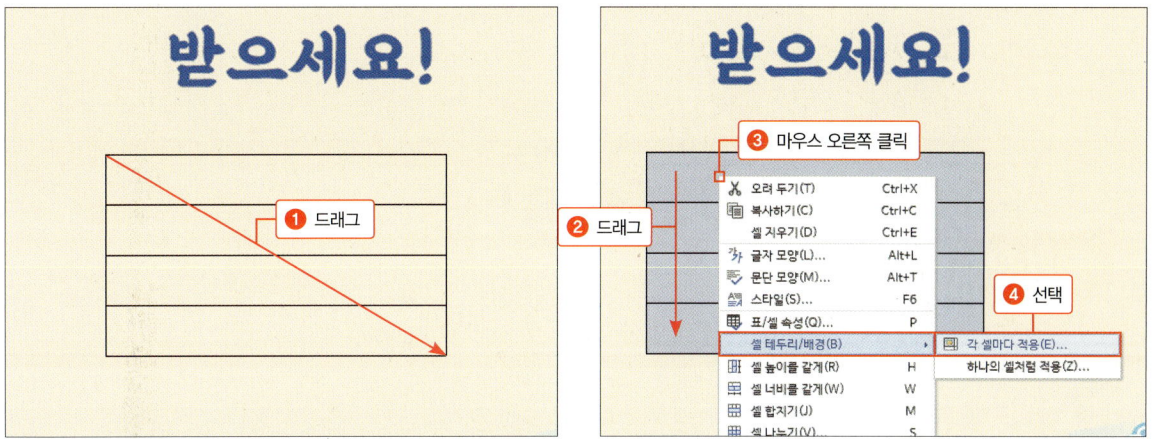

03 [셀 테두리/배경] 대화상자가 표시되면 [테두리] 탭에서 종류를 '없음'으로 선택한 다음 [바깥쪽(田)]을 클릭하고 [설정]을 클릭해요.

04 표 바깥쪽의 테두리 모양이 지정되면 마우스 오른쪽 버튼을 다시 눌러 '셀 테두리/배경' - '각 셀마다 적용'을 선택해요. [셀 테두리/배경] 대화상자가 표시되면 [테두리] 탭에서 종류와 굵기, 색을 지정한 다음 [안쪽(田)]을 클릭하고 [설정]을 클릭해요.

• 종류 : 없음   • 굵기 : 0.4mm   • 색 : 하늘색(RGB: 97,130,214)

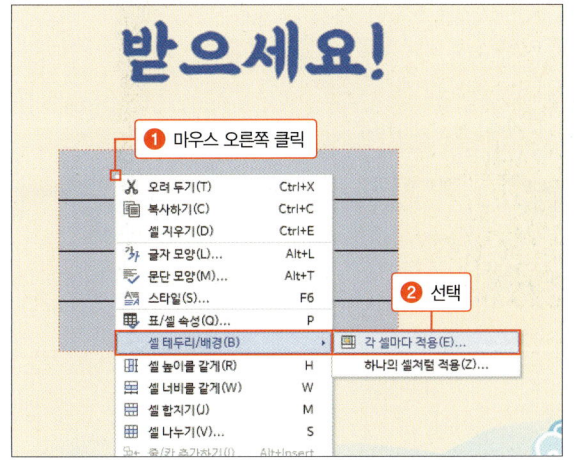
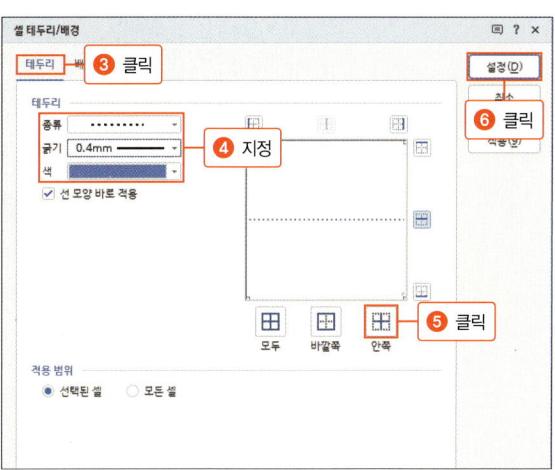

05 바탕쪽 작성이 완료되면 〔바탕쪽〕 탭에서 〔닫기()〕를 클릭해요.

3 바탕쪽 확인하기

01 〔보기〕 탭의 목록 단추를 클릭한 다음 〔확대/축소〕를 선택해요. 〔확대/축소〕 대화상자가 표시되면 배율을 '폭 맞춤'으로 선택하고 쪽 모양을 '두 쪽'으로 선택한 다음 〔설정〕을 클릭해요.

02 〔쪽〕 탭에서 〔쪽 나누기〕를 클릭해요. 페이지가 추가되면 동일한 바탕쪽이 설정된 것을 확인할 수 있어요.

01 ▶ 바탕쪽을 이용하여 친구들에게 전달할 다양한 상장을 만들어 보세요.

● 예제파일 : 20수업\메달.png   ● 완성파일 : 20수업\도움상(완성).hwp

친구 도움상

학급 : *여기에 입력*

이름 : *여기에 입력*

위 친구는 항상 어려울 때 성실하게 도움을 주어 모범이 되었으므로, 이에 친구 도움상을 드립니다.

YY 년 *MM* 월 *DD* 일

초등학교 친구 *이름 입력*

① '직사각형'을 그린 다음 테두리 선 색을 '노랑(RGB: 255,210,0) 25% 어둡게', 종류를 '굵고 얇은 이중선', 굵기를 '3mm'로 지정해요.
② 테두리 선의 개체 속성 대화상자에서 곡률 지정 값을 '5'로 지정하여 모서리를 둥글게 수정해요.
③ '메달.png' 파일을 상장의 오른쪽에 위치시켜 바탕쪽으로 지정해요.
④ 상장 내용은 'HY동녘M' 글꼴을 사용하고, 크기는 '48pt', '32pt', '24pt'로 지정했어요.

수업 21. 동영상이 있는 문서 만들기

문서에는 글자와 이미지뿐만 아니라 동영상까지 넣어 재생할 수 있도록 문서를 만들 수 있어요. 글자를 클릭하면 연결된 웹 페이지로 이동도 가능해요. 이번 수업에서는 동영상이 있는 문서를 만드는 방법을 배워 보세요.

학습목표
- 문서에 동영상을 삽입해 보세요.
- 글자에 하이퍼링크를 적용해서 웹 사이트를 연결해 보세요.

● 예제파일 : 21수업\종이접기.hwp, 고래접기영상.mp4   ● 완성파일 : 21수업\종이접기(완성).hwp

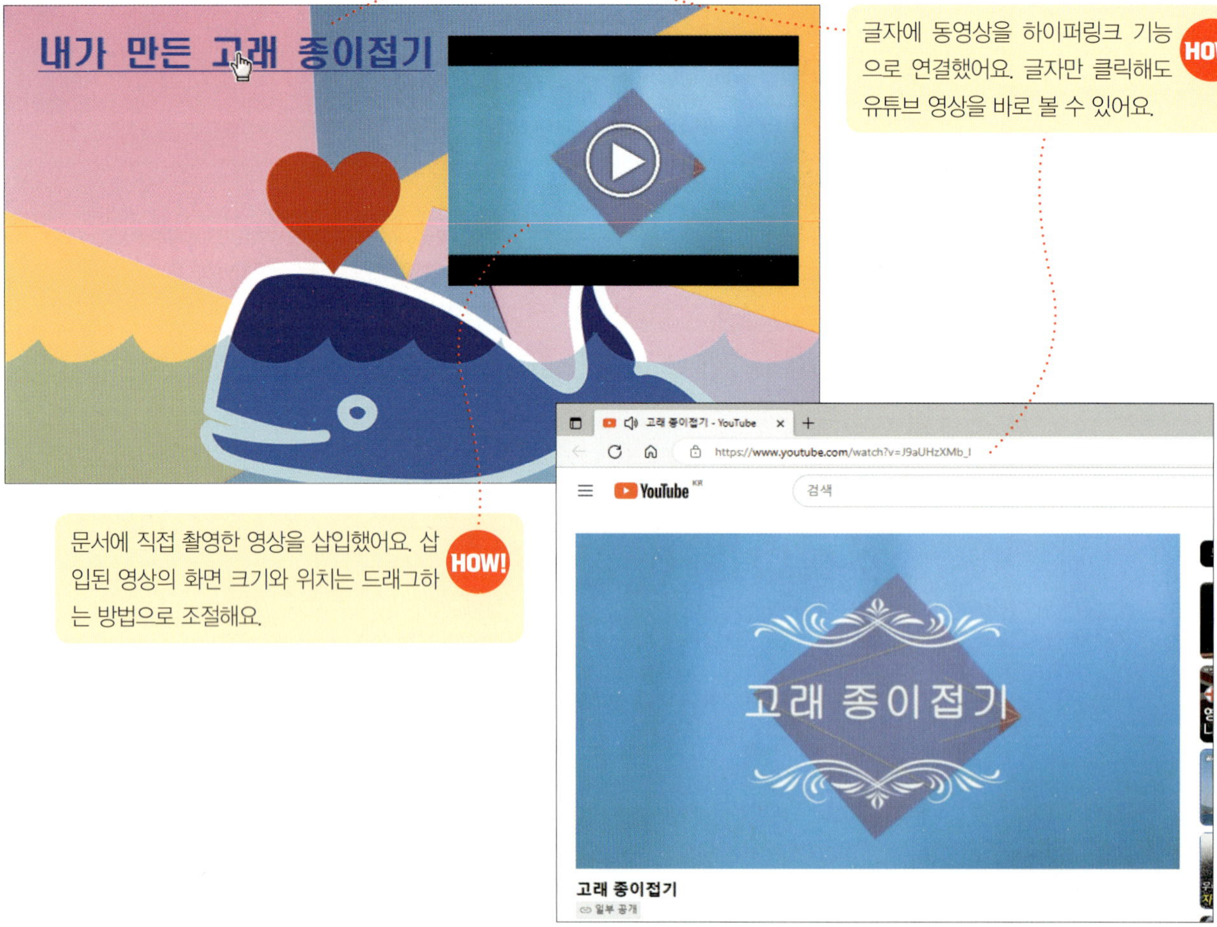

글자에 동영상을 하이퍼링크 기능으로 연결했어요. 글자만 클릭해도 유튜브 영상을 바로 볼 수 있어요. **HOW!**

문서에 직접 촬영한 영상을 삽입했어요. 삽입된 영상의 화면 크기와 위치는 드래그하는 방법으로 조절해요. **HOW!**

1 문서에 동영상 삽입하기

01 21수업 폴더에서 '종이접기.hwp' 파일을 연 다음 문서 왼쪽 상단에 '내가 만든 고래 종이접기'를 입력하고 [서식] 도구 상자에서 글꼴과 글자 크기, 글자 색을 지정해요.

- 글꼴 : HY헤드라인M   • 글자 크기 : 18pt   • 글자 색 : 남색(RGB: 58,60,132)

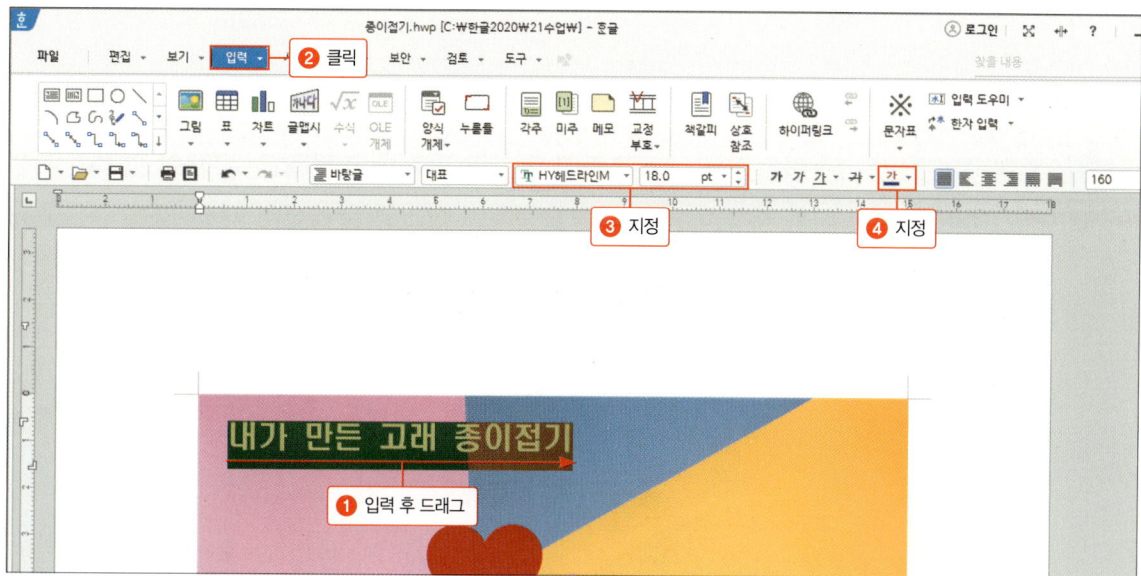

02 [입력] 탭의 목록 단추를 클릭한 다음 '멀티미디어' - '동영상'을 선택해요.

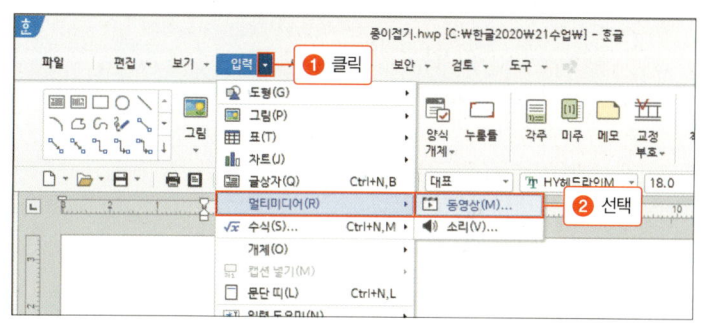

03 [동영상 넣기] 대화상자가 표시되면 '로컬 동영상'을 선택한 다음 [동영상 파일 선택(📁)]을 클릭해요. [동영상 넣기] 대화상자가 표시되면 21수업 폴더에서 '고래접기영상.mp4'을 파일을 선택하고 [열기]를 클릭해요.

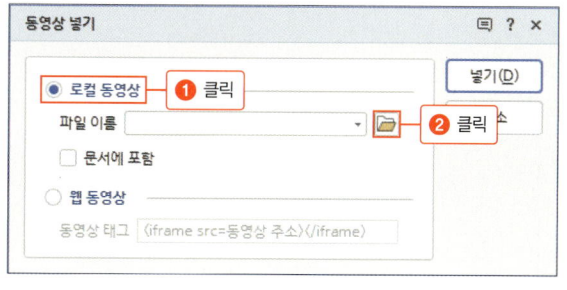 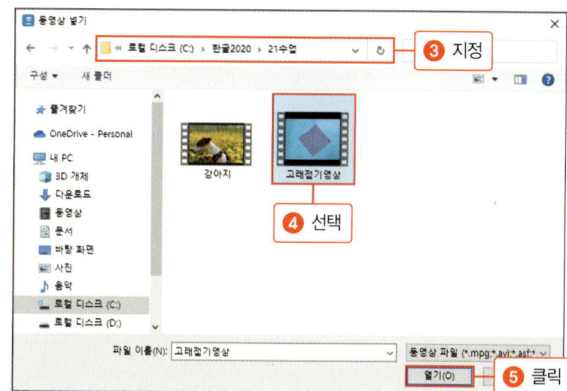

04 〔동영상 넣기〕 대화상자가 다시 나타나면 '문서에 포함'을 체크 표시한 다음 〔넣기〕를 클릭해요.

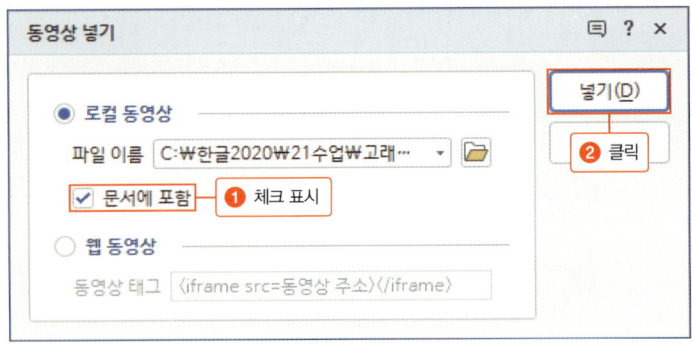

05 동영상이 삽입되면 변형점을 드래그하여 영상의 크기를 조정해요. 문서의 오른쪽 상단으로 드래그하여 위치한 다음 재생 버튼을 더블클릭하면 삽입된 동영상이 재생돼요.

2 글자에 동영상 웹사이트 연결하기

01 21수업 폴더에서 '주소.txt'을 파일을 연 다음 드래그하여 블록으로 지정하고 마우스 오른쪽 버튼을 눌러 '복사'를 선택해요.

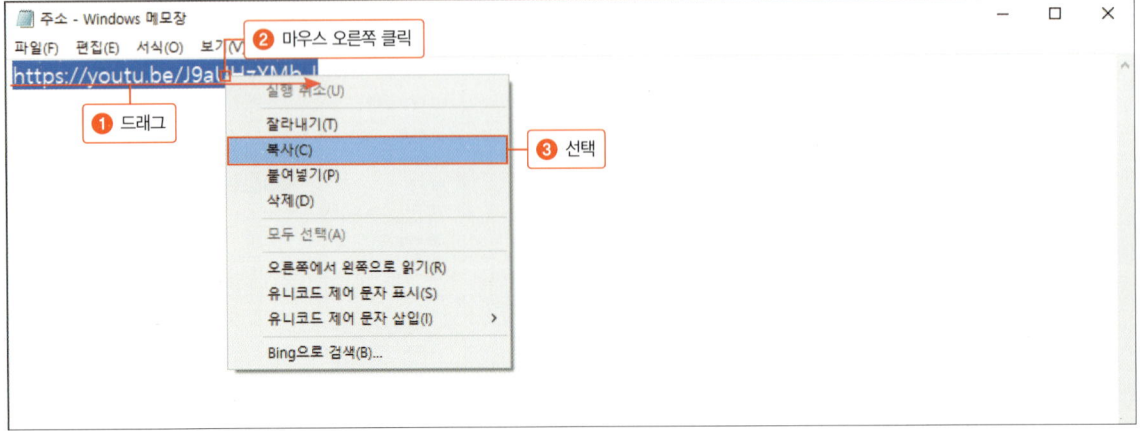

02 글자에 웹 사이트를 연결하기 위해 '내가 만든 고래 종이접기' 글자를 드래그하여 블록으로 지정한 다음 [입력] 탭에서 [하이퍼링크]를 클릭해요.

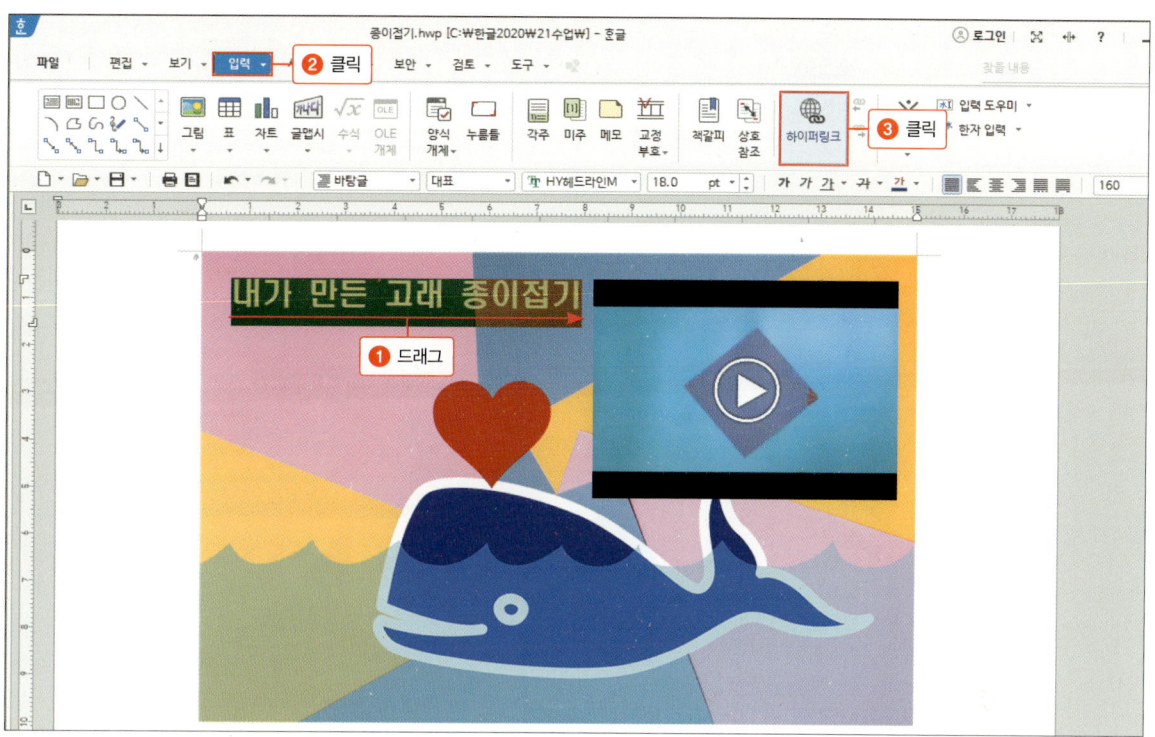

03 [하이퍼링크] 대화상자가 표시되면 [웹 주소]를 클릭한 다음 웹 주소에 Ctrl+V를 눌러 링크 주소를 붙여 넣고 [넣기]를 클릭해요.

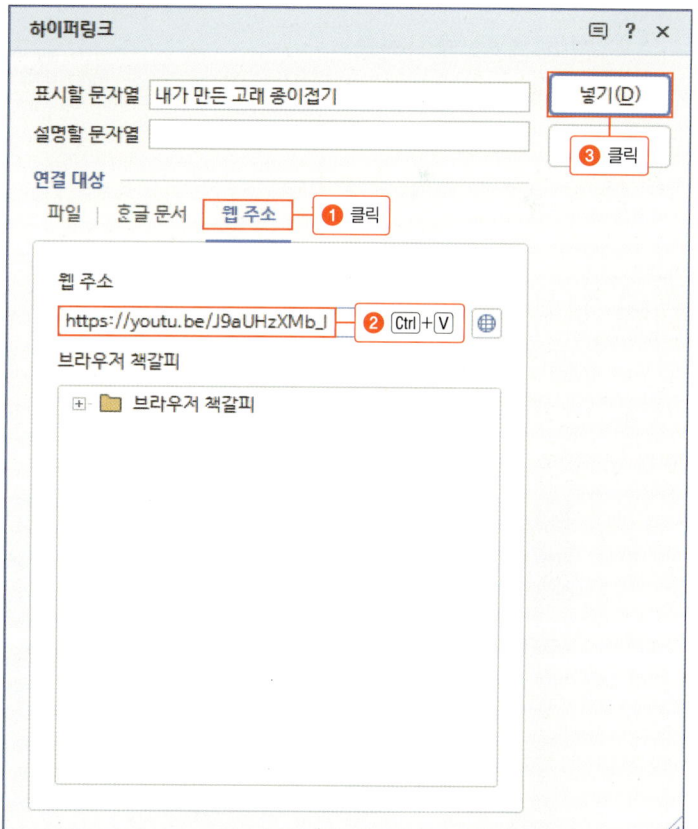

04 글자에 밑줄이 표시되고, 파란색으로 변경되면서 하이퍼링크가 연결되었다는 것이 표시돼요. 마우스 포인터를 위치시켜 손 모양으로 바뀌면 글자를 클릭해요.

05 보안 경고 메시지가 표시되면 [한 번 허용]을 클릭해요.

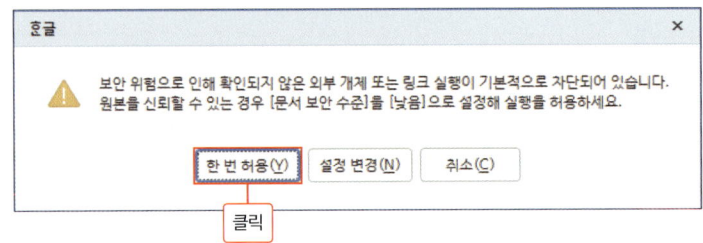

06 웹 브라우저가 실행되면서 링크된 동영상 화면이 재생돼요.

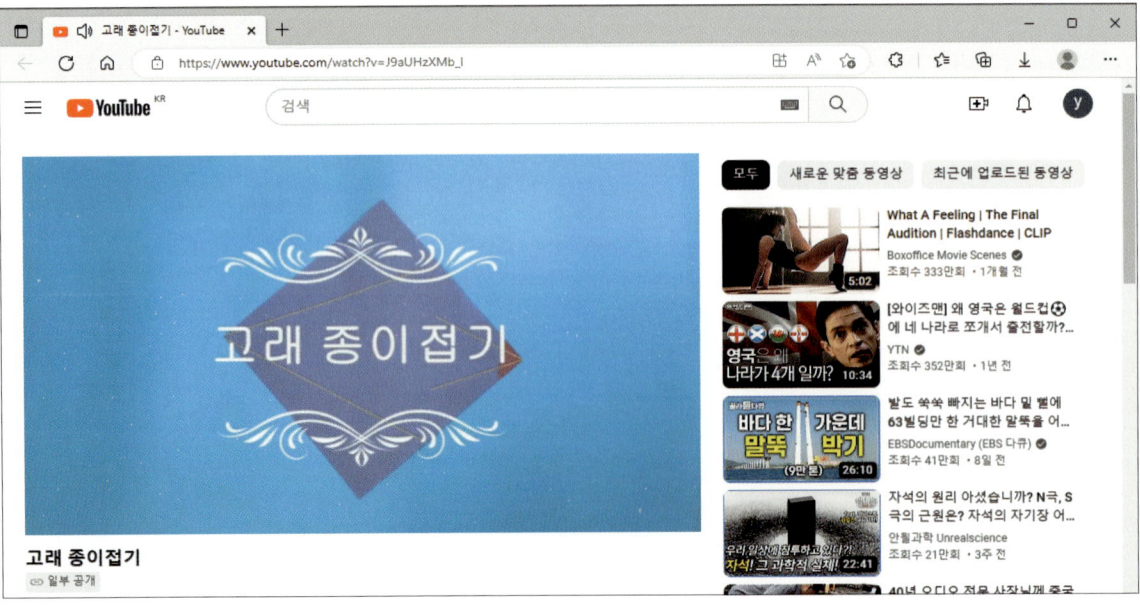

01 ▶ 문서를 작성한 다음 참조할 글자와 이미지에 용어 사전을 링크시켜 보세요.

● **예제파일** : 21수업\직업의 세계.hwp, 직업의 세계.txt ● **완성파일** : 21수업\직업의 세계(완성).hwp

1. 글자를 블록으로 지정하여 '하이퍼링크' 기능으로 웹 문서와 연결해요.
2. 이미지를 선택한 다음 웹 문서와 연결해요.

02 ▶ 필름 형태의 이미지 안쪽에 영상의 위치와 크기를 알맞게 조정해 보세요.

● **예제파일** : 21수업_강아지영상.hwp, 강아지.mp4 ● **완성파일** : 21수업_강아지영상(완성).hwp

'로컬 동영상' 기능으로 문서에 동영상을 삽입해요.

22 스타일을 이용한 메뉴판 만들기

수업

서로 다른 문장이나 글자를 스타일로 지정해 놓으면 일일이 글자나 문자 형태를 수정하지 않아도 바로 변경이 가능해요. 이번 수업에서는 메뉴 제목과 내용, 정렬 스타일을 설정한 다음 일반 문장에 스타일을 적용시키는 방법을 알아보세요.

- 제목 스타일을 지정하고 적용해 보세요.
- 내용 스타일을 지정하고 적용해 보세요.

● 예제파일 : 22수업\메뉴판.hwp   ● 완성파일 : 22수업\메뉴판(완성).hwp

메뉴 제목(HY견고딕, 16pt)과 내용(HY그래픽, 12pt, 하양)을 스타일로 지정했어요.

메뉴 제목(HY견고딕, 16pt, 하늘색)과 내용(HY그래픽, 12pt, 하양)을 오른쪽 정렬하여 스타일로 지정하였어요.

1 메뉴 제목 스타일 설정하기

01 22수업 폴더에서 '메뉴판.hwp' 파일을 연 다음 [서식] 탭에서 [스타일 추가하기(≡+)]를 클릭해요.

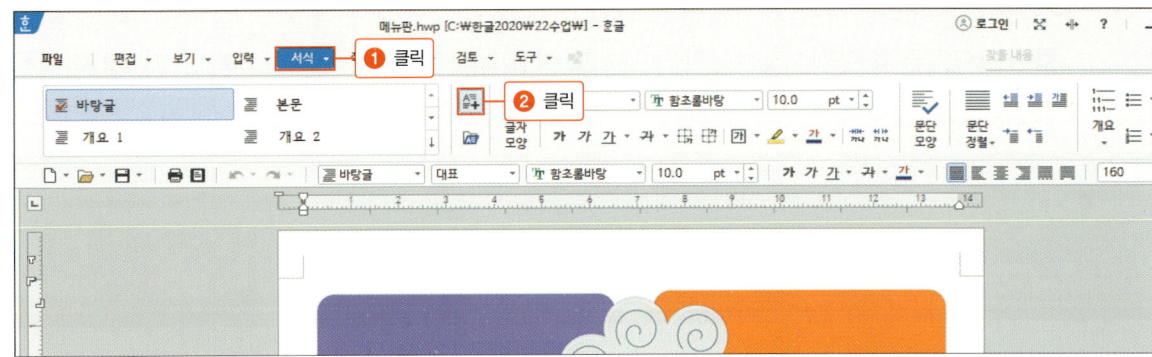

02 [스타일 추가하기] 대화상자가 표시되면 스타일 이름을 '피자메뉴-왼쪽'으로 입력한 다음 [글자 모양]을 클릭해요.

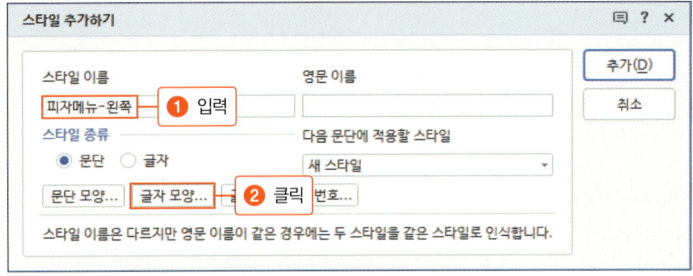

03 [글자 모양] 대화상자가 표시되면 [기본] 탭에서 글꼴과 글자 크기, 글자 색을 지정한 다음 [설정]을 클릭해요.

- 글꼴 : HY견고딕
- 글자 크기 : 16pt
- 글자 색 : 검정(RGB: 0,0,0)

04 [스타일 추가하기] 대화상자가 다시 표시되면 [추가]를 클릭해요.

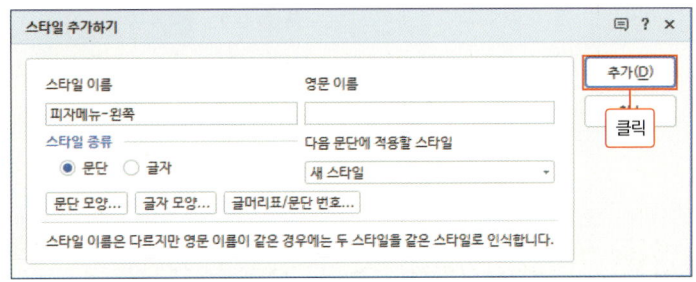

22 • 스타일을 이용한 메뉴판 만들기 **139**

2 메뉴 내용 스타일 설정하기

01 스타일이 지정되면 같은 방법으로 [서식] 탭에서 [스타일 추가하기()]를 클릭해요. [스타일 추가하기] 대화상자가 표시되면 스타일 이름을 '피자내용-왼쪽'으로 입력한 다음 [글자 모양]을 클릭해요. [글자 모양] 대화상자가 표시되면 [기본] 탭에서 글꼴과 글자 크기, 글자 색을 지정하고 [설정]을 클릭해요. [스타일 추가하기] 대화상자가 다시 표시되면 [추가]를 클릭해요.

- **글꼴** : HY그래픽 **글자 크기** : 12pt **글자 색** : 하양(RGB: 255,255,255)

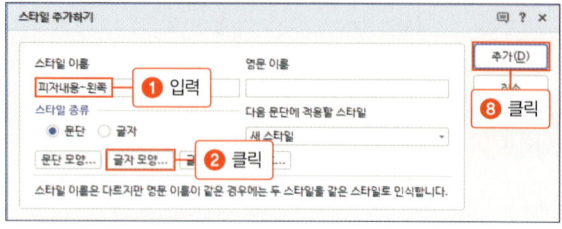
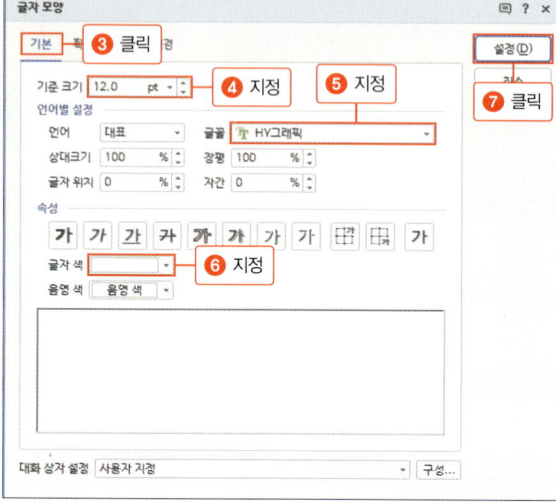

3 스타일 적용하기

01 왼쪽의 메뉴 제목을 드래그하여 블록으로 지정한 다음 [서식] 탭에서 '피자메뉴-왼쪽' 스타일을 선택하면 설정된 스타일이 적용돼요.

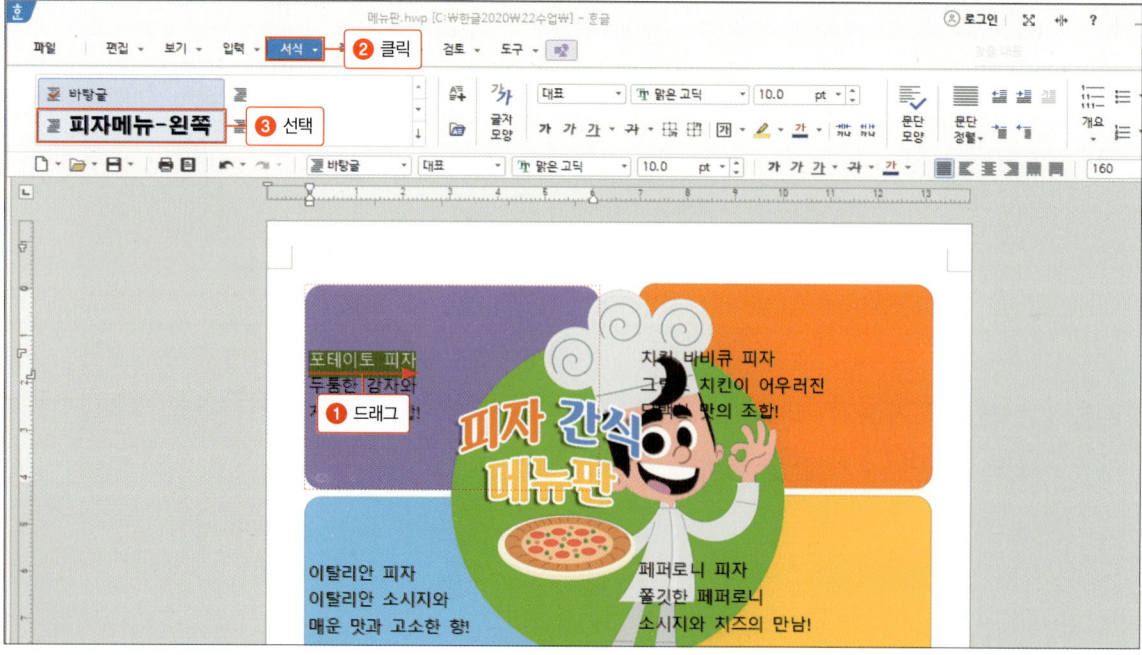

02 메뉴 설명 내용을 드래그하여 블록으로 지정한 다음 '피자내용-왼쪽' 스타일을 선택하면 설정된 스타일이 적용돼요.

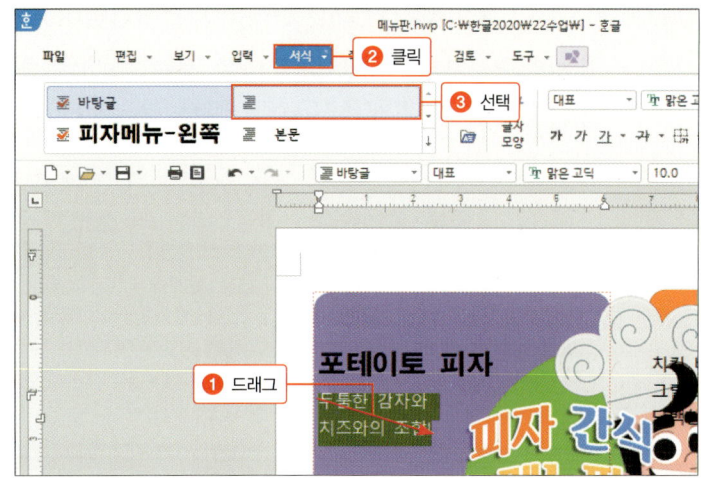

03 같은 방법으로 왼쪽 아래의 메뉴 및 설명 내용에 스타일을 지정해요.

4 메뉴 제목 스타일 추가하기

01 〔서식〕 탭에서 〔스타일 추가하기()〕를 클릭해요. 〔스타일 추가하기〕 대화상자가 표시되면 스타일 이름을 '피자메뉴-오른쪽'으로 입력한 다음 〔글자 모양〕을 클릭해요. 〔글자 모양〕 대화상자가 표시되면 〔기본〕 탭에서 글꼴과 글자 크기, 글자 색을 지정하고 〔설정〕을 클릭해요.

• **글꼴** : HY그래픽   • **글자 크기** : 16pt   • **글자 색** : 하늘색(RGB: 97,130,214)

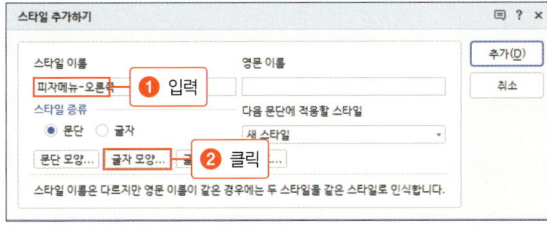

02 〔스타일 추가하기〕 대화상자가 다시 표시되면 〔문단 모양〕을 클릭해요. 〔문단 모양〕 대화상자가 표시되면 〔기본〕 탭에서 〔오른쪽 정렬(≡)〕을 클릭하고 〔설정〕을 클릭해요. 〔스타일 추가하기〕 대화상자가 다시 표시되면 〔추가〕를 클릭해요.

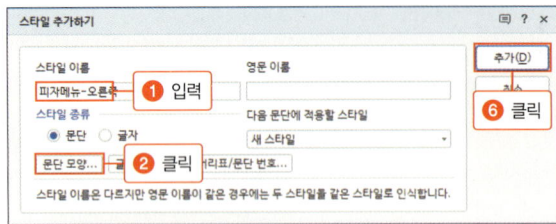
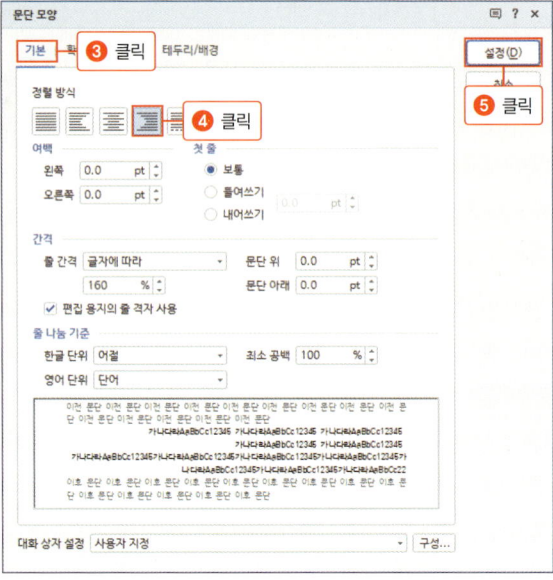

5 메뉴 내용 스타일 추가하기

01 〔서식〕 탭에서 〔스타일 추가하기(⯀)〕를 클릭해요. 〔스타일 추가하기〕 대화상자가 표시되면 스타일 이름을 '피자내용-오른쪽'으로 입력한 다음 〔글자 모양〕을 클릭해요. 〔글자 모양〕 대화상자가 표시되면 〔기본〕 탭에서 글꼴과 글자 크기, 글자 색을 지정하고 〔설정〕을 클릭해요.

- **글꼴** : HY그래픽 · **글자 크기** : 12pt · **글자 색** : 하양(RGB: 255,255,255)

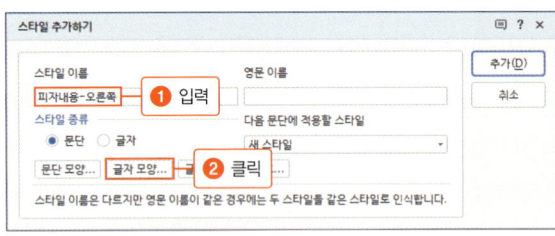
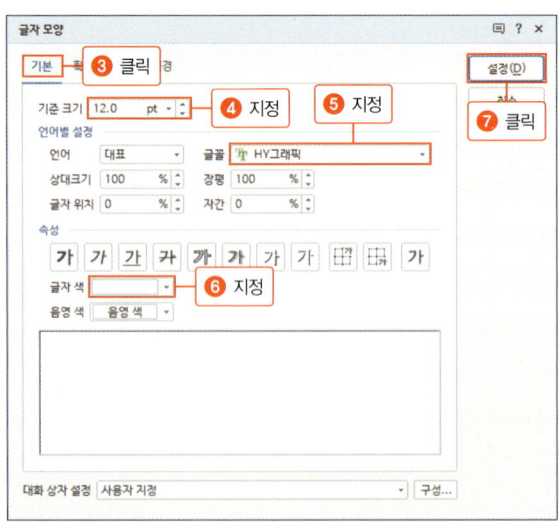

02 〔스타일 추가하기〕 대화상자가 다시 표시되면 〔문단 모양〕을 클릭해요. 〔문단 모양〕 대화상자가 표시되면 〔기본〕 탭에서 〔오른쪽 정렬()〕을 클릭하고 〔설정〕을 클릭해요. 〔스타일 추가하기〕 대화상자가 다시 표시되면 〔추가〕를 클릭해요.

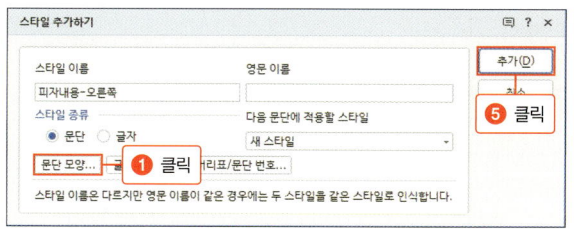
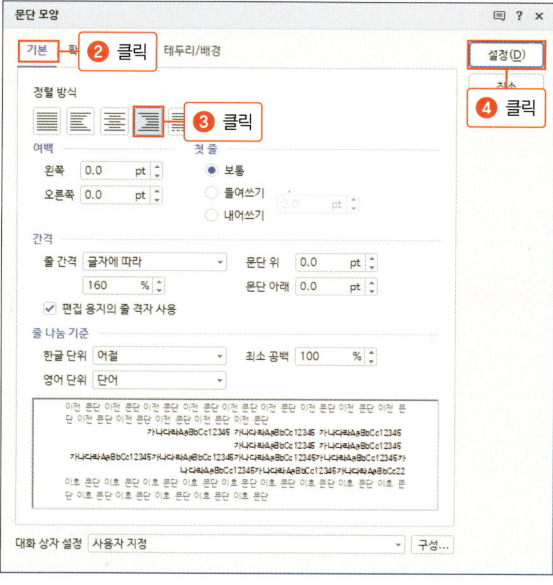

6 스타일 적용하기

01 오른쪽의 메뉴 제목을 드래그하여 블록으로 지정한 다음 〔서식〕 탭에서 '피자메뉴-오른쪽' 스타일을 선택하면 설정된 스타일이 적용돼요.

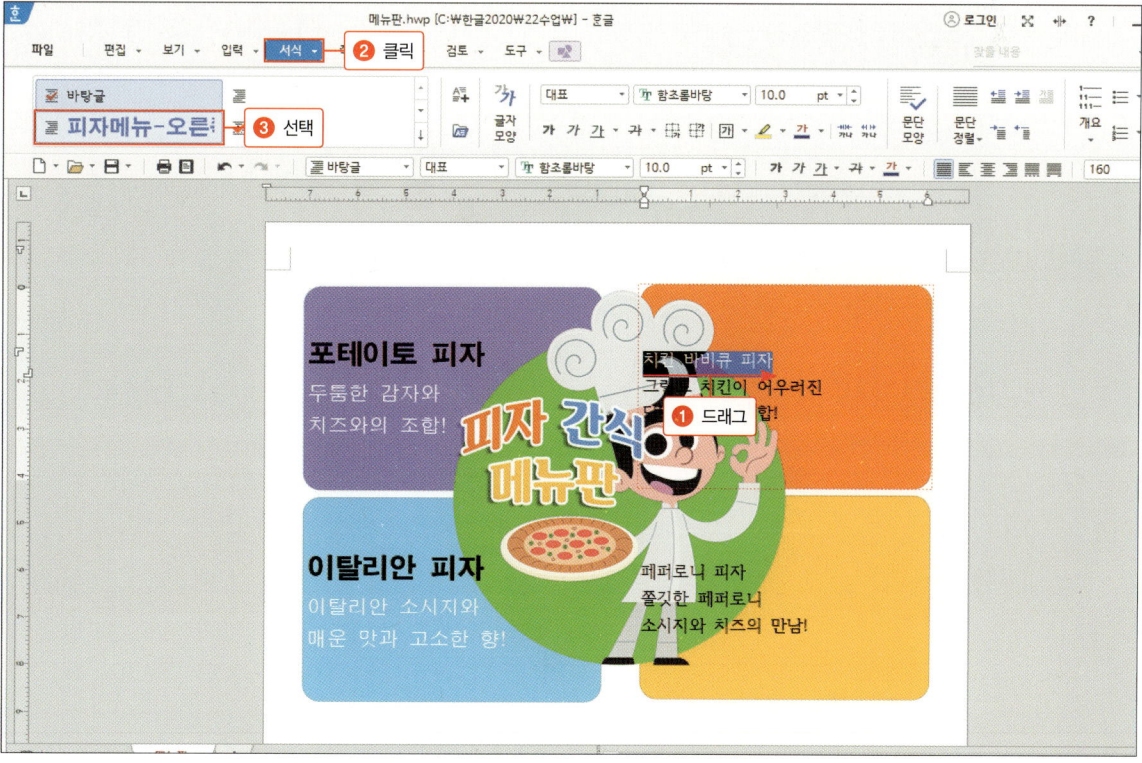

02 메뉴 설명 내용을 드래그하여 블록으로 지정한 다음 '피자내용-오른쪽' 스타일을 선택하면 설정된 스타일이 적용돼요.

03 같은 방법으로 오른쪽 아래의 메뉴 및 설명 내용에 스타일을 지정해요.

01 ▶ 스타일을 적용하여 같은 성격의 문장끼리 동일한 글자 크기와 색상에 맞게 통일시켜 보세요.

● 예제파일 : 22수업\브로콜리.hwp   ● 완성파일 : 22수업\브로콜리(완성).hwp

① **원 번호 제목 문장** : • 글꼴 : HY견고딕 • 글자 크기 : 18pt • 글자 색 : 노랑(RGB: 255,215,0)
② **원 번호 내용 문장** : • 글꼴 : 한컴 솔잎B • 글자 크기 : 17pt • 글자 색 : 하양(RGB: 255,255,255)
③ 원 번호가 있는 제목 문장은 눈에 잘 띄도록 노란색에 글자 크기를 크게 조정하고, 스타일을 통일시켜요.
④ 원 번호의 내용 문장은 읽기 쉽도록 한컴 솔잎B와 하양으로 지정하고, 제목보다는 작게 조정해요.

23 수업

스크린 샷으로 원하는 이미지 사용하여 편집하기

스크린 샷 기능을 이용하면 모니터 화면을 캡처하여 이미지로 저장이 가능해요. 이번 수업에서는 여행기 작성에 필요한 이미지를 구글 맵을 이용해서 얻고, 표에 삽입해 여행기를 완성하세요.

- 이미지가 들어갈 크기에 맞게 기본 표를 만들어 보세요.
- 구글 맵에서 원하는 장소를 검색하여 캡처해 보세요.

● 예제파일 : 23수업\여행기.hwp   ● 완성파일 : 23수업\여행기(완성).hwp

캡처한 이미지는 크기를 조정하여 표 안에 넣었어요. **HOW!**

[스크린 샷] 기능을 이용해 구글 맵에서 에펠탑과 개선문을 찾아 이미지를 캡처했어요. **HOW!**

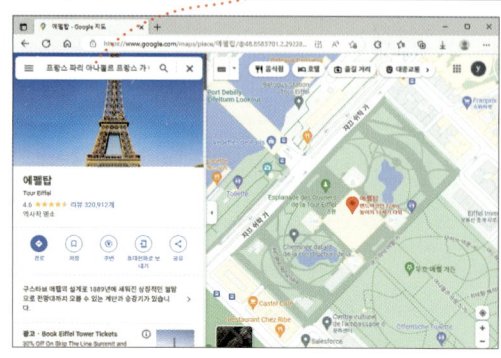
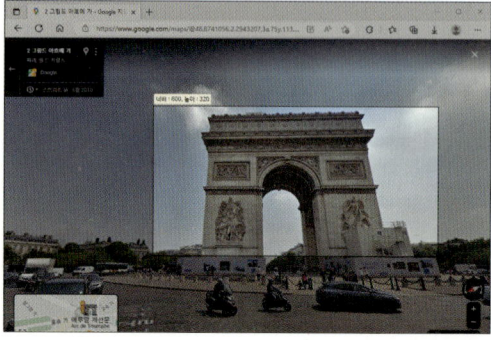

1 캡처 이미지를 삽입할 표 만들기

01 23수업 폴더에서 '여행기.hwp' 파일을 연 다음 캡처한 사진을 넣을 표를 만들기 위해 〔입력〕 탭에서 〔표(⊞)〕를 클릭해요. 〔표 만들기〕 대화상자가 표시되면 줄 개수와 칸 개수를 설정하고 '마우스 끌기로 만들기'에 체크 표시되어 있는지 확인한 다음 〔만들기〕를 클릭해요.

• 줄 개수 : 2   • 칸 개수 : 2

02 문서에 드래그하여 표를 만든 다음 표 크기를 조정해요.

- Alt +방향키 : 표 전체의 크기는 변화 없이 선택한 셀이 위치한 행/열의 너비나 높이를 조절해요.
- Ctrl +방향키 : 표 전체의 크기가 변하면서 선택한 셀이 위치한 행/열의 너비나 높이를 조절해요.
- Shift +방향키 : 표 전체의 크기는 변화 없이 선택한 셀만 행/열의 너비나 높이를 조절해요.

03 표 전체를 드래그하여 블록으로 지정한 다음 마우스 오른쪽 버튼을 눌러 '셀 테두리/배경' - '각 셀마다 적용'을 클릭해요. 〔셀 테두리/배경〕 대화상자가 표시되면 〔테두리〕 탭에서 선의 종류와 굵기, 색을 지정한 다음 〔모두(田)〕를 클릭하고 〔설정〕을 클릭해요.

- 선 종류 : 얇고 굵은 이중선(━) ・굵기 : 0.7mm ・색 : 초록(RGB: 40,155,110)

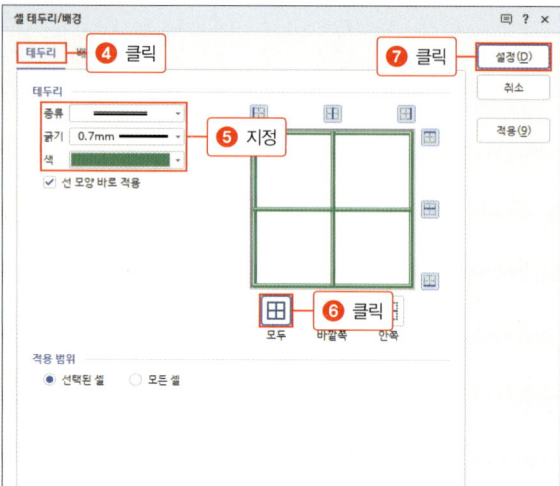

2 구글 맵에서 에펠탑 검색하기

01 웹 브라우저를 실행한 다음 주소 창에 'google.co.kr/maps'를 입력하여 구글 맵에 접속하고 검색 창에서 에펠탑을 검색해요.

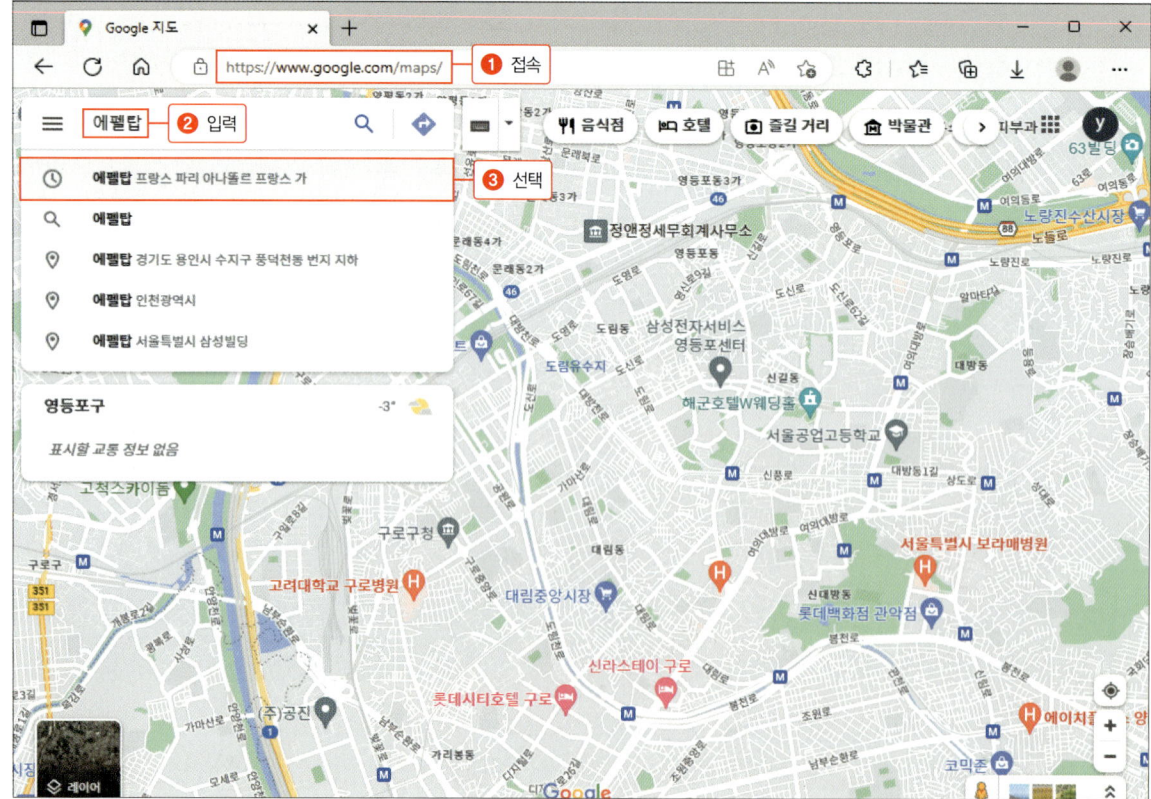

148

02 구글 맵에 에펠탑 위치가 표시되면 오른쪽 하단의 [스트리트 뷰 이미지 탐색(🧍)]을 클릭한 다음 에펠탑 주변을 클릭해요.

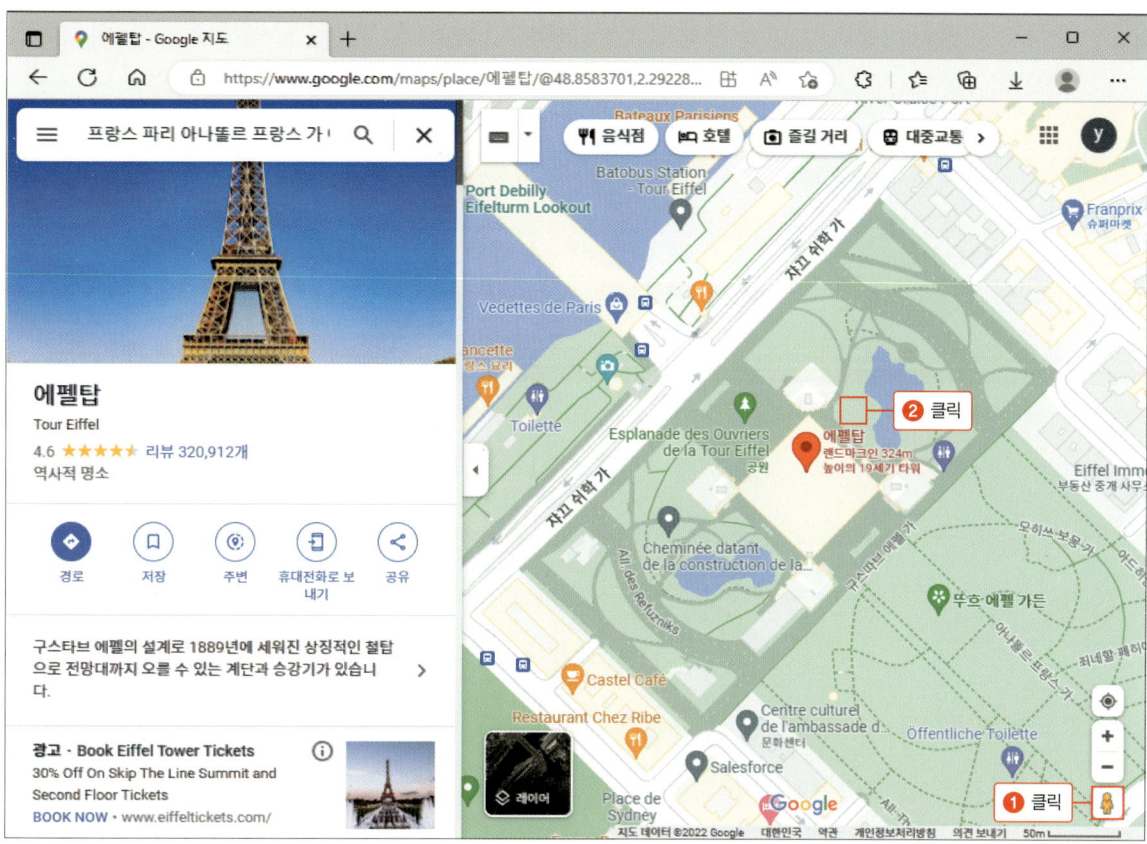

03 드래그해서 에펠탑이 잘 보이도록 조정해요.

3 스크린 샷으로 에펠탑 캡처하기

01 다시 작업표시줄에서 한글 프로그램을 선택한 다음 1줄 2칸을 클릭해 커서를 위시켜요.
〔입력〕 탭에서 〔그림〕을 클릭하고 '스크린 샷' - '화면 캡처'를 선택해요.

> 모니터에 표시된 프로그램 창을 넣으려면 〔스크린 샷〕 대화상자에서 사용할 수 있는 창을 선택하고 〔넣기〕를 클릭해요.

02 웹 브라우저에서 캡처할 이미지 영역을 지정하기 위해 에펠탑 부분을 드래그해요.

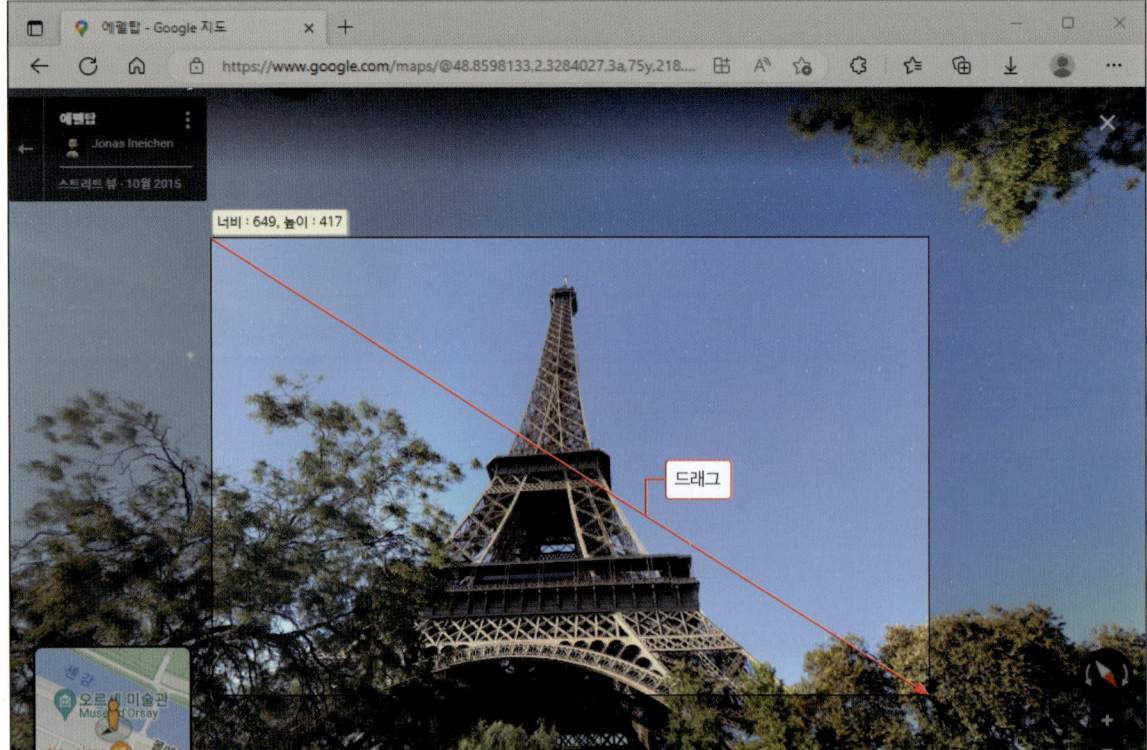

03 캡처한 이미지가 바로 한글 문서 안에 삽입되면 이미지의 변형점을 드래그하여 표 크기에 맞게 크기를 조정해요. 두 번째 셀을 클릭해 커서를 위치시켜요.

4 구글 맵에서 개선문 캡처하여 넣기

01 이번에는 구글 맵 검색창에 '개선문'을 검색한 다음〔스트리트 뷰 이미지 탐색( )〕으로 원하는 부분이 보이게 조정해요.

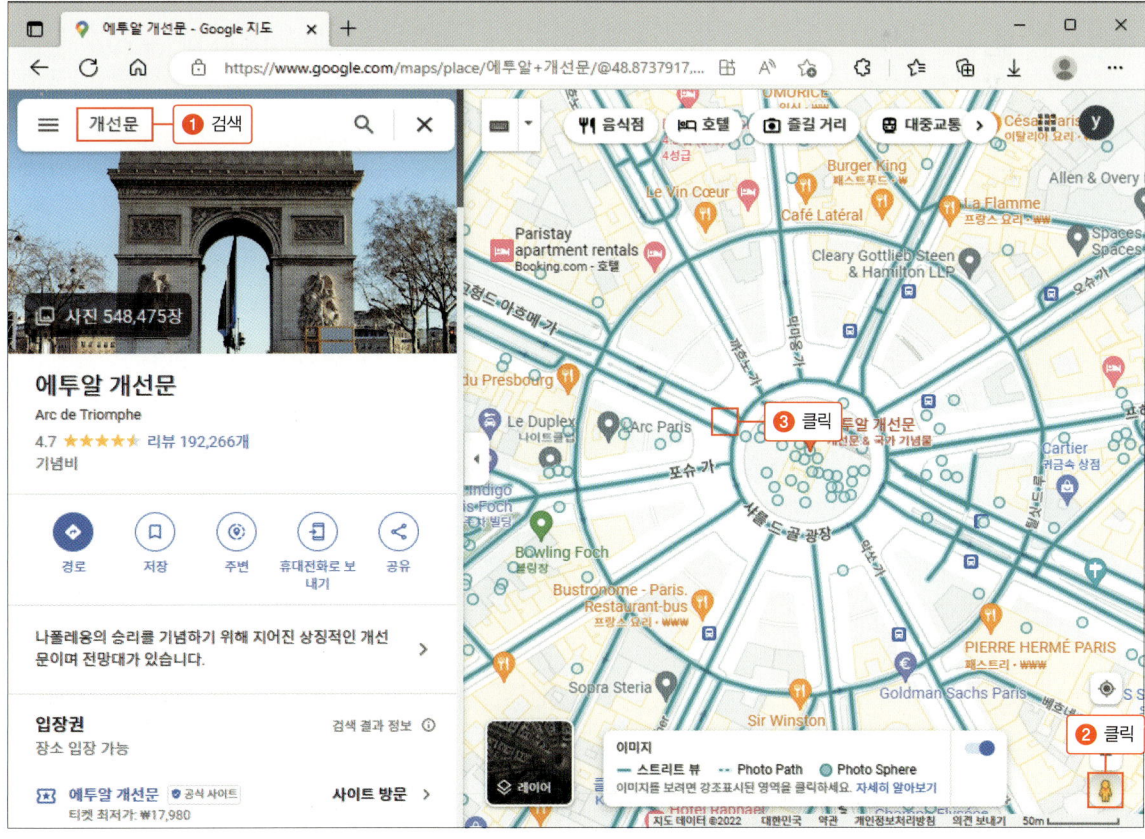

02 한글 프로그램을 다시 선택한 다음 [입력] 탭에서 [그림]을 클릭하고 '스크린 샷 - 화면 캡처'를 선택해요.

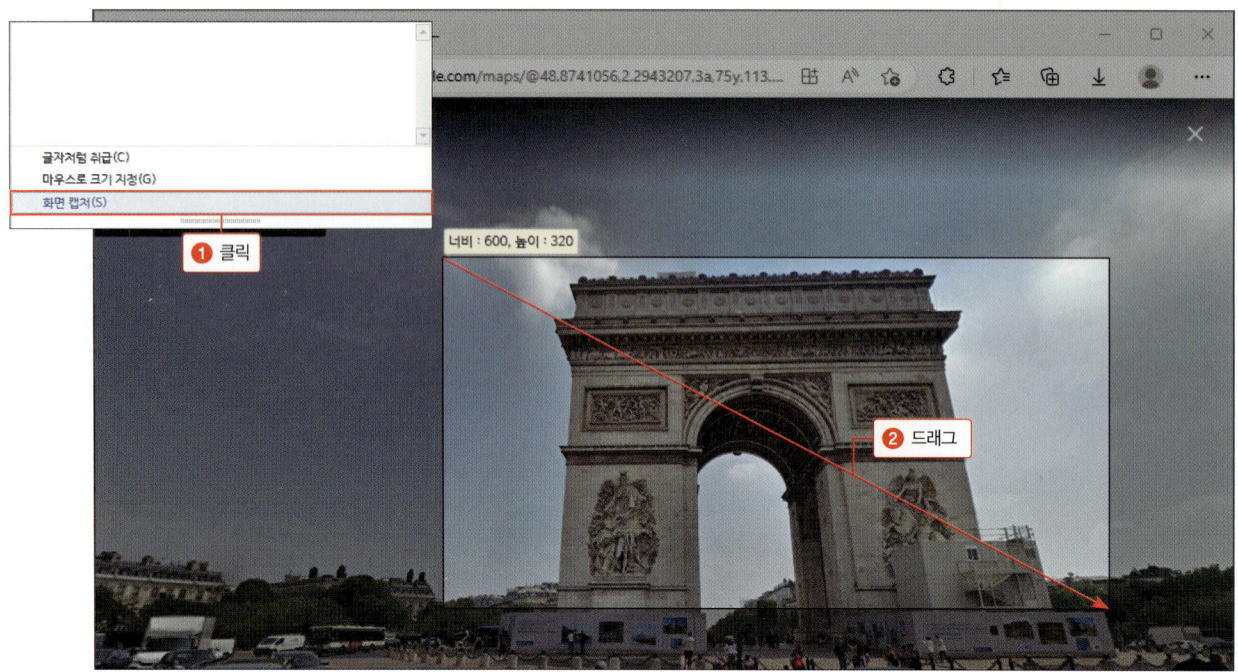

03 캡처한 개선문 이미지가 표에 삽입되면 크기를 조절해요. 왼쪽 칸에 '에펠탑'과 '개선문'을 입력한 다음 [서식] 도구 상자에서 글꼴과 글자 크기, 글자 색을 지정하여 완성해요.

• 글꼴 : 양재튼튼체B   • 글자 크기 : 11pt   • 글자 색 : 주황(RGB: 255,132,58)

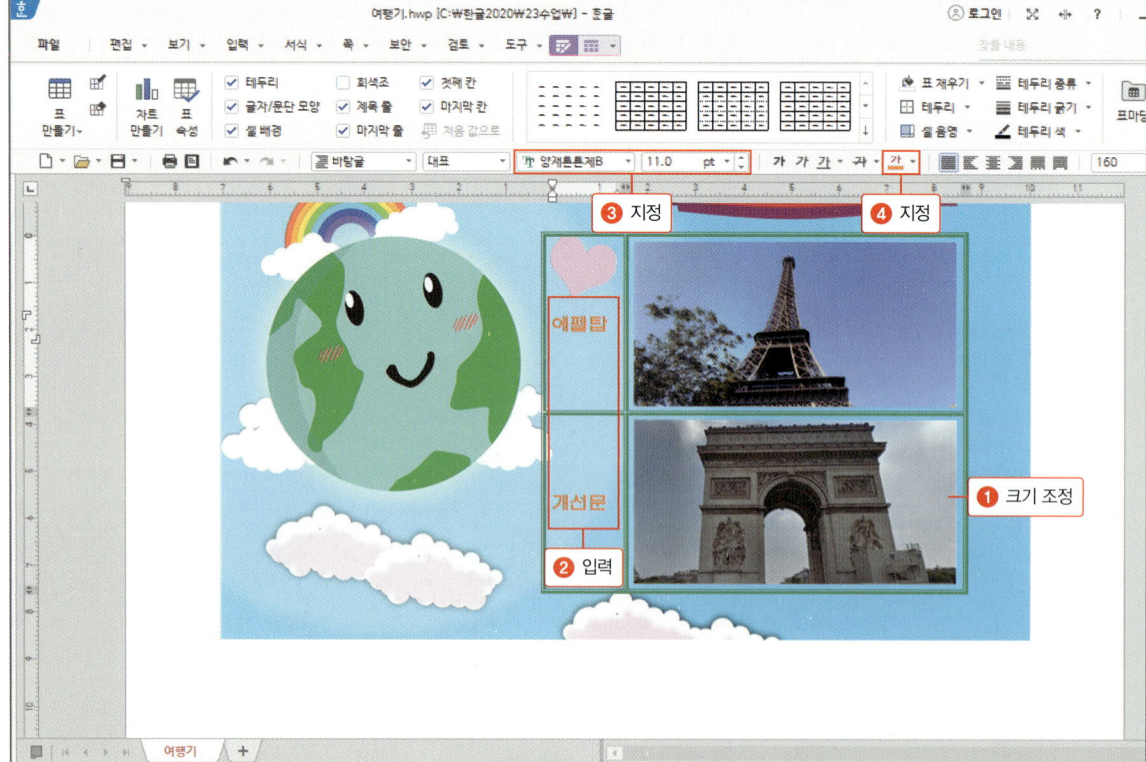

152

01 ▶ 청와대 사이트에서 지도를 검색하고, 주변 박물관 이미지를 캡처해서 지도를 완성해 보세요.

● 완성파일 : 23수업\청와대(완성).hwp

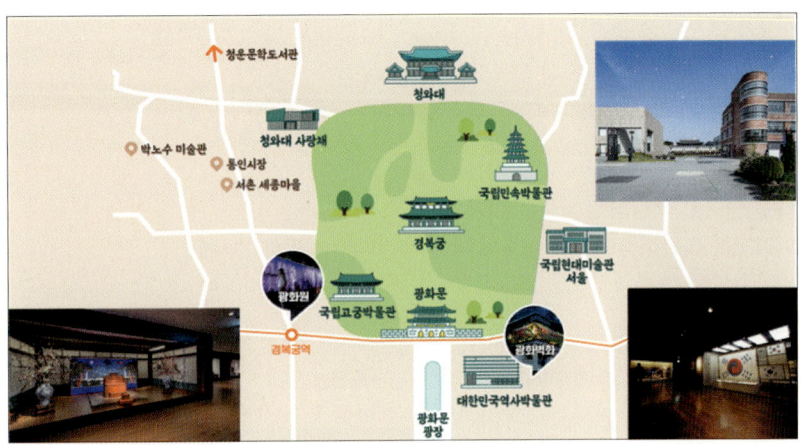

 청와대 사이트(reserve.opencheongwadae.kr)에서 '함께 가 볼 만한 장소'를 검색하여 스크린 샷으로 이미지를 캡처해 구성해요.

02 ▶ 독립기념관 사이트에서 이미지를 캡처하고, 전시관 주제에 맞게 표를 이용해 이미지를 정리해 보세요.

● 예제파일 : 23수업\기념관(표).hwp   ● 완성파일 : 23수업\기념관(완성).hwp

❶ 독립기념관 사이트(i815.or.kr)의 '전시' – '상설전시'에서 필요한 이미지를 스크린 샷으로 캡처해요.
❷ '기념관(표).hwp' 파일에서 제공하는 표 안에 독립기념관 사이트에서 캡처한 이미지를 넣어요.

23 · 스크린 샷으로 원하는 이미지 사용하여 편집하기   **153**

24 수업
책갈피 기능으로 빠르게 문서 이동하기

여러 장으로 구성된 문서의 경우 책갈피 기능을 이용하면 빠르게 원하는 페이지로 이동이 가능해요. 이번 수업에서는 강아지 이미지를 클릭하면 해당 강아지를 설명하는 페이지로 이동하도록 강아지 카드를 만들어 보세요.

- 특정 단어를 책갈피로 등록해 보세요.
- 이미지를 하이퍼링크에 등록해서 해당 책갈피로 이동해 보세요.

● 예제파일 : 24수업\강아지카드.hwp   ● 완성파일 : 24수업\강아지카드(완성).hwp

〔하이퍼링크〕 기능으로 강아지 이미지를 클릭하면 해당 페이지로 넘어가도록 설정하였어요.

강아지를 소개하는 페이지를 책갈피 목록에 등록하였어요.

책갈피 등록하기

01 24수업 폴더에서 '강아지카드.hwp' 파일을 연 다음 2페이지로 이동해요. 제목인 '웰시코기'에 커서를 위치하고 [입력] 탭에서 [책갈피(📑)]를 클릭해요. [책갈피] 대화상자가 표시되면 책갈피 이름을 확인한 다음 [넣기]를 클릭해요.

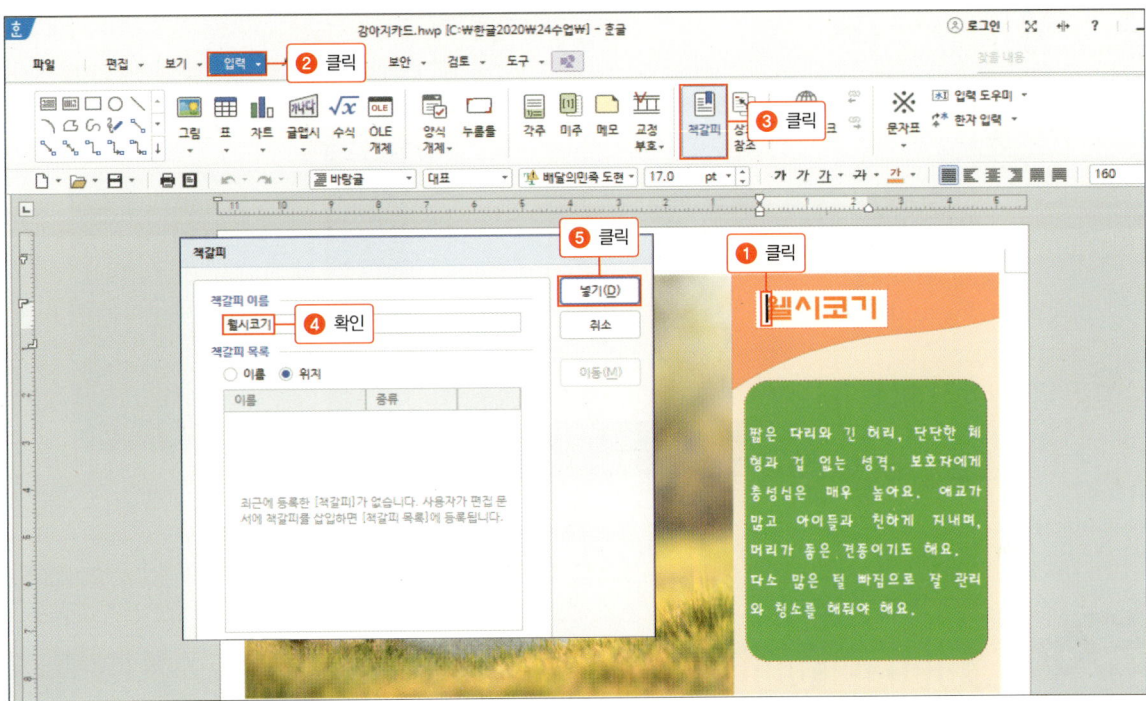

02 3페이지로 이동한 다음 제목인 '푸들'에 커서를 위치하고 [입력] 탭에서 [책갈피(📑)]를 클릭해요. [책갈피] 대화상자가 표시되면 책갈피 이름을 확인한 다음 [넣기]를 클릭해요.

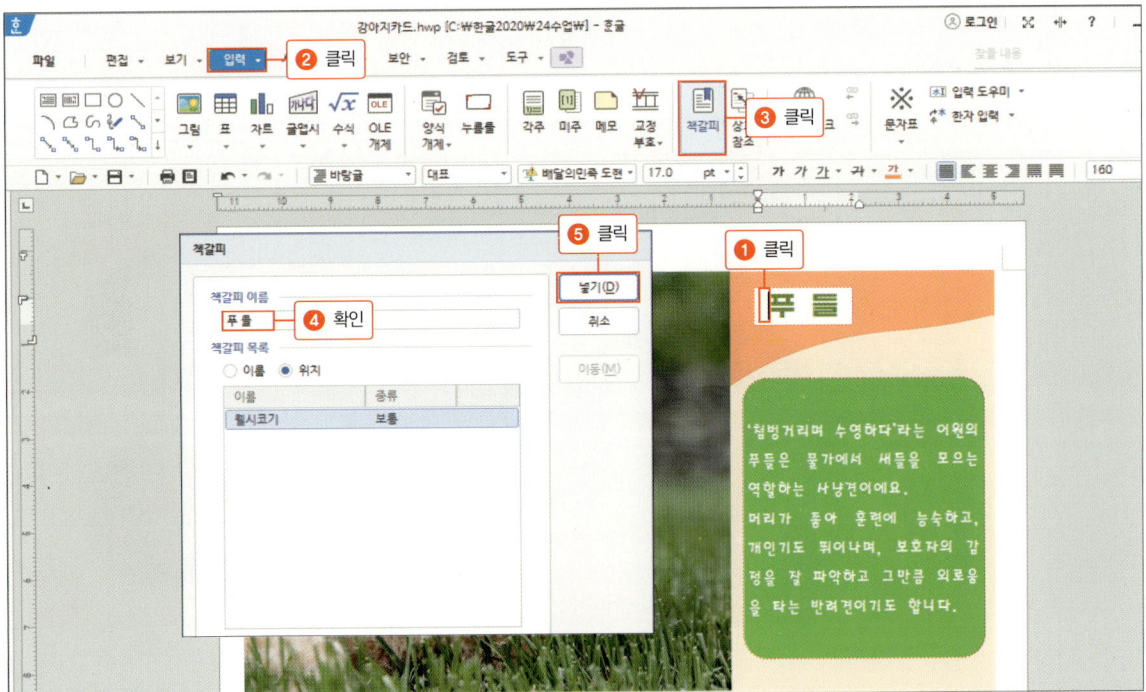

03 4~5페이지도 같은 방법으로 '불테리어'와 '잭러셀테리어'를 책갈피로 등록해요.

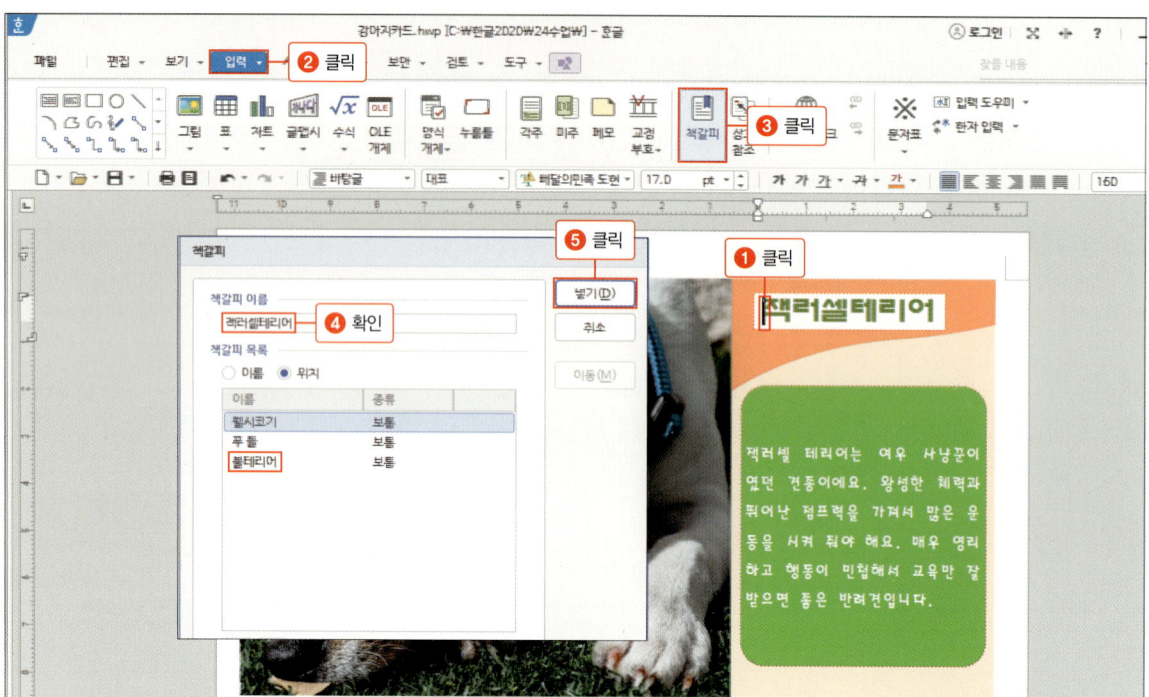

2 이미지를 하이퍼링크에 등록하기

01 1페이지에서 첫 번째 강아지 이미지를 클릭한 다음 [입력] 탭의 [하이퍼링크(🌐)]를 클릭해요.

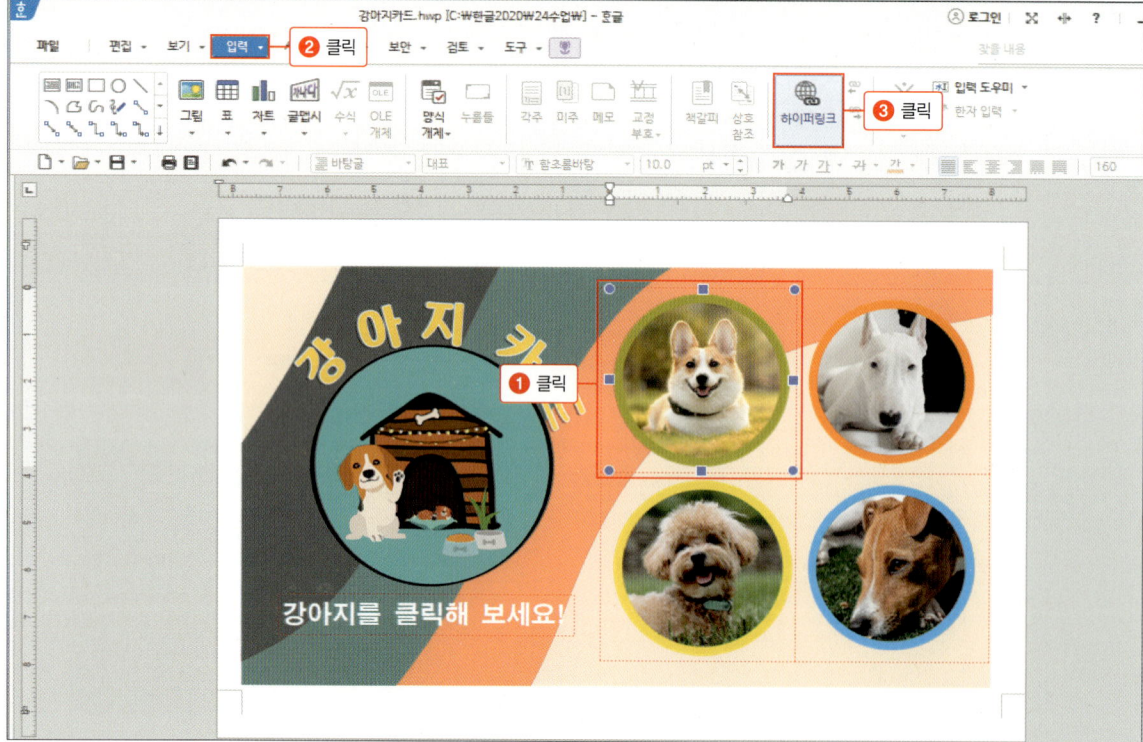

02 〔하이퍼링크〕 대화상자가 표시되면 〔한글문서〕 탭에서 책갈피로 등록한 '웰시코기'를 선택한 다음 〔넣기〕를 클릭해요.

03 두 번째 강아지 이미지를 클릭한 다음 〔입력〕 탭에서 〔하이퍼링크(🌐)〕를 클릭해요. 〔하이퍼링크〕 대화상자가 표시되면 〔한글문서〕 탭에서 책갈피로 등록한 '불테리어'를 선택하고 〔넣기〕를 클릭해요. 같은 방법으로 세 번째와 네 번째 강아지 이미지를 각각 〔하이퍼링크〕 대화상자에서 '푸들', '잭러셀테리어'로 설정해요.

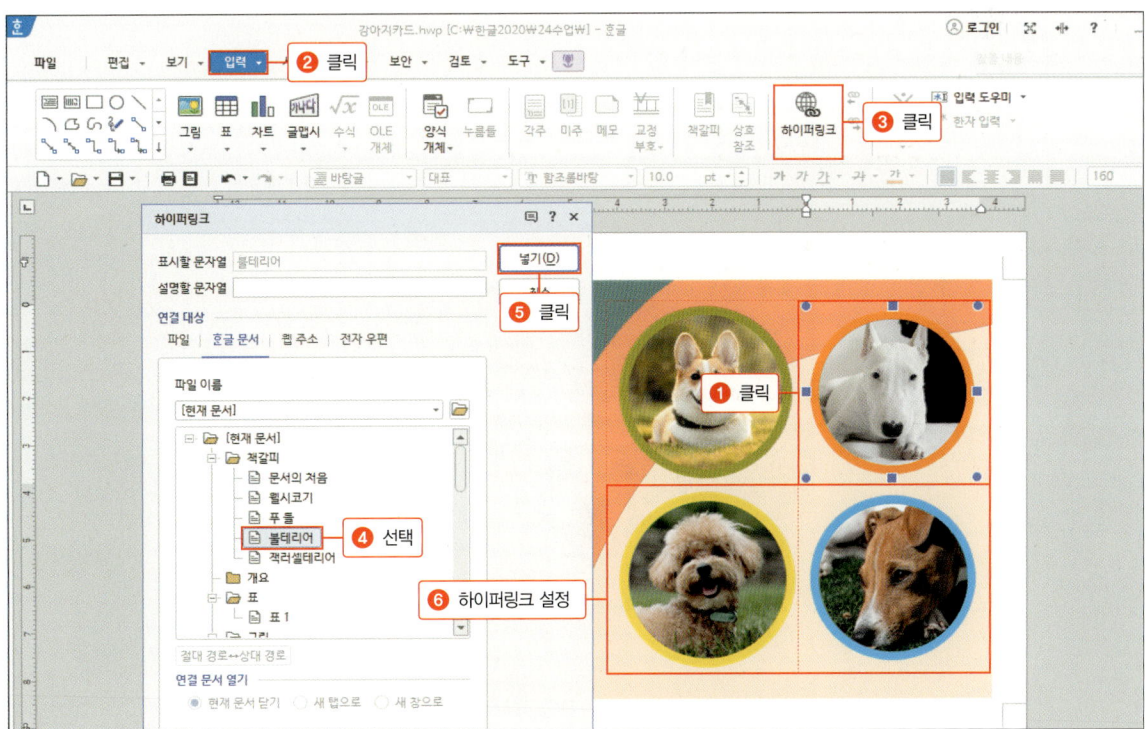

24 • 책갈피 기능으로 빠르게 문서 이동하기 **157**

3 책갈피 기능 확인하기

01 책갈피 기능을 확인하기 위해 Ctrl 를 누른 상태에서 첫 번째 강아지 이미지에 커서를 위치시키면 커서가 손가락 형태로 변경돼요. 첫 번째 사진을 클릭해요.

02 문서가 2페이지로 이동되면 해당 강아지 설명을 확인할 수 있어요. 첫 번째 페이지에서 다른 강아지 이미지를 클릭하여 문서가 이동되는지 확인해요.

01 ▶ 국가를 소개하는 문서에서 국기를 클릭하면 해당 국가의 설명이 표시되는 문서를 작성해 보세요.

● 예제파일 : 24수업\국가소개.hwp   ● 완성파일 : 24수업\국가소개(완성).hwp

① 국가명을 [책갈피] 기능으로 등록해요.
② 국기를 선택한 다음 [하이퍼링크] 기능으로 책갈피에 등록한 국가명을 지정해요.

수업 이해와 응용력을 평가해 보세요!

수업 차시	체크 리스트	이해력	응용력
1차시 수업	한글과 영문(대소문자), 한자를 자유롭게 입력이 가능한가요?		
2차시 수업	여백에 맞게 글맵시를 이용하여 문자 변형이 가능한가요?		
3차시 수업	블록을 지정하여 글꼴과 입력한 문자 간격 조정할 수 있나요?		
4차시 수업	이미지를 자유롭게 조정하여 원하는 곳에 위치시킬 수 있나요?		
5차시 수업	주제에 맞게 개체를 검색하고 삽입, 캡션을 넣을 수 있나요?		
6차시 수업	글상자를 자유롭게 만들고, 문자와 이미지 배치가 가능한가요?		
7차시 수업	표 작성을 한 다음 셀 크기와 선, 면 색을 설정할 수 있나요?		
8차시 수업	수치값을 이용하여 원하는 형태의 차트 제작이 가능한가요?		
9차시 수업	문서 배경에 반복 패턴 이미지를 넣고, 줄을 만들 수 있나요?		
10차시 수업	기본 도형을 만들고, 도형의 크기와 형태 변형이 가능한가요?		
11차시 수업	표를 편집하고 수치값을 입력하여 계산식 합계가 가능한가요?		
12차시 수업	이미지를 자른 다음 원하는 보정 방법으로 보정할 수 있나요?		
13차시 수업	그리기 도구를 이용하여 폐곡선 형태로 그릴 수 있나요?		
14차시 수업	원하는 위치에 선을 작성하고 선 스타일을 변형할 수 있나요?		
15차시 수업	문장에 글머리표나 문단 번호로 스타일을 맞출 수 있나요?		
16차시 수업	문서를 여러 단으로 나눠 글과 그림을 넣어 구성할 수 있나요?		
17차시 수업	수식 편집기를 이용하여 수학 공식 등 입력이 가능한가요?		
18차시 수업	맞춤법을 검사하거나 특정 단어를 문서에서 찾을 수 있나요?		
19차시 수업	문서 앞쪽과 뒤쪽에 반복되는 문장을 넣어 출력이 가능한가요?		
20차시 수업	문서에 바탕 이미지를 넣고 표나 문자를 입력할 수 있나요?		
21차시 수업	문서에 동영상을 넣고, 특정 문자를 웹페이지로 연결할 수 있나요?		
22차시 수업	서로 다른 문장을 스타일로 지정이 가능한가요?		
23차시 수업	모니터 화면을 캡처한 이미지를 한글 문서에 넣을 수 있나요?		
24차시 수업	페이지에 책갈피를 등록하고 빠르게 페이지 이동이 가능한가요?		